国家社会科学基金一般项目"传统文化与马克思主义结合的机制与形态研究"（13BKS055）

江苏高校哲学社会科学研究重点项目"高校思想政治教育话语体系创新研究"（2017ZDIXM152）

Mechanism and Morphology:
Study on the Integration of Traditional Culture and Marxism

机制与形态：
传统文化与马克思主义融合研究

曹明　张廷干　著

中国社会科学出版社

图书在版编目(CIP)数据

机制与形态：传统文化与马克思主义融合研究／曹明，张廷干著．—北京：中国社会科学出版社，2019.12

ISBN 978-7-5203-5365-6

Ⅰ.①机⋯　Ⅱ.①曹⋯②张⋯　Ⅲ.①传统文化—关系—马克思主义—研究　Ⅳ.①G04②A81

中国版本图书馆 CIP 数据核字(2019)第 221503 号

出 版 人	赵剑英	
责任编辑	田　文	
责任校对	张爱华	
责任印制	王　超	

出　　版	中国社会科学出版社	
社　　址	北京鼓楼西大街甲 158 号	
邮　　编	100720	
网　　址	http://www.csspw.cn	
发 行 部	010-84083685	
门 市 部	010-84029450	
经　　销	新华书店及其他书店	
印　　刷	北京君升印刷有限公司	
装　　订	廊坊市广阳区广增装订厂	
版　　次	2019 年 12 月第 1 版	
印　　次	2019 年 12 月第 1 次印刷	
开　　本	710×1000　1/16	
印　　张	18.75	
插　　页	2	
字　　数	271 千字	
定　　价	89.00 元	

凡购买中国社会科学出版社图书，如有质量问题请与本社营销中心联系调换
电话：010-84083683
版权所有　侵权必究

前　言

"精神形态学"方法的内涵与基本原则——阐述其运用于道德生活研究的可能性与可行性：一是理论逻辑形态与生活世界之间的内在关联；二是理论逻辑建构与生命存在的源初同一性。诸多文化理论的分殊形态的互释机制与内在演化规律，而这些方面的整体性研究是对于该主题研究中所缺乏的。对传统文化与马克思主义相结合的研究不仅要有"意识形态"层面，也需要一种"文化哲学"视域。一方面，以此还原文化理论的逻辑形态与生命存在结构以及"可能生活"之间存在着的源初关联，即文化逻辑形态与生活世界（生命存在或生命活动与可能生活）之间的内在关联；另一方面，在"意识形态"与"文化形态"的整体性视域中探究传统文化与马克思主义结合的机制。生活世界具有源初性、整体性与生成性的特征，而可能生活在诸多基本矛盾运动中得以展开——生活内容与生活形式、自然有限性与精神超越性、目的性价值与工具性价值、文化原则与具体情境等之间的矛盾运动。生活世界与可能生活展开的境域：个体自我与社会结构两个基本维度。由此一方面，不仅可以把握传统文化与马克思主义结合的机制，而且可以研究两者结合的精神功能；另一方面，探究结合生活世界中的基本矛盾及其在社会转型期或现代性历史境遇中的演化运动，把握二者结合的新境域与精神生长点，并寻求回应二者结合困境的路径与对策，建构文化形态的中国模式。中国文化的理论形态与实践形态可以这样去把握：理论形态——体现意识形态与文化形态的结合，逻辑形态与民族历史经验的生态性统一，中西马多元文化形态的融合及其机制，即体现人类文化的基本价值与特殊价值的结合；实践形态——逻辑形态与生活世界、生命存在的同一及其机制。一方面，适应意识形态的当代转型并把握传统文化的现代性嬗变；另一方面，不仅体现在这一文化形态是否对于社会成员精神人格与心性结构的建构作出了贡献，或者说，看是否存在着一定的社会人格，并且在一定程度上是相应的中国社会主义文化价值观的产物，而且体现在该文化形态及其精神是否切实地参与了对于社会道德精神与伦理秩序的建构，以获得我们民族自身安身立命的自由根基与精神家园。

目　录

导论　传统文化与马克思主义结合研究的合法性、语境与论域 ……（1）
　一　传统文化与马克思主义结合的合法性论争 ………………（2）
　二　传统文化与马克思主义结合研究的语境及视阈转换 ………（8）
　　（一）研究文献综述：基本向度与研究成果 …………………（9）
　　（二）研究视阈转换：当前存在问题与困境 …………………（11）
　三　形态学视阈中传统文化与马克思主义结合研究的论域 ……（15）

第一章　传统文化与马克思主义结合的话语逻辑和学术资源 ……（24）
　一　"形态学"研究范式的概念蕴涵与基本原则 ………………（25）
　二　中国传统文化与马克思主义融合的理论主题 ………………（34）
　三　传统文化与马克思主义融合研究的学术基础 ………………（45）
　　（一）中国传统文化价值精神的形态学建构 …………………（46）
　　（二）马克思主义文化理论话语及展开逻辑 …………………（61）

第二章　传统文化与马克思主义结合的机制及其精神功能 ………（74）
　一　传统文化与马克思主义结合的本体实践基础 ………………（74）
　　（一）马克思主义文化理论与唯物史观的逻辑同构 …………（74）
　　（二）文化原理：意识形态与价值形态的统一结构 …………（81）
　　（三）融合的本体实践基础：生命存在与可能生活 …………（83）

二　传统文化与马克思主义之间的共通与互补机制……………(86)
　　（一）文化主题及话语逻辑：二者融合的共通机制………(86)
　　（二）内向路径到外向诉求：二者融合的互补机制………(89)
三　传统文化与马克思主义结合的精神价值功能………………(90)
　　（一）传统文化与马克思主义融合的精神价值功能………(91)
　　（二）传统文化与马克思主义融合精神功能的实现………(93)

第三章　马克思主义与中国传统文化结合的内在困境与发展趋势……………………………………………………(99)
一　从文化价值形态特质考察结合的矛盾………………………(99)
　　（一）传统文化伦理特质与马克思理论的伦理非系统化 ……(100)
　　（二）"道德—政治"结构形态与"中—马"结合
　　　　　困境…………………………………………………(107)
　　（三）传统文化精神的内在超越与马克思的社会批判视域……(113)
二　"体用之争"与马克思主义的指导地位……………………(118)
　　（一）中国传统文化的"体用"范畴与"体—用"文化
　　　　　模式论争……………………………………………(118)
　　（二）"体用"之辨与文化转型重建过程中的启蒙心态……(122)
　　（三）马克思主义指导地位与"中"—"体"关系之辨……(127)
三　生活世界中的基本矛盾运动与文化实践……………………(130)
　　（一）马克思主义的日常生活与非日常生活理论…………(130)
　　（二）中国传统文化中日常生活世界建构的非反思性……(132)

第四章　传统文化与马克思主义结合的现代性困境及其对策……(137)
一　中西文化传统流变中把握两者结合的困境…………………(137)
　　（一）马克思主义与西方哲学基本价值精神关系考察………(137)

（二）西方马克思主义对马克思话语逻辑的发展与偏离 …… （142）
　　（三）儒学复兴与马克思主义中国化的困境 ………………（145）
二　社会主体的文化心理对于两者结合的影响 ……………………（149）
　　（一）社会转型期的社会思潮与文化价值的多元化 ………（149）
　　（二）马克思主义研究对生活与文化的影响力 ……………（152）
　　（三）文化的价值工具主义理解与文化的理性认同 ………（156）
三　以特定的社会结构背景理解两者结合的困境 …………………（158）
　　（一）资本主义社会结构变迁与马克思主义现实解释力 …（158）
　　（二）资本逻辑与文化逻辑的现实矛盾与价值背离 ………（161）
　　（三）社会结构的总体性特征对二者结合的影响 …………（162）
　　（四）国际共产主义运动与"古今中西"的再论争 ………（164）
　　（五）中国社会的当下实践与马克思主义的传统理解 ……（167）

第五章　中国文化价值形态转型的精神自觉与现代形态建构 ……（171）
一　现代性的基本论域与传统文化形态的现代转化 ………………（172）
　　（一）新儒学的思想资源及其考察中国现代化的基点 ……（172）
　　（二）意识形态及其文化转向：马克思主义话语权困境的
　　　　　文化审视 …………………………………………………（178）
二　传统文化结构中的价值悖论及其现代形态转换的困境 ………（188）
　　（一）是否有公共性维度：传统文化价值精神的鉴别及其
　　　　　辩证考察 …………………………………………………（188）
　　（二）传统文化中的价值结构悖论：公共性幻象与文化
　　　　　形态现代转换困境 ………………………………………（190）
三　马克思主义在中国传统文化现代转型中的作用机制 …………（195）
　　（一）促进传统文化现代转化的因素：儒学复兴抑或
　　　　　马克思主义？ ……………………………………………（196）

（二）马克思主义文化理论逻辑及其存在论凸显 …………（198）
　（三）马克思公共性论域对存在问题的解答与伦理生态
　　　 秩序的现代建构 …………………………………………（205）
四　传统文化与马克思主义融合的理论与实践形态 …………（216）
　（一）理论逻辑形态："中—西—马"融合的文化价值
　　　 精神生态 …………………………………………………（216）
　（二）实践精神形态："国家—社会—个体"核心价值观
　　　 结构生态 …………………………………………………（220）
　（三）精神家园建构：基于心理认同的文化自信与文化自觉……（225）
　（四）价值实践形态："文化逻辑—生命精神—生活方式"的
　　　 统一 ………………………………………………………（237）

参考文献 ……………………………………………………………（275）

导论　传统文化与马克思主义结合研究的合法性、语境与论域

本研究源于现代性境遇中和谐社会建构的精神现实与问题反思。一方面，在社会发展过程中，经济发展与文化发展、文化生活内部物质文化生活与精神文化生活的不平衡；另一方面，在"后意识形态"与传统文化"范型"趋于解体的现代境遇中，传统文化形态和西方文化多元共存与竞争，中国文化发展需要一个新的方向和突破点，而发掘民族文化的理论潜力与坚持马克思主义的指导及其融合正是增强民族理论自觉和文化自信的实践路径。面对现代性挑战的中国文化体系及其结构应该如何与之适应？保罗·利科曾提出这样的思考："为了进入现代化的道路，是否应该抛弃作为一个民主的存在理由的古老文化？""如何在进行现代化的同时，保存自己的根基？如何在唤起沉睡的古老文化的同时，进入世界文明？"他指出："当我理解其他民族的价值时，我自己的价值会发生什么变化？""只有忠实于自己的起源，在艺术、文学、哲学、精神性方面有创造性的一种有生命力的文化，才能承受与其他文化的相遇，不仅能承受这种相遇，而且也能给予这种相遇一种意义。"[①] 这一问题讨论的启示是：中国文化重建问题事实上一方面可归结为中国传统的基本价值与中心观念在现代化的要求之下如何调整与转化的问题；[②] 另一方面

---

① [法]保罗·利科：《历史与真理》，姜志辉译，上海译文出版社2004年版，第280—286页。
② 余英时：《文史传统与文化重建》，生活·读书·新知三联书店2004年版，第430页。

则是在这种转化中,传统文化和其他文化形态的相互作用将呈现为一种什么样的机制和形态。这两个方面也构成了传统文化和马克思主义结合这一课题研究的合法性、语境和基本论域。

一 传统文化与马克思主义结合的合法性论争

马克思主义与传统文化这两种文化形态的相遇是在中国近现代时期。马克思主义在指导中国革命过程中所发挥的重要作用,曾经使得传统文化的主流形态受到猛烈批判,"马克思主义则充当了与中国传统文化决裂、打倒孔孟之道的武器"。① 约瑟夫·列文森在其名著《儒教中国及其现代命运》中对当时中国的文化政策给予这样较为客观的评价:"20世纪的第一次革命浪潮真正打倒了孔子。珍贵的历史连续性、历史认同感似乎也随之被割断和湮灭。许多学派试图重新将孔子与历史的延续、认同统一起来。共产主义者在寻找逝去的时光中发挥了作用,并有自己明智的策略和方法:恢复历史的本来面目,还孔子的真相,置孔子于历史。"这里的所谓"置孔子于历史"在于说明儒家思想文化在当时特定的历史时期已经丧失了任何现实的存在和作用而成为过去的东西,"共产主义者可以使孔子民族化,使他脱离与现行社会的联系,脱离今后的历史,将他回归于过去,只把他当作一个过去的人物对待","共产党不是剥夺其存在的意义,而是取代他的文化作用……保护孔子并不是由于共产党官方要复兴儒学,而是把他作为博物馆的历史收藏物,其目的也就是要把他从现实的文化中驱逐出去"。②

然而,"文化大革命"时期的"打倒孔家店"高扬破除传统思想文化似乎是列文森所谓"置孔子于历史"论断的一种否定。事实上,孔子

---

① 张曙光:《现代性论域及其中国话语》,武汉大学出版社2010年版,第193页。
② [美]约瑟夫·列文森:《儒教中国及其现代命运》,郑大华、任菁译,广西师范大学出版社2009年版,第343、336—338页。

导论 传统文化与马克思主义结合研究的合法性、语境与论域

和儒家思想文化是作为"民族的性格"或"已经转化为一种文化—心理结构,不管你喜欢或不喜欢,这已经是一种历史和现实的存在"。"它是这个民族得以生存发展所积累下来的内在的存在和文明,具有相当强固的承续力量、持久功能和相对独立的性质,直接间接地、自觉不自觉地影响、支配甚至主宰者今天的人们,从内容到形式,从道德标准、真理观念到思维模式、审美情趣等等。"[①] 而"文化大革命"所提的反儒,在其本质上是否是对传统儒学价值精神的一种彻底颠覆或否定仍然是值得置疑的,[②] 邓晓芒的这个观点蕴涵两个层面的价值判断:一是传统文化中的儒家思想存在与社会主义文化重建相悖的元素;二是文化大革命本身正是儒家文化中封建威权主义思想的继续。即便是形式上对于文化传统的祛除,都可能是悲剧性的。余英时在评价"文化大革命"的影响时指出,"企图用非理性乃至反理性的方式来消灭自己的文化传统",其"结局之悲惨更是有目共睹"。因而,思想史的生命即在于转化性的活动,基于这种创造性的转化活动,"儒家作为文化资源或思想史的意义,就是指儒家的道德思考、政治思考、人性思考等仍然可以参与当代的相关思考而有其意义"[③]。

21世纪以来出现了新一轮"国学热"。以科学和民主为核心内容和主题的新文化运动,是基于一定历史背景所生成的一种"民族国家意识",它直接指向被历代统治阶级不断包装的孔孟儒学中"不复有先秦儒学的真精神"却明显暴露出来的那种"纹饰"专制统治、阻碍着中国社会根本变革的意识形态特质,在其深层则蕴涵着民族复兴和文化价值形态重构的双重期待。在这个意义上,我们才可以理解,一方面,民族复兴构成了文化复兴的前提并成为理解新文化运动价值精神和历史意义的关键,尽管"中国近百年来的危机,根本上是一个文化的危机"[④],

---

① 李泽厚:《中国古代思想史论》,人民出版社1985年版,第34、297页。
② 邓晓芒:《儒学伦理新批判》,重庆大学出版社2010年版。
③ 陈来:《孔夫子与现代世界》,北京大学出版社2011年版,第6页。
④ 衣俊卿、胡长栓:《马克思主义文化理论研究》,北京师范大学出版社2012年版,第209页。

"今日中国的问题……其最内在的本质是一个文化问题。"[①] 因而,以儒学为主流价值形态的中国传统文化,其复兴与民族的复兴是同构的。在这个意义上,有学者指出,"中华民族的复兴,有可能是以儒学的复兴为最高标志,但却未必以儒学的复兴为前提"[②]。另一方面,新文化运动过激地把民主与科学放在了中国传统文化的对立面,[③] 并把传统文化直接等同于旧文化。正是这种对立的二元观念,堵塞了由传统文化向当代先进文化转化的可能和途径。这样,随之而来的问题则是:在意识形态领域中坚持以马克思主义为指导这一基本方针或原则是否发生了变化?由此,意识形态领域中出现了一些学者所指出的这样的两难:"似乎强调坚持马克思主义思想指导,就是贬低以儒学为主导的中国传统文化;反之,则应把马克思主义请下指导地位的'神坛',重走历史上尊孔读经、以儒治国的老路"[④],从而不仅把传统文化与马克思主义结合的合法性、可能性以及何以能够实现这一基本前提性问题呈现出来,而且伴随社会的进步和发展,处理传统文化与马克思主义的关系就理所当然地成为不可回避的理论和现实问题。

值得强调的是,马克思主义和传统文化在社会主义文化体系的重构过程中的共处及其相互融合,无疑成为我们必须认真思考的前所未有的重大思想文化现象,而且对于这两者关系的把握需要站在中国哲学文化精神的高度以及社会形态变迁的唯物史观的高度予以深入考察。正如张岱年先生所指出的,"要把经过认真挑选的来自古今中外不同文化系统的文化要素总合成一个现代化的中国文化体系,有一系列重要的问题需要解决,它们是:必须坚持马克思主义普遍真理的指导和社会主义原则,必须弘扬民族主体精神,走中西融合之路,必须以创造的精神从事综合并在综合的基础上有所创造"。由此,可以走出百余年来"文化体用"

---

① 牟宗三:《道德的理想主义》,台湾学生书局1985年版,第246页。
② 干春松编:《儒家、儒教与中国制度资源》,江西人民出版社2007年版,第237页。
③ 余英时:《文史传统与文化重建》,生活·读书·新知三联书店2004年版,第435—436页。
④ 陈先达:《马克思主义和中国传统文化》,《光明日报》2015年7月3日第01版。

导论 传统文化与马克思主义结合研究的合法性、语境与论域

的僵固的二元思维模式:"体,无非是一个文化系统的基本思想、基本原则;用,无非是在其知道、统御下的一个文化要素及其功能、作用",而当前文化重构的"体""正是马克思主义的普遍原则和社会主义的原则。"① 陈先达也强调指出,在讨论马克思主义和以儒学为主导的中国传统文化的关系时,决不能忘记社会形态变革这个重大的历史和现实,不能忘记冯友兰先生以马克思主义观点重写中国哲学史时所提到的"旧邦新命"这一现代中国的特点。只有把握了这个根本出发点,才能深入把握中国共产党为什么不能继续把沿着以儒家为主流的传统文化所铺就的道路作为中华民族复兴之路,而要举起马克思主义旗帜;"只有站在社会形态变革的高度进行审视,才能牢固确立中国共产党和社会主义社会以什么为指导思想,以及如何处理马克思主义与中国传统文化关系这个重大问题。这个问题仅仅局限在文化范围内是说不清楚的。"② 然而,张岱年和程宜山在这里依然未能辨清传统文化的根基性与马克思主义作为指导原则之间的关系。

因而,不应非历史主义地争论马克思主义与儒学的高下优劣或抑扬褒贬。前者是中国革命和社会主义建设的思想理论指导,是中华民族的精神血脉和中华民族的文化之根。撇开历史条件和社会形态演变谈论文化重建问题的倾向应该受到批判。尽管文化发展的方向在根本上并非可以主观地、片面地决定,然而,并不否认基于文化自觉和文化自信的努力可以有助于文化的发展。在思想和价值的领域内,如果客观条件允许,我们可以通过持续不断的努力而有所创新。如果说,"中国文化重建所遭遇到的挫折至少一部分是由于思想的混乱而造成的",而"这一文化悲剧绝非任何历史决定论所能解释得清楚",那么,这种思想自觉和文化自觉的基本点在于:反对蔑视以儒学为主导的中国传统文化的文化虚无主义,中国的马克思主义可以从中国传统文化的精髓中得到思想资源、智慧和启发,但也要防止高扬传统文化的原教旨主义反对马克思主义、

---

① 张岱年、程宜山:《中国文化论争》,中国人民大学出版社2006年版,第328、331页。
② 陈先达:《马克思主义和中国传统文化》,《光明日报》2015年7月3日第01版。

拒斥西方先进文化的保守主义思潮。而坚持非此即彼的思维范式正是关于中国传统文化与马克思主义关系的讨论中出现的"否定论"和"怀疑论"乃至"隐性回归论"或"儒化论"的根由所在。

"否定论"关于马克思主义和中国传统文化关系的最尖锐的看法即二者不能实现融合。持否定论者不仅有西方哲学的研究者,也有马克思主义的研究者。他们或者认为马克思主义和中国传统文化是两种性质不同的文化形态,马克思主义是科学,是普遍性的真理,因而在中国的运用过程中不需要中国化。在这里,否定论者是机械地割裂了普遍与特殊、一般与个别、共性与个性的关系。而当这一方法论运用到传统文化和马克思主义关系的研究中时,不是否定二者之间可能的融合,就是即便承认其融合也只是"流为空洞的形式,而失去了经验性的内容"而最终脱离了具体的文化传统,也是当前一些研究者所认为的,传统文化与马克思主义的融合是赋予马克思主义以中国化的形式,并未充分地把握中国传统文化在马克思主义中国化历史进程中的定位问题。或者认为马克思主义不是科学而是一种"意识形态",并不能被普遍地接受和应用,从而把学术和文化作为政治的附庸而否弃了其自身应有的自主性精神,文化实践最终无法摆脱工具主义价值的宿命,这也是余英时先生何以提出"一方面肯定'五四'的启蒙精神;另一方面超越'五四的思想境界'"[①]的原因之一。否定论的另一种表现形式是对于二者结合的真实蕴涵缺乏整体认知以及对理论与实践、历史与逻辑关系的误读。马克思主义的强大力量就在于它与中国实际的结合,包括与中国历史、社会形态或性质、发展状况、思想观念、思维方式和传统文化的结合。即便是把中国传统文化理解为具有民族性格特质的"精神状况",这种"精神状况"在本质上只能被理解为是雅斯贝斯所强调的那样,是特定历史时代的民族"存在状况"而绝非仅是一种"理论"或"学说"。余英时在评述文化研究中割裂理论与实际关系的这一倾向时指出,所谓"本位文

[①] 余英时:《文史传统与文化重建》,生活·读书·新知三联书店2004年版,第437页。

导论 传统文化与马克思主义结合研究的合法性、语境与论域

化""全盘西化"或"体用之争"在其深层暴露出文化问题研究的两个倾向：一是"将复杂万状的文化现象在文字上加以抽象化，并进一步用几个字来概括整个文化传统的精神；二是这种抽象化又引起一个不易避免的倾向，即以为具体的文化现象也和抽象的观念一样可以由我们任意摆布。"① 另外，忽略了理论与实际之间存在着的双向互动作用，未能把握二者何以能够融合的深层次根源。尽管，在这一过程中可能存在着诸多"风险"，会出现某种"变形"或"修正"，即黑格尔所讲的"精神"在"出走"的过程中会有某种"损失"。在《确定性的寻求》中，杜威在相同的意义上指出，一种理论在实践的过程中可能会出现种种"不确定性"的情形。

正是由于这种"风险"或"不确定性"的存在，衍生出两个相反的文化思想范式。一是"儒化马克思主义"。西方学术界存在着一个较为普遍的倾向，即把中国的马克思主义看成是儒家传统思想改头换面式的延续。正如列文森所说："中国共产主义者撰写的历史似乎持的都是非儒学的态度，而实际上，又似乎只能把它理解为对儒学的继承。"② 有的则强调马克思主义理论与中国传统文化中的概念范畴的相似性，说明二者融合的可能性甚至是"中国传统思想化"。国内也有一些学者试图从马克思主义和中国传统文化在概念范畴以及思想内容方面的相似相通，提出用"中国的传统文化资源"来丰富和发展乃至同化马克思主义，有的提出对传统儒学的现代改造并以这种所谓"新儒学"取代马克思主义来指导我们的实践活动。二是大力倡导一种与马克思主义世界观、民族化方向完全相反的"回归马克思"的态度与致思路径。或者提出一种基于"文本与历史分析"模式③呈现马克思文本及其思想发展历程的原像，

---

① 余英时：《文史传统与文化重建》，生活·读书·新知三联书店2004年版，第428页。
② [美] 列文森：《儒教中国及其现代命运》，郑大华、任菁译，中国社会科学出版社2000年版，第292、323页。
③ 张一兵、胡大平：《从本真性到中国特色：马克思哲学研究的"解释学"转向》，《江海学刊》2003年第2期。

重建马克思主义理论体系，缩小乃至消除当前的揭示与马克思原典之间的历史间距；或者提出回到马克思的"人类学范式"以"掌握马克思主义哲学的真精神"；[①] 或者认为应该回到马克思著作中的思想而非文本本身，进而把握马克思的立场观点方法，以马克思自己的思想来裁决对马克思思想理解中发生的争论。然而，这种不满足于对马克思主义的传统理解而提出重新诠释马克思主义的"回归"论，不仅存在着内在的矛盾悖论，而且有其方法论缺陷，即基于传统解释学而非现代解释学立场及其基本精神，而传统解释学原则的不可能性在于：任何文本都有自身的历史性，只能置入特定社会存在中才能获得恰当的理解；文本诠释者离不开其生活于其中的习俗、传统、制度等从而无法彻底去主体性；理解也绝非是指向一维性时间的过去，而理解历史、文本的意义正应该是为了达到对自己和现时代的更好把握。基于此，出于避免对马克思主义理解的随意性和相对性而提出"回归马克思"恰恰可能导致更大的随意性和相对性，或导致主观独断论。[②] 因而，我们认为，正确的方法应该是坚持理论与实践、逻辑与历史的统一，立足于当前的社会历史条件、社会结构、思想实际、时代精神和现实问题，正确理解马克思主义和中国传统文化的融合才是具有可能性与合法性的。

二　传统文化与马克思主义结合研究的语境及视阈转换

当前对于儒学为主流的传统文化的尊崇所表达出来的是民族认同、文化认同与文化自信，尽管有其文化与政治意识形态之间保持适当张力的自在规律，却"也在一定程度上反映了当代中国政治的特点，以建设社会主义现代化为宗旨的政治，不能不正面借助并结合于民族文化传统，

---

① 陈晏清等：《马克思主义高级教程》，南开大学出版社2001年版。
② 皮家胜：《马克思主义哲学中国化的解释学之维》，人民出版社2014年版，第278—281页。

让其为建构'有中国特色社会主义'提供资源。而要实现这一目标，无论是推崇马克思抛弃孔子，或者是肯定孔子丢掉马克思，都是不可能的。"① 本书将围绕这一基本判定，进行学术性梳理。

（一）研究文献综述：基本向度与研究成果

本研究的问题意识可以从当前对马克思主义与中国传统文化之间的关系这一研究路径与趋势展开分析，考察蕴涵在这一过程中的各种理论与实践逻辑，阐述马克思主义与中国传统文化之间的结合。总体来看，国内外围绕该主题的相关研究与趋势主要以三大视角展开。

1. "根本目的"与"功能作用"的视角

这一研究视角主要目的在于促进马克思主义中国化与传统文化的现代性转化，并以此探讨马克思主义的内涵及其与中国传统文化的融合。这一研究视角占据了当前研究文献中的很大一部分，杨瑞森、何继龄、石仲泉、郑德荣从理论形态视域进行研究；张允熠从文化变迁与转型角度进行研究；而陈先达、许全兴与陈占安则把马克思主义中国化理解为"实践结合"与民族"文化结合"的统一。国外学者罗伯特·库恩、施拉姆认为，所谓马克思主义中国化，就是对马克思主义普遍规律的拒斥以及对中国现实和传统的提升，德国学者皮特·奥皮茨则从文化心理方面研究儒学促进马克思主义的中国化。然而，国外一些学者的相关研究明显误解了马克思主义中国化的含义。这一视角未能深入涉及乃至把握马克思主义与中国传统文化及其结合的精神形态、实质与互动关系。

2. "融合规律"与"互动建构"的视角

这一视角的研究主要有：刘向信、刘志扬与韩书堂阐述中国传统文化参与马克思主义中国化的理论创新并将其渗入到中国特色文化建设与核心价值体系建设之中。许全兴强调马克思主义理论与中国传统文化结合的精神结构基础。孙熙国把握文化形态的多样性以及马克思主义理论

---

① 张曙光：《现代性论域及其中国话语》，武汉大学出版社2010年版，第195页。

的灵魂与核心作用的本质一致性,强调立足于时代实践诠释中国传统哲学的真意是构成发展和创新马克思主义的重要途径,把传统文化理解为"载体"而不是"体用"关系从而与方克立在重释"体用"关系的基础上理解中西马的"综合创新"有了契合。孙利天以各种文化形态的"信仰对话"寻求中西马融合的生命逻辑基础。黄枬森把中西哲学看作是马克思主义哲学传播发展的重要思想来源,以科学性与实践性阐述中西哲学与马克思主义的根本区别。杜维明在比较中充分理解与把握中国传统文化的核心价值及其当代意义乃至普世性。邵龙宝则把马克思主义中国化视为当下中国社会的终极关怀即最高信仰,而儒学的现代化则是中国社会文化建设不可逾越的文化血脉和文化基因,二者在实践中的融合与创新成就了马克思主义中国化。国外基于这一视角的研究,主要有以唯物论与辩证法为切入点进行的研究:如美国的施拉姆与窦宗仪以及斯塔尔;而魏斐德、费正清与美国学者戴维·W. 张则或者强调中国化马克思主义的中国传统文化背景,或者强调传统基础上的"多元化新体系",马克思主义中国化是对儒学的继承与发展。然而,上述这些视角及其成果形式对马克思主义理论与中国传统文化在融合过程中存在的问题或可能困境未能作出深入探讨。

3. "问题困境"与"方法路径"的视角

这一研究视角在新儒学中有所体现。冯友兰、梁漱溟与熊十力等较早地以唯物史观来挖掘儒家的政治历史哲学,熊十力意识到中国哲学的"气"与西方哲学传统中"物"的差异性,儒学"唯气论"与辩证唯物论的会通仍面临挑战性问题;梁漱溟尽管不恰当地理解唯物史观,却提示了一个重要视阈:必须以特定社会结构背景理解中国传统文化与马克思主义之间的关系;许全兴分析了马克思主义中国化过程中传统文化消极因素的可能渗入并且分析了其文化心理根源;邵龙宝把传统文化中儒学的实质与核心价值置入中西文化传统的流变中予以诠释,强调对当前中国进一步发展所存在问题的诊断以及如何借鉴西方文化精髓与方法路径,批判继承与整合创新儒家心性学说的伦理文化资源和西方政治理念及其制度文明。此外，问题还在于：马克思主义中国化"是否是儒家化"的问题论争。金观涛、郭齐勇与汤一介把马克思主义中国化作为一种"儒家化"理解；刘东超质疑其立论依据并从研究方法的视角探讨马克思主义中国化与儒家化的关系；邵龙宝认同不能把马克思主义中国化等同为向儒学的"隐性复归"，但也不是"完全取代"的"断裂化"。而国外研究或者否定马克思主义与传统文化的形态融合：施拉姆、舒尔曼与迈纳斯；或者存疑马克思主义中国化的思想实质而形成所谓"继承发展论"与"背离否定论"；或者是折中观点：顾立雅与列文森等。这一视角的局限在于：囿于文化本身逻辑形态及其对心性的影响义理，未就文化精神的"生命自觉—生活世界—社会结构"等文化精神要素在特定历史境遇中的文化设计或安排进行生态性考察，以建立逻辑形态与实践形态之间的内在联系。

（二）研究视阈转换：当前存在的问题与困境

基于上述相关研究视阈及其所取得成果的学术史梳理，可以发现，传统文化与马克思主义结合的互动机制及其困境的研究构成该研究的趋势与重点，然而却缺乏深入系统的研究成果，不仅未能关注"文化形态—生命自觉—生活世界"的源初关联及其精神生态并对特定历史境遇中的文化设计或安排进行生态性考察，而且对于两者结合的"形态"的研究也很少涉及。在总体上存在这样的疏忽与不足：一是绝大多数的研究还是囿于马克思主义与中国传统文化是否应该结合及其可能性这样一个问题域，或者是用两者之间的一些"个别原理"与"具体观点"之间进行"碎片化"比附，缺乏一个真正系统的乃至"结构形态"与文化精神本质意义上的论证、挖掘与分疏；二是未能从思想史与生命存在的精神自觉探讨二者结合的本体论基础与现实生活世界的伦理精神根基；三是总体上都是把马克思主义与中国传统文化相结合的根本目的定位于这样两个方面：推进马克思主义中国化以及中国传统文化的现代性转化，从而造成其结合在"学术层面"与"实践层面"的二元分立，无法以一种批判性的精神意识去回答如何在马克思主义和中国传统文化的关系研究中直面现实生活世界的矛盾悖论和问题困境，建构中国人的精神家园问题；四是缺乏基于对二者进一步融合的"前沿""趋势"与"困境"的深入把握而进行的理论形态建构的整合性视角，即未能很好地结合现代中国社会所面临的现实问题和文化哲学理论的前沿性趋势的自觉意识，探索适应当代中国社会伦理精神与人的心性或道德精神建构等理论与实践问题，其实质在于未能找到两者结合的根本的且适应现时代的切入基点。造成这些局限性的主要原因在于方法论与研究视阈的局限，缺乏对该课题研究的学术资源、学术基础与本体实践基础的形态学建构。

回应上述问题困境需要基于文本诠释的马克思主义理论与中国传统文化的"形态学"重构，探究二者结合的学术与实践基础及其切入基点，在此基础上研究其互动规律与实现机制及其趋势和精神性功能，建构文化转型中的中国文化形态结构，从而创新性地解决马克思主义和中国传统文化结合的合法性、可能性以及何以实现这一基本问题。

首先，理论基础与范式转换。本研究的主题定位于马克思主义理论与中国传统文化结合的创新研究，因而涉及对相关文化形态及其精神结构的重新诠释，这需要先行对各种类型与谱系式的哲学与文化形态进行形态学的考察。这种考察并非是一种自然科学与生物学意义上的，而主要是哲学形而上学意义上的研究，把"形态学"从生物学、社会学等领域中剥离出来，打破自然科学和社会科学研究中"事实"和"价值"二分的痼疾，基于事实和价值的一体化来阐释"形态"的概念，其要义在于一种基于原子式思维反思与超越的整全性思维，以把握各种文化现象与哲学形态的精神实质与内里逻辑，特别是还原"理论形态"与"生命形态"、生命存在与意义建构间的源初关联，由此建立一种哲学形态学与文化形态学的基本框架，阐释其基本原理、概念方法与普遍意义，确立起一种研究文化与哲学诸理论的新范式。

其次，理论前提批判与重置。先前对于马克思主义理论与中国传统文化融合的研究总体上是基于一种自设的前提，然后寻求一些"碎片化"的观点或个别原理加以比附与对接，缺乏对二者融合的学术基础的建构。本书力图展开一种对先前研究所预设的教科书式的固有理论前提的分析与批判，消解惯有的思维范式与"前见"理念，实现对马克思主义理论与中国传统文化的形态学诠释与重构，重置二者融合的本体基础、问题基础与方法基础。

再次，理论融合境域与基点的探求。基于上述视域与范式，深入西方哲学包括马克思主义哲学与中国传统文化之中，以现象学还原方式"回到事实本身"，即其所共属的"生活世界"与历史逻辑，确定其在精神统一的理论形态结构与序列中的关系位置乃至冲突或矛盾，呈现文化诸理论形态所构成的互济互补的生态—形态结构，而其最根本的结合点则是对于生命自由与一种"可能生活"的理论与实践解释。据此，探讨马克思主义与传统文化融合的内在规律及其实现机制与精神性功能，并在理论形态与生命实践、特殊性与普遍性、历史与现实等整合统一的基础上深入把握其融合过程中可能遭遇的特殊困境与特殊难题。

最后，理论形态的创新与重构。在上述研究的基础上，反思和批判各种文化与哲学理论的内在问题和根本矛盾。这种问题与矛盾在不同历史境遇中的演变及其对可能生活与自由存在的影响，构成了文化与哲学形态演变的内在动力，进而回到中国现代化的现实情境中，洞悉和提取传统文化在这一境遇中所生成的中国文化精神及其所塑造的人格特质中可能遭遇的文化难题乃至"伦理—道德"问题。以累积的中国文化经验、生成中的中国文化话语逻辑，寻求马克思主义理论与中国传统文化现代性转型中进一步结合的新的精神生长点，创造性地建构适应和指导中国现代化实践的文化理论形态并克服西方现代性问题和现实问题。

为此，马克思主义和中国传统文化结合的研究需要一种"形态学"的视阈转换。"形态学"作为学术研究范式已经在史学与哲学研究以及文本诠释中得到应用。有学者把"哲学的生成与开新，就是创构其存在理解方式和秩序构建方式，并对其予以阐释的最终描述"看成是一种

"精神形态学",并运用于对孔子儒学的研究,这一研究方法体现在克罗齐对于精神与历史的统一的理解中[①]:"精神的自我意识就是哲学,哲学是它的历史,或者说,历史就是它的哲学,二者在本质上是同一的。"[②]而"'哲学形态学'乃至'哲学历史形态学'显然为马克思哲学发展史的研究和描述提供了一种特殊的模式、维度和视域。形态学范式用于本主题研究的可能性与合理性可以依据其概念蕴涵及其基本原则获得说明。"[③]

形态学(morphology,morphologie)的范畴来自希腊语 morphe。歌德由于不满意自然科学中过分的理性分析倾向而在自己的生物学研究中最早使用过形态学概念。生物形态学不是只注重部分的微观分析而忽略总体上的联系,相反它要求把生命形式当作有机的系统。"形态学"方法在马克思的理论研究中也有所体现,他专门构建了"经济的社会形态"概念,并明确地"把经济的社会形态的发展理解为一种自然史的过程"。[④]

把"形态学"运用于马克思主义和中国传统文化及其相互关系的研究具有独特的作用:一方面有助于从整体性与历史性来把握并实现二者的形态重构,从而为二者融合的研究建构学术资源和学术基础。克罗伯(A. L. Kroeber)和克拉孔(Clyde Kluckhohn)把文化理解为以传统价值系统为核心的整体行为系统,并同时注意到文化的整体性和历史性。尽管人类学家对于文化的认识日益深入,但文化的整体性与历史性却依然受到大多数人的认同,随着"维柯和赫尔德的历史哲学逐渐受到西方思想界的重视,不但文化是一个整体的观念得到了加强,而且多元文化观也开始流行。"[⑤] 另一方面也有利于将马克思主义和中国传统文化的内在精髓与表现形态、发展历程与实践逻辑有机结合,便于更好地揭示两者

---

① 唐代兴:《孔子哲学的精神历史学和知识形态学构成》,《河北学刊》2009 年第 11 期。
② [意] 克罗齐:《历史学的理论和实际》,傅任敢译,商务印书馆 1986 年版,第 249 页。
③ 侯才:《"哲学形态学"视域中的马克思主义哲学发展史》,《哲学研究》2014 年第 3 期。
④ 《马克思恩格斯选集》第 2 卷,人民出版社 1995 年版,第 101—102 页。
⑤ 余英时:《文史传统与文化重建》,生活・读书・新知三联书店 2004 年版,第 443 页。

导论　传统文化与马克思主义结合研究的合法性、语境与论域

的本质和发展规律或本体依据，由此还原各种殊异的文化形态之间的互释经验与解释机制，并彰显其当代意义和实践价值。

以"形态学"视阈研究马克思主义和中国传统文化的形态演变史，是回应马克思主义和中国传统文化融合的合法性、可能性以及何以实现这一基本问题的可行路径。这一范式所蕴涵的基本方法论原则：其一，呈现文化逻辑形态与生命存在以及可能生活之间的源初关联，"生命创造出某些特定形式，并通过这些形式表现其自身，实现其自身""文化蕴涵了生命有可能实现自身的全部事业。但文化也蕴涵了生命以受界限限制的形式得以实现的那些事业"。[1]；其二，客观地体现文化形态同其创建者及其个性的关系，还原文化形态之间的作用机制，扬弃既有研究中绝对"对立论"和"同一论"；其三，将每种文化形态都看作是其演变过程的整体形态的一个有机组成部分，充分注意彼此之间的区别和联系以及它们在特定的社会历史实践中所表现出来的精神性功能或所发生的实际作用；其四，判断文化形态是否完善的一个重要标准就要看其是不是达到了科学性与价值性的统一。如果说，"形态学"范式概念蕴涵及其方法论原则用于本课题研究具有可能性与合理性，那么，以"形态学"视阈与方法研究马克思主义和中国传统文化的融合应该涉及什么样的问题域？

三　形态学视阈中传统文化与马克思主义结合研究的论域

基于上述"形态学"的概念蕴涵及其方法论原则，马克思主义和中国传统文化结合的合法性与可能性及其实现的研究并非仅仅侧重于实践运用，还应该同时包括文化自身发展逻辑或规律的理论和学术层面的学理性分析。就此而论，本书不太认同有些学者所说的：基于"马克思主

---

[1] ［英］基思·特斯特（Keith Tester）：《后现代性下的生命与多重时间》，李康译，北京大学出版社2010年版，第10页。

义中国化"与"马克思主义哲学中国化"的区分，认为前者仅侧重于实际运用的需要与目的而非学术研究，而后者与之相区分的一个极其重要的方面在于侧重于理论与学术方面，这隐含理论与实践、逻辑与历史的二元对立。因此，把握融合过程不仅需要经历两个方面的话语转换，即从西方到东方以及从传统到现代的话语转换以适应社会历史发展，而且应该还原马克思主义和中国传统文化作为文化形态所蕴涵的普遍性元素和相互区别的个性化元素，因为，"每一个文化系统中的价值都可以分为普遍和特殊两类"①。

首先，就前者所说的话语转换而言，马克思主义和中国传统文化的结合可以从三个层面展开。其一，无论中国传统文化还是马克思主义以及二者的结合研究，都与整个世界史、文化史和人类的历史发展直接或间接地相关联，这样才可以把握文化形态的个性特质和普遍元素，"所谓个性是就某一具体文化与世界其他个别文化相对照而言的，若就该文化本身来说，则个性反而变成通性了"②。就马克思主义而言，没有历史向世界史、现实的人类整体历史的转变，其形成是不可理解的，而局限在国别史和民族史的域限而缺乏世界史视野，任何文化形态的普遍性和个体性也是无从把握的。其二，从中国文化价值形态自身演变和社会历史发展的层面进行研究。这一内容在上文已有了较为详细的说明。其三，从中国文化与世界文化相互交流的历史角度进行研究。"从中国思想文化与世界各国的思想文化交往过程中，从西学东渐和东学西渐的历史发生和发展的过程中，我们可以寻找到马克思主义哲学中国化的根由和理据。因为人类在时间和生存领域的交流和融合都需要通过思想文化的形式表现出来。"③ 在这样三个层面的意义上，一方面，应该把这种话语转换的把握建立在对中西文化的真实理解的基础上；另一方面，是文化形

---

① 余英时：《文史传统与文化重建》，生活·读书·新知三联书店2004年版，第446页。
② 同上。
③ 皮家胜：《马克思主义哲学中国化的解释学之维》，人民出版社2014年版，第12—13页。

态的创造性转化。这样,"文化认同应由强调族群转化为强调人类解放这样的角度来看,强调国学目的则应当是要超越国学"①。而无论是旨在维护封建等级制度或复辟封建帝制,还是清末"中体西用"背景下是袁世凯们提倡的"尊孔读经",都是我们必须反对的。

其次,就后者而言,尽管马克思主义和中国传统文化属于不同时代两种文化和思想体系,却并非处于对立的地位。有学者认为,马克思主义本身在创立和形成过程中吸收了中国文化元素,具有中国文化的"学脉渊承"关系;而对此予以否定的看法则认为两者并非内容上的"渊源"关系,而是马克思主义改造世界的实践品格和批判精神与中国人民产生了强烈共鸣,或者是马克思主义和中国传统文化都是近代文化形态的对立物而具有的相似相通之处。然而,这种论断依然是一种"令人困惑的想法",值得进一步讨论。②诚然,马克思主义"在现代中国所形成的思想和学术谱系,主要是关于政治思想、社会科学的理论","固然能够使投身革命的人们在革命中实现其意志和价值",但是,"中国人在日常生活中所寻求的人生意义,他们情感的和信仰的追求,毕竟要受制于他们在几千年间形成的深层的文化心理结构,有中国传统的特点"。这样看来,问题是:如果说中国传统文化在马克思主义中国化过程中确实起到了应有的作用,那么,中国化的马克思主义是否已经为中国民众建立起了精神家园?可行的方法还应该是:一方面,要正视二者之间存在着的质的区别,以及由此而来的现实世界的矛盾困境和问题,并寻求解决的可能路径。否则,可能"连眼下的思想文化现象都不能正确地分析理解,更不要说明确今后思想文化建设的任务了。"③另一方面,中国传统文化形态中的作为器物、社会经济制度的"硬体"和作为价值系统或文化价值精神的"软体"的历史性变化及其与现代的价值观念之间的相

---

① 干春松:《"国学":国家认同与学科反思》,《中国社会科学》2009年第3期。
② 这一问题有学者已经做过较为详细的讨论。可参见皮家胜《马克思主义哲学中国化的解释学之维》,人民出版社2014年版,第286—299页。
③ 张曙光:《现代性论域及其中国话语》,武汉大学出版社2010年版,第196—197页。

互激荡或纠缠。基于此,在形态学视阈中探究传统文化与马克思主义的结合需要深入把握二者结合的机制和形态,而这一研究需要逻辑地回答以下几个相互关联的问题:形态学方法所还原出来的文化形态所蕴涵的普遍性元素和相互区别的个性化元素是什么?如何把握中国传统文化在社会历史发展过程中文化要素的"变"与"不变"?如何理解中国传统文化与马克思主义的相互建构机制、影响因素和可能困境?马克思主义本身在创立和形成过程中是否吸收了中国文化价值元素?以及如何重构中国传统文化核心价值的精神形态,从而使得其与马克思主义的相遇乃至融合更具可能性、现实性与合理性?文化转型发展中的"中国问题"为何以及如何建构具有中国特色的新的"文化形态",以便在理论层面和实践层面的双重维度上实现精神家园的重建?

基于问题意识以及当前研究中存在的不足之处主要是:未能深入探究马克思主义与传统文化结合的本体实践基础、内在机制及其现实性困境;囿于文化自身的逻辑来理解文化形态,缺乏对文化逻辑形态与生命存在结构之间的源初关联的研究与把握。存在这些不足主要原因在于方法论与研究视阈的局限,缺乏对该课题研究的学术资源、学术基础与本体实践基础的形态学建构。由此确定本书的研究思路是:问题意识指向方法论自觉;理论关怀是生命精神自觉与可能生活的统一以及精神家园的建构;理论目标在于马克思主义和传统文化的结合机制及其"中国形态";具体路径紧紧围绕相关悖论或困境的消解。由此,建构中国形态的文化与哲学理念,为人的全面自由发展以及社会和谐建构提供文化解释与精神支持,以三个步骤具体展开:

第一,关于二者结合的学术基础的创新性研究。为此,把对问题本身的追问与文本诠释结合的生态视阈中对马克思主义理论以及中国传统文化进行一种"形态学"重构,揭示各种"理一分殊"的理论类型与理论谱系背后被隐藏着的那种精神统一性,回到其赖以产生与分化的"原点",即还原其未分化、未分流时的生命存在与本真生活的"元形态",探讨人类生命及其生活的"实践形态"与哲学文化之"理论形态"之间

导论 传统文化与马克思主义结合研究的合法性、语境与论域

相互依赖、相互促进而又相互制约、相互解释的本真关联性,由此获得文化与哲学理论流变的精神实质与内在规律,为研究马克思主义理论与中国传统文化的结合提供本体论基础与问题基础乃至方法论基础。

第二,马克思主义理论与中国传统文化之间的互动规律及其结合的可能困境研究。通过对现阶段我国社会大众精神文化生活状况及其需求发展趋势的实证研究与历史形态研究,一方面,寻求二者结合的切入基点与基于此的多个交汇点,而其根本在于哲学的精神与文化本质对于日常生活世界与"可能生活"的现实关注;另一方面,基于二者特定的历史语境、生活世界与问题意识,在理论与实践、历史与现实、个性与共性整合的整全性视域中,探究其融合的规律、精神性功能与可能的困境,寻求困境的解决并促进其进一步融合的可能路径。

第三,马克思主义理论与中国传统文化融合创新研究的根本目的在于"中国形态"的文化生成与终极关怀,以建构精神家园,而这一文化精神的合理形态建构需要基于中国特定"问题意识""中国经验"与现时代特征的深入把握而进行的创造性转化。创新与建构能够体现文化价值战略的"中国形态"的文化理论,而其合理性的精神根据不仅在于可以回应一种哲学形态何以可能的理论问题,而且更在于回应生命的自由与生活何以可能的现实问题。

上述三步研究贯穿马克思主义与中国传统文化结合的精神生长点,即生命存在的人性及其自觉、学术理论基础与现实的中国问题意识,以及对于一种生命自由与"可能生活"的理论和实践解释;尝试以形态学范式实现对马克思主义理论与中国传统文化的形态学诠释与重构,以及马克思主义理论与中国传统文化的融合为导引,致力于二者融合规律与实现机制及其精神性功能的创新性研究,诊断在现代性历史境遇中其进一步深度融合可能遭遇的困境与难题并提出可能的对策,以完成文化精神的中国形态的创造性建构,为提升现阶段我国大众精神文化生活与和谐社会秩序建构提供理论支持与实践指引。而无论是对于马克思主义理论与中国传统文化的形态学把握与重构,还是基于现代性视阈与中国化

以及共性语境的中国文化形态的可能建构，都是具有前沿性、创新性的重大理论探索，对于指导人与其自身以及人与社会生活秩序及其两者之间关系的良序发展来说都具有重大实践意义。

本书研究的基本内容从以下四个方面展开：

第一，马克思主义理论与中国传统文化的形态学诠释与重构。

这一研究需要研究范式的形态学转换以及对于先前研究"理论前提"的形态学批判。首先，通过对"形态"概念的哲学形而上学意义上的创新性建构，阐述其应用于文化与哲学研究中的可能性与可行性，为马克思主义与中国传统文化的创新性诠释与理解提供新的范式或方法论基础，即基于形态学诊断的文本诠释与精神对话的比较研究。其次，把文本诠释与问题意识相结合，立足于文化与哲学的形而上学，就生命存在方式与生成样态、伦理生活与意义建构的目的论—价值论层面，重点探讨人类"生活世界"中哲学形态的概念及其内涵，寻求人类对于生命存在和精神结构的哲学与文化把握，呈现其与生命存在及其理念的形态同一性。最后，马克思主义理论与中国传统文化都有其特定的时代意识与生命精神自觉，把它们分别置入东西方哲学思想历史流变的整体进程之中去理解，探源马克思主义理论与中国传统文化特定的生成境域、问题意识与实践意旨，以此获得二者精神融合的本体论基础（生命存在的精神自觉）、现实基础（生活世界）与方法论基础（形态对话与互释）。

第二，马克思主义与中国传统文化的相互建构及其实现机制的创新研究。

首先，需要寻找二者相互融合的根本切入点。基于上述三个基础的形态学整合，文化与哲学作为一种生命精神的自觉与现实问题的理论应对，向实践层面的转化的实质在于回归其共属的"生活世界"，即在于生命存在方式及其形态的把握与获得一种"可能生活"乃至好生活。其次，好生活的可能在两个基本向度上得以绽出与敞开：一是人的德性教化以获得一种内在心性结构的德性提升或道德精神；二是外在的社会伦

导论　传统文化与马克思主义结合研究的合法性、语境与论域

理秩序与伦理精神的建构,以及"道德—伦理"精神性形态的现实生成。马克思主义理论完成了西方哲学形态一方面由理性实体主义到现实生存论的转化,另一方面承接并发展了西方哲学精神中的"公共性"传统。中国传统文化的生命精神自觉的精神实质是伦理与德性之思,由此获得二者在三个基本方面的相互建构与会通:道德精神意义上生命的精神信仰层面与人格塑造;伦理精神意义上社会发展理论以及促成二者统一的文化精神意义上的实践理性,并由此获得诸多不仅可以相通互补而且可以相互解释的次生性会通基点;在此基础上,探究马克思主义与中国传统文化结合的"理论形态"与"实践形态"以及这两个层面达致形态性结合的基本规律与实现机制,以及马克思主义中国化与传统文化现代性转化之间的逻辑蕴涵关系。

第三,马克思主义与中国传统文化结合的精神功能、现代性困境与对策研究。

首先,基于时代性与民族性相结合的理论视阈。这一研究从理论考察与经验性实证考察两个方面展开,即采用实证研究与理论分析相结合的研究方式,从文化、道德与伦理层面探讨马克思主义与中国传统文化结合的精神性功能研究。其次,对现阶段的生活世界伦理与道德精神状况及其发展进行历史学经验考察,揭示中国当代生活世界中存在的问题和发展趋势,考察中国精神文化生活所面临的历史境域及其当代存在方式。其一,对当代中国文化生活发展状况的历史考察与实证考察,揭示其在不同历史阶段的主要存在形态,探讨其发生、发展过程及其规律,揭示这一过程的矛盾动力、历史条件和影响因子,以及这些问题中的普遍性因素与特殊性因素。特别关注文化生活形态与社会发展形态之间的关系及其变化模式,以全面深入把握文化精神功能的变迁,由此反观与探究马克思主义理论与中国传统文化进一步结合的精神生长点与新境域。其二,深入把握现阶段大众精神文化生活的精神特质及其需求形态结构,通过历史形态的研究,即传统文化在西方启蒙语境、现代性与全球化的历史阶段上,还原作为精神文化生活基础的文化形态的逻辑形态的基本

规定性及其结构是什么，其在特定民族的文化精神发展过程中的历史展开过程的样态是什么，这一形态结构对文化生活现实的呈现与发展的规定性是什么，由此对现时代日常生活展开反思与批判。一方面研究传统伦理道德的精神对人们社会行为的影响式微而导致道德失范的精神根由；另一方面探索马克思主义与中国传统文化结合的时代性以及在此基础上的中国化与大众化的规律与内在矛盾，最终寻求解决问题与困境的可能路径与国情对策。

第四，文化转型中的"中国问题"及现代文化的中国形态建构与创新研究。

本课题研究的目标在于基于马克思主义与中国传统文化结合及其创造性转化，创新与建构中国形态的文化形态模式。而合理形态的中国文化与哲学模式归根到底应该是在回应"中国问题"的特殊性过程之中并遵循文化自身发展规律的基础上才能够完成，需要着力研究不仅可以回应一种哲学形态何以可能的理论问题，而且可以回应生命的自由与生活何以可能的现实问题。这一合理的文化形态的精神要求在于：首先，需要体现哲学"概念形态"与特定民族"历史经验"的生态性统一，即形成特定民族文化精神的"民族形态"与"历史形态"。例如，对中华民族来说，这个历史形态就是"伦—理—道—德—得"的概念运动所形成的伦理中心主义的"文化心理结构"及其历史体系，也就是中国文化理论体系的特殊民族形态。只有综合了逻辑形态、民族形态和历史形态的研究方能解释中华民族文化精神发展的本质，才是建构中国形态的文化模式的形态学方法，必须注重研究文化形态的逻辑形态与历史形态或理论形态与实践形态。清理在不同历史发展阶段上中国文化理论所要面对的主要问题是什么，这些问题与社会文化现实与理论学术形态之间的关系是什么，由此揭示面对"中国问题"的文化理论形态的应然模式。其次，适应现代性与全球化境遇的中国形态的合理文化结构应该不仅是文化意识形态与文化的相容发展，而且体现为多元形态而非一元文化结构，而与之相关的重要问题在于：马克思主义与中国传统文化在中国文化转型中的地位问题应该如何恰当地认识与把握。但更重要的一个方面，是把二者的结合置入这样的历史境域之中：在传统文化精神的伦理生活"范型"已经解体，中国传统文化形态和各种西方文化哲学理论多元共存、互相竞争、争取各自对当代中国道德发展之话语权的现实状况下，为中国当代文化理论的发展乃至伦理道德发展的创新实践寻找一个新的方向和突破点，以此超越那种纯粹理论话语层面的学理建构，使当代中国文化形态学的理论发展与社会发展融合在一起，在理论与实践的统一中回应"谁的现代性"以及"谁的全球化"问题。再次，就文化形态的实践功能而言，进一步探究马克思主义理论在整合"儒、道、释"三位一体的文化形态与人的文化精神结构塑造之间的关系，合理形态的精神文化建构，不仅体现在它是否对于社会成员精神人格与心性结构的建构作出了贡献，或者说，看是否存在着一定的社会人格，并且他在一定程度上是相应的中国社会主义价值观的产物，而且体现在该文化形态及其精神是否切实地参与了对于社会道德精神与伦理秩序的建构，以获得我们民族自身安身立命的自由根基与精神家园。

第一章　传统文化与马克思主义结合的话语逻辑和学术资源

传统文化与马克思主义结合的合法性、可能性以及何以实现的问题构成了二者结合的创新性研究中的一个本源性或始基性问题。即便是研究者以自身特定的基点或视域探究这一历史文化过程的某个细节或某个层面，也以对这一问题的直接或间接的回答作为前提或基础。在谈到如何走出现代化的困境问题时，石元康提出：需要对自己的文化传统作一个智性的探究，对它的内容及特质作详尽的分疏，还要对两个相当异质甚至是不可共约的文化在碰面时会出现什么问题作一个哲学的反思，①"文化重建"必须建立在对文化形态的真实了解的基础上，"这正是我们几十年来应该从事但却没有认真进行过的基本工作"。② 因而，上述的这一本源或基本问题可逻辑地转换为理解中国传统文化与马克思主义结合如何才可能的以及何以实现，由此建构课题研究的学术资源和话语逻辑。为此，一方面，需要结合两个方面的话语转换，即从西方到东方以及从传统到现代的话语转换，以适应社会历史发展；另一方面，应该还原马克思主义和中国传统文化作为文化形态所蕴涵的普遍性元素和相互区别的个性化元素，完成其作为文化形态的形态学重构，进而实现"创造性综合"。保罗·利科曾深刻地指出，"相遇本身就是创造性的"，"当

---

① 石元康：《从中国文化到现代性：典范转移?》，生活·读书·新知三联书店2000年版，序第1页。
② 余英时：《文史传统与文化重建》，生活·读书·新知三联书店2004年版，第438页。

第一章 传统文化与马克思主义结合的话语逻辑和学术资源

人们深入到特殊性的本质,就会发现特殊性以一种不可言状的方式,以一种不能用词语表达的方式与其他的特殊性发生共鸣"。① 前者涉及如何对待"传统"与"现代化"乃至"西化"概念与关系的辨正问题,而后者涉及的则是一个方法论问题,即形态学方法及其用于课题研究的合理性与可行性。进而,对中国传统文化和马克思主义理论进行形态学重构,还原各种分殊文化形态间的互释与话语逻辑。

一 "形态学"研究范式的概念蕴涵与基本原则

在学术史梳理中,我们发现,传统文化与马克思主义结合的互动机制及其困境的研究构成该研究的趋势与重点,然而却缺乏深入系统的研究成果,不仅未能关注"文化形态—生命自觉—生活世界"的源初关联及其精神生态并对特定历史境遇中的文化设计或安排进行考察,而且对于两者结合的"形态"研究也很少涉及。在总体上存在这样的疏忽与不足:一是绝大多数的研究还是囿于马克思主义与中国传统文化是否应该结合及其可能性这样一个问题域,或者是用两者之间的一些"个别原理"与"具体观点"之间进行"碎片化"比附,缺乏一个真正系统的乃至"结构形态"与文化精神本质意义上的论证、挖掘与分疏;二是未能从思想史与生命存在的精神自觉探讨二者结合的本体论基础与现实生活世界的伦理精神根基;三是总体上都是把马克思主义与中国传统文化相结合的根本目的定位于这样两个方面——推进马克思主义中国化以及中国传统文化的现代性转化,从而造成其结合在"学术层面"与"实践层面"的二元分立,无法以一种批判性的精神意识去回答如何在马克思主义和中国传统文化的关系研究中直面现实生活世界的矛盾悖论和问题困境,建构中国人的精神家园问题;四是缺乏基于对二者进一步融合的"前沿""趋势"与"困境"的深入把握而进行理论形态建构的整合性视

---

① [法]保罗·利科:《历史与真理》,姜志辉译,上海译文出版社2004年版,第286页。

角，即未能很好地结合现代中国社会所面临的现实问题和文化哲学理论的前沿性趋势的自觉意识，探索适应当代中国社会伦理精神与人的心性或道德精神建构等理论与实践问题。造成这些局限性的主要原因在于方法论与研究视阈的局限，缺乏对该课题研究的学术资源、学术基础与本体实践基础的形态学建构。与一般的比较方法文本解释学等方法相比较，形态学方法及其研究范式对于文化研究具有更强的概念解释力和适恰性。

谈起"形态学"，我们知道，这一概念是由歌德首先提出并应用于生物学，继而由斯宾格勒在《西方的没落》一书中将其概念比较彻底地引入到文化哲学和历史哲学，明确提出人只有在文化中才有自己的历史，"人类的历史没有任何意义，深奥的意义仅寓于个别文化的生活历程中"，[1] 并反对把文化视作给定的、僵死的东西的集合。根据"文化形态学"范式演进历史，我们可以确定，以"形态学"视阈研究马克思主义和中国传统文化的形态演变史，是回应马克思主义和中国传统文化融合的合法性、可能性以及何以实现这些基本问题的可行路径。其可能性与合理性在于这一范式所蕴涵的基本方法论原则。

其一，形态学呈现某种共通的本性，即人类生命存在的精神特征。因而，文化逻辑形态与生命存在以及可能生活之间具有源初的和历史性的关联。"生命创造出某些特定形式，并通过这些形式表现其自身，实现其自身"，"文化蕴涵了生命有可能实现自身的全部事业，但文化也蕴涵了生命以受界限限制的形式得以实现的那些事业"[2]；"一种信仰只有吸收自然的非神圣化和把神圣事物转移到人，才能接受对自然的技术开发；一种信仰也只有重视时间和变化，作为主人的人面对世界、历史和人生，才能继续存在下去。"[3] 哲学人类学的生存论研究范式真正自觉

---

[1] ［德］奥斯瓦尔德·斯宾格勒：《西方的没落》（上卷），张兰平译，商务印书馆1963年版，第138页。
[2] ［英］基思·特斯特：《后现代性下的生命与多重时间》，李康译，北京大学出版社2010年版，第10页。
[3] ［法］保罗·利科：《历史与真理》，姜志辉译，上海译文出版社2004年版，第283、285页。

第一章　传统文化与马克思主义结合的话语逻辑和学术资源

地基于人的生存结构、存在方式和本质特征来界定和理解文化。其基本立论基点是：人与其他动物相比在自然本能上相对弱小，人只有发展其后天的、人为的活动方式才能幸存和发展；而文化就是人用以弥补先天本能之不足的"第二自然"或"第二本性"。哲学人类学创始人同时也是情感主义价值伦理学家的舍勒曾经系统阐述了人在宇宙中所处地位的双重性，肯定了正是由于人的自由和对象化存在方式决定了在本能上较之低级存在形式相对不占优势的人成为"比他自己和世界都优越的存在物"。舍勒说，"依据原始关系，较高级的存在形式是较弱的，而较低的存在形式是较强的。换言之，原本羸弱的精神和原本强大的——即与一切精神的观念和价值相比盲目的欲求，通过正在演变着的使隐藏在万物的表象后面的压抑［Drangsale］变成精神和观念而相互渗透，同时使精神变得生机勃勃，并赋予它以力量。"① 在舍勒看来，若离开文化的考察，人的有机体的变化是不可理解的，"如果不从文化自身的预先影响上考察，历史上精神肉体的人的有机体基本上无变化。"② 蓝德曼同样认为，"文化是人类的'第二天性'，每一个人都必须首先进入这个文化，必须学习并吸收文化。"③ 在人类的文化性存在中，现实在形式上的地位是作为限定的现在，而其在生命中的地位则具有固有的流变性，这两者之间的矛盾体现着某种文化上的冲突。齐美尔就此指出，"假如生命不被理解为具有超越性，假如不假定生命会溢出静滞的界限标志，那么文化就会被体验为某种势不可挡的压迫。"④

结构主义同样以文化象征理论揭示了人的生命存在与文化的源初联

---

① ［德］马克斯·舍勒：《人在宇宙中的地位》，李伯杰译，贵州人民出版社1989年版，第56—57页。
② ［德］马克斯·舍勒：《舍勒选集》（下卷），刘小枫等译，生活·读书·新知三联书店1999年版，第1080页。
③ ［德］蓝德曼：《哲学人类学》，彭富春译，工人出版社1988年版，第223页。
④ ［英］基思·特斯特：《后现代性下的生命与多重时间》，李康译，北京大学出版社2010年版，第13页。

系。列维-斯特劳斯基于结构的系统性研究了神话、原始人分类模式、原始艺术、图腾及亲属关系,进而深入发展了文化象征论。一方面,揭示了文化的原始发生过程正是人类实际生活中把自然与文化两大因素既对立又统一的经验总结;另一方面,揭示了象征的文化本质。作为人与人之间、人与物之间中介因素而建构并运作起来的"象征"的存在,与具有思想的人的存在密不可分,其存在和运作、生命就是由象征同人的密不可分的关系所决定的,从而在整个世界的运作中占据了比其他一切事物都更加优越的地位,象征也因此融入人的文化生活世界中,贯穿于人类社会中,也贯穿于人类历史之中。"象征是同人的本性,同人的生命所不可缺少的交换活动的进行密不可分的",而"象征和交换活动的循环式互动,随着人类历史的发展,不断地复杂化和更新,使整个社会和文化也不断发展",由此揭示了以象征运作为基础的人类社会和文化的再生产的奥秘,这一基本观念体现在从列维-斯特劳斯直到当代的布尔迪厄和鲍德里亚等的社会理论中。而以往的社会学家尽管也看到象征的重要性,却仅限于各个特殊的人类文化生活领域如宗教和文学艺术等,或者把象征从社会关系和人的文化创造实践中割裂开来,静止地加以研究。更为重要的是,"以往各种象征论研究,并没有在象征系统的生命的活生生表演中,把象征同人的社会整体,同人的朝气蓬勃、积极主动的和不断超越的创造精神,同人所使用的各种语言,同人的各种复杂的社会行为连贯成一体加以研究。"[①]

其二,形态学呈现文化形态在特定社会历史形态和历史实践中的精神性功能或所发生的实际作用。基于此,文化价值形态具有整体性并存在着经验互释机制,蕴涵着逻辑形态与实践形态之间相互转换的机制。克罗伯(A. L. Kroeber)和克拉孔(Clyde Kluckhohn)基于他们对160多个关于"文化"的界说而最终把文化理解为以传统价值系统为核心的整体行为系统,并同时注意到文化的整体性和历史性。尽管人类学家对于

[①] 高宣扬:《当代社会理论》(下),中国人民大学出版社2005年版,第718—722页。

第一章 传统文化与马克思主义结合的话语逻辑和学术资源

文化的认识日益深入,对于文化的概念理解也呈现出多样性特征,文化的整体性与历史性却依然得到大多数人的认同。值得强调的是,文化系统或有机体的文化要素和系统之间"有两种情况特别值得注意:一个文化系统所包含的文化要素,有些是不能脱离原系统而存在的,有些则可以经过改造而容纳到别的文化系统。"而"不相容或可离的许多要素,前者隐伏着导致系统崩溃的契机,后者则可以成为代之而起的新系统的要素。"[①]

同时,"人类文化不仅决定着人类文化特有的生命,也决定着与人类文化密切相关的人类社会的基本性质。"[②] 后结构主义者对于文化的研究也揭示了文化更新机制。罗兰·巴特超越列维-斯特劳斯,不再像后者那样仅限于在传统文化形式中诠释传统文化,或满足于分析文化的结构和诠释文化的意义,而是以高度自由的创造态度不断地批判传统文化,寻求冲破传统文化和创新文化的多种可能性。从史学观念来检视传统,则古今中外一切传统没有不变的。事实上,文化中任何一个组成部分的传统都可能是日新月异的,"即便是专门为了维护某种传统信仰与经典而建立起来的团体或制度,如基督教的各种宗派及神学院,也无不在逐渐改变之中",而"如果以中国儒家传统为例,则情形更为明显",中国并不存在一个两千多年都不变的儒学传统,"儒家经典自汉以来即具有'神圣的'(sacred)性格,因此每一代的儒者都兢兢业业地加以保存、注释和有系统的整理,从两汉、魏晋、南北朝、隋唐、宋元以至清代无不如此。然而我们通察全部经学史便可看出,儒学的面貌在每一阶段都有显著的变化。"[③] 因而,讨论某一个传统如不考察其形态变迁终究是不够全面的。

值得强调的是,这里并非是要否定传统文化及其存在着的不变因素研究的意义。然而,这一文化倾向在一些社会学家那里曾表现得较为突

[①] 张岱年、程宜山:《中国文化论争》,中国人民大学出版社2006年版,第4—5页。
[②] 高宣扬:《当代社会理论》(下),中国人民大学出版社2005年版,第707—708页。
[③] 余英时:《文史传统与文化重建》,生活·读书·新知三联书店2004年版,第391页。

出。希尔斯认为,当代社会科学竟然出现许多讨论"传统社会"的著作却没有人对"传统性"(traditionality)的特质加以分析。究其原因,政治学家弗列德里希(Carl J. Friedrich)推测,"传统之所以失宠主要是由于这个名词在20世纪已被赋予贬义,使人感到它是和'科学''进步''现代'等价值观念背道而驰的。"① 希尔斯相似地指出,这种倾向的一个基本的关键在于社会科学的研究对象是眼前的事实,因此其概念结构大体上是缺乏时间性的(atemporal),从而忽视了时间的"历史向度"。希尔斯认为,在现代社会,传统的文化价值精神依然具有强大的力量,"实质性传统还继续存在,这倒不是因为它们是仍未灭绝的习惯和迷信的外部表现,而是因为,大多数人天生就需要它们,缺少了它们便不能生存下去。"② 因而,传统很明显地应该是一种具有承上启下的作用的东西,并以一些经典和权威性的东西作为核心标志。

上述"变"与"不变"的辨正涉及传统与现代化的问题。关于传统与现代化的讨论有很多文献,这里不再就这一问题进行讨论。这里想强调的是,在这两者关系的讨论中涉及"理性"这一中介。一般地,传统所代表的是"未经反思的智慧"(柏克语),启蒙运动以来绝大部分人的理解是:传统本身是没有理性可言的;而作为现代性范畴而被讨论的"理性"所代表的则是反思及批判的能力。正是在这样的意义上,韦伯在谈及权威及其合法性的三种形态时,也是追随柏克的这种说法而把传统式的权威与理性式的权威对立起来。③ 然而,这一观念遭到了麦金太尔和曼海姆的质疑与批判。麦氏通过对纽曼(John Henry Newman)相关理论的改造,提出了传统发展的"三阶段"理论以描述或说明传统的合理性。而曼海姆则通过对"理性"概念的重新诠释而区分为"实质理性"与"功能理性",并认为"甚至靠传统而团聚在一起的社会在功能

---

① 余英时:《文史传统与文化重建》,生活·读书·新知三联书店2004年版,第390页。
② [美]希尔斯:《论传统》,傅铿、吕乐译,上海人民出版社1991年版,第406页。
③ 石元康:《从中国文化到现代性:典范转移?》,生活·读书·新知三联书店2000年版,序第8页。

第一章　传统文化与马克思主义结合的话语逻辑和学术资源

意义上也是理性的"。因而,"今天的知识分子应当清楚地看到,通过以理性(reason)的名义反对习俗和传统制度的启蒙来进行的战争,必须部分地被抛弃。"① 正是在这样的意义上,余英时指出,"事实上,中国传统中并非缺乏现代性的合理因子,如能及时地善加诱发,未始不能推动现代化的发展",进而指出,道统与政统作为中国传统文化的产物,前者"具有现代性的批判精神并没有获得充分的发展,反而是传统性格的政统却在崭新的现代面貌之下空前地加强了。"尽管造成这一现象的因素较为复杂,然而,从思想层面看,"中国知识分子不能以历史的与分析的眼光辨别传统,终究是有相当责任的。"② 此外,形态学要求把文化形态置入特定阶段的社会形态中予以理解与把握。这也为传统的理解所要求。依据麦金太尔的观点,"任何一个传统都必须有其社会的载体(social embodiment):一方面,传统必须有一个社会作为实现该传统的场所,否则传统就无法形成,亦即,一个传统不能孤零零地脱离社会作为它栖身的场所而存在;另一方面,任何一个智性的探究都不能从'无何有之乡'而开始而必须从一个传统中出发。"③ 因而,研究中国传统文化与马克思主义之间的融合问题需要置于社会性质及其结构形态变迁的基础之上。

其三,形态学的方法并不是要以形态的"整体性"与"普遍性"简单地取代具体和分析方法。因为,"人类不是在一种单一的文化式样中形成的,而是'处在'各种一致的和封闭的历史意向中:在各种文化中。"④ 随着维柯和赫尔德的"历史哲学逐渐受到西方思想界的重视,不

---

① [德]卡尔·曼海姆:《重建时代的人与社会:现代社会结构的研究》,张旅平译,生活·读书·新知三联书店2002年版,第270页。
② 余英时:《文史传统与文化重建》,生活·读书·新知三联书店2004年版,第393—394页。
③ 石元康:《从中国文化到现代性:典范转移?》,生活·读书·新知三联书店2000年版,序第6—7页。
④ [法]保罗·利科:《历史与真理》,姜志辉译,上海译文出版社2004年版,第283、285页。

但文化是一个整体的观念得到了加强,而且多元文化观也开始流行。"① 基于此,近期的人类学家吉尔兹(Clifford Geertz)批判古典人类学那种从许多个别的真实文化中抽离其共相而寻求一般性典型文化的观念和做法。这种史学观点意在强调,"这种个性是有生命的东西,表现在该文化涵育下的绝大多数个人的思想行为之中,也表现在他们的集体生活之中。所谓个性是就某一具体文化与世界其他个别文化相对照而言的,若就该文化本身来说,则个性反而变成通性了。"②

保持开放性的文化系统、传统和属性在与异质文化的碰撞中可能发生较大的形态改变。传统的核心部分在出现问题而陷入某种文化危机时,与新的文化形态或理论框架相遇,"原始模式的魅力往往能够通过赋予以前的制度以新的意义,并以新的生活方式吸收之而得以保存。这对于那些在一个社会进入新的阶段之后对其仍有价值的传统尤其如此。"③ 基于此,如果说传统文化和马克思主义的结合蕴涵着中国传统文化的现代形态的转化生成,那么,这并非意味着只强调在探究这些共同特征时忽略文化个性特征,从而流为空洞的形式而失去了实际的经验性内容。忽视共性背后存在着的价值系统的根本差异,如同样是"民主",要看到其社会性质的背景基础。否则,在传统文化更新的具体实践中,一方面可能出现"现代化"与"西化"的混淆:西方现代的价值是普遍性的,中国传统的价值是特殊性的,这一倾向在今天仍然值得警惕;另一方面是使得文化游离于具体生活世界之外。

其四,形态学将规范性与价值性的统一作为判断文化形态完善性的一个重要标准,注意挖掘文化形态中的价值观和方法论资源,并揭示文化形态自身演变的内在逻辑和规律性。因而,形态学审察的文化形态必然体现规范性与价值性的统一。文化属于人的价值、行为和结构的自主

---

① 余英时:《文史传统与文化重建》,生活·读书·新知三联书店2004年版,第443页。
② 同上书,第446页。
③ [德]卡尔·曼海姆:《重建时代的人与社会:现代社会结构的研究》,张旅平译,生活·读书·新知三联书店2002年版,第44页。

第一章 传统文化与马克思主义结合的话语逻辑和学术资源

领域。戴维·波普曾把文化要素分为三个层面：一是符号、意义和价值观；二是规范准则；三是物质文化或人造物所反映的非物质的文化意义。[①] 文化首先具有规则属性，"我们应当期望文化能表明它是某种规则，而这已被证明确实如此。现在，可以用如下的话来完成沃恩的定义：文化，就是社会成员的内在的和外在的行为规则，但是剔除那些在起始时已明显地属于遗传的行为规则。"[②] C. 恩伯和 M. 恩伯也认可文化所代表的应该是一种行为规范体系，"我们说文化是整合的，指的是构成文化的诸要素或特质不仅仅是习俗的随机拼凑，而是在大多数情况下相互适应或和谐一致的。人类学家认为文化往往是整合的，其原因之一就是，文化一般是有适应性的。"[③] 而在文化人类学中的功能主义以及结构主义那里，都存在着关于文化问题的更为具体的研究。在结构功能学派那里，文化相当于是以规范与价值为主的"文化系统"。总括而论，这种知识论文化理论也存在着普遍的缺陷：基本上未能将文化置入人类社会历史现实的演变和人类的总体发展中去审察，而仅着力于对文化现象和文化形式的相对独立的研究。

进而，文化既非自然现象亦非单纯之心理现象或社会现象，然而却可以确定地理解为一种精神现象，具有内在的价值属性。"吾人之意，是视文化现象在根本上乃精神现象，文化即人之精神活动之表现或创造。"这一过程"却能贯通于吾人之自然生命"并通过自觉的"求有所改变之行为"自决而客观化或社会化，这种"以理性之表现于自觉的理想之形成者，为真正之理性"。[④] 因而，文化或者是表现为"人们共有的由后天获得的各种观念、价值的有机整体"，或者"指人类较大集团典型生活方式的总和，包括对这些生活方式的精神表达，尤其是价值标

[①] 叶启绩：《当代中国社会主义意识形态与文化和谐发展研究》，人民出版社 2010 年版，第 6 页。
[②] [美] 菲利普·巴格比：《文化：历史的投影》，夏克等译，上海人民出版社 1987 年版，第 99—100 页。
[③] [美] C. 恩伯、M. 恩伯：《文化的变异》，杜杉杉译，辽宁人民出版社 1988 年版，第 47 页。
[④] 杨明、张伟编：《唐君毅新儒学论集》，南京大学出版社 2008 年版，第 132—146 页。

准"。① 文化这种自觉的自决性也体现了文化形态自身演变的内在逻辑和客观自在的规律性。新康德主义者文德尔班认为，自然科学与历史研究之间存在着共相与殊相、常驻不变的形式与历史事件的一次性、重必然判断与重或然判断等根本区别，然而现代自然科学及其理论已经否证了这种对于自然科学的理解，而唯意志主义者和反理性主义者则极端地夸大自然科学与文化研究对象的区别，认为"价值关系源于生命的创造，而生命的创造体现着一种强烈的意志要求"。这样，理性和科学的方法就不能用于文化研究而只能诉诸直觉。马克思主义的唯物史观同样对此予以决定性的批判，"我们所研究的领域愈是远离经济领域，愈是接近于纯粹抽象的思想领域，我们在它的发展中看到的偶然性就愈多，它的曲线就愈是曲折。如果您划出曲线的中轴线，您就会发觉，研究的时期愈长，研究的范围愈广，这个轴线就愈接近经济发展的轴线，就愈是跟后者平行而进"②。由此可见，文化的创造最终有其客观的经济动因而不能归结为意志。文化研究的一个重要特殊性在于：一般需要通过一定的文本和器物去把握其创造者的思想意识和价值观念，这种特殊性以及由此而来的困难并"不能使不可知论在这个领域成立"，而是可以通过尽量多地掌握文本信息进行"创造性诠释"而予以解决。

二 中国传统文化与马克思主义融合的理论主题

哲学形态学的方法用于对中国传统文化与马克思主义的融合这一理论与实践问题的研究，我们应该有什么样的学术期待和学术路径？就前者而言，我们应该多视角知晓两者的基本形态及其发展过程，并努力体现连续性，因为"历史并不是无数彼此不相关联的事实碎片的偶然集结，而是具有连续性的。这种连续性在各个不同的历史阶段则表现为史

---

① 叶启绩：《当代中国社会主义意识形态与文化和谐发展研究》，人民出版社2010年版，第6页。
② 《马克思恩格斯选集》第39卷，人民出版社1974年版，第200页。

第一章 传统文化与马克思主义结合的话语逻辑和学术资源

学家所说的趋向、趋势或潮流;用中国传统史学的名词,便是'势'"。正是这种连续性使得古与今、过去与现在之间具有相通性,尽管"中国的现在当然不完全是中国的过去所单独决定的,但中国文化的独特形态及其发展过程所造成的'势'的确是使中国进入目前这种状态的一股主要动力。"① 就后者而言,是通过中国传统文化和马克思主义两种文化形态的疏通和类比来寻求其共通的理论主题及其话语逻辑。文化形态的问题正是通过比较而获得彰显的。不仅中国的文化史的整体性与复杂性可以通过比较的观点而得以更清晰而充分地显现出来,其他文化的历史进程也可资研究的比较参证,探究其所表现出来的意义。基于此,人类学家吉尔兹(Clifford Geertz)转换了社会学大师马克斯·韦伯所说的人是悬挂在自己所编织的"意义之网"(webs of significance)中的一种动物这一观念,进而认为,文化正是这种"意义之网"。然而,在具体的文化实践中所强调的"比较"往往可能流为一种简单的"比附"。而这种比附在文化接触的初期乃至现代仍然还存在着,历史哲学上所谓的"类比的谬误"(fallacy of analogy)正是针对着这种比附或"格义"的流弊而提出来的。在中国传统文化和马克思主义结合这一问题的研究中,这种比附或者选取时间片段或者是在二者的文化体系中找出一些片段内容或语词来论证二者存在着"相似相通"之处,从而也是可以结合的。

根据上面的阐述,我们可以肯定文化是有形态可言的,而中国文化则具有它独特的形态。尽管这是一个已经被史学家、人类学家和社会学家都共同接受的一个事实,却仍然有强调的必要。因为在西方模式的笼罩下,国内颇有一些学者主张中西方文化的差异并非在于其形态而在其历史阶段,即西方已经进入近代而中国尚停留在中古时代。这一观念显然把中西方文化置入一个阶段性的而非连续性的历史过程中予以考察,从而背离了文化形态的历史性。值得注意的是,这一观点仍然在一些研究中存在,"唯物史观的中国历史分期便建立在这个基础上面"。② 在马

---

① 余英时:《文史传统与文化重建》,生活·读书·新知三联书店 2004 年版,第 378 页。
② 同上。

克思主义及其哲学之所以能够与中国传统文化相结合这一问题的讨论中，有学者认为二者之所以能够结合主要在于：马克思主义是对资本主义的现代化及全球化进行了深入批判，致力于把人从现代化所造成的异化中解放出来，正是马克思主义的这种改造世界或社会批判或变革的实践性格及其批判精神吸引了当时特定历史条件下谋求民族解放和独立的中国人民。因而，中国传统文化与马克思主义的相似相通不是指在内容上有什么渊源关系，而是因为马克思主义学说在其本质上是一种现代理论，而中国传统文化则无疑属于前近代文化形态，而在现代文化形态与前近代文化形态之间存在着一个近代文化形态，马克思主义与中国传统文化都是近代文化形态的对立物。由此，马克思主义和中国传统文化、马克思主义哲学与中国传统哲学之间就会有某种相似相通。[①]

这一论断在表面上体现了文化比较研究的历史性，在实质上却是否定了文化形态的整体性和历史性，而把文化从某一特定历史阶段中抽象出来。在这里，笔者并非认为因为研究的特殊需要而采用这种方法绝对地不可取，而是对上述结论，即马克思主义和中国传统文化的结合不在其内容而是因为二者都是近代文化形态的对立物的质疑。由此而来的问题在于：一是马克思主义是否只能被置入现代而获得理解，这样的理解会带来什么样的问题？二是马克思主义的理论主题和近代中国的文化反思的对象是否具有一致性？三是如何在中国传统文化与马克思主义融合中创造出新视域，以便不仅丰富与发展马克思主义，而且使得马克思主义真正能够进入现代中国人的日常生活？

首先，这不仅把马克思主义从西方思想文化传统的连续性中抽象出来，而且可能混淆中国传统文化与马克思主义之间存在的质的区别以及中国传统文化如何被转化、提升的问题。我们认为，一方面，这种理解尽管在一定程度上可以肯定马克思主义究其本质特征而言是从属于当代西方思想文化体系的，却也在一定程度上割裂了马克思主义科学性与人文

[①] 何萍、李维武：《马克思主义哲学的中国化探论》，人民出版社2000年版，第38页。

第一章 传统文化与马克思主义结合的话语逻辑和学术资源

性（价值性）之间的统一性。正如阿伦特所指出的那样，"而是因为人们认为它已被过分权威化了，成了公式化的东西，因而人们也已经忘记了马克思思想的源头。"① 事实上，完整理解马克思的思想文化体系，不能仅仅停留在他们关于近代欧洲社会的研究结论上。国内有学者在讨论马克思思想的"第四个来源"问题时指出，仅仅在近代社会的框架内理解和诠释马克思的思想是不够的。传统理解上，作为马克思主义三大来源的德国古典哲学、英国古典政治经济学和法国空想社会主义都是近代资本主义社会的产物，尽管都"或多或少地反思了资本主义生产方式以前的社会生活和思想观念，但其反思的重点始终落在近代社会的框架内。"因为马克思的研究远远提前于近代欧洲社会。"马克思通过对欧洲古代社会和中世纪社会的深入研究，驳斥了那种以为古代社会靠政治生活、中世纪靠宗教生活的错误见解，指出：'很明白，中世纪不能靠天主教生活，古代世界不能靠政治生活。相反，这两个时代谋生的方式和方法表明，为什么在古代世界政治起着主要作用，而在中世纪天主教起着主要作用'"。② 尽管把马克思主义从属于现代思想体系在一定程度上避免了那种"强调马克思主义哲学是属于近代西方哲学的"片面性，然而，认为其是与近代文化形态的对立物，实质上也就是把马克思主义和西方思想文化传统僵硬地对立起来，"一方面，马克思哲学成了无源之水、无本之木，它仿佛是横空出世的，从而没有受到过西方哲学传统的滋养；另一方面，马克思哲学仿佛除了对西方哲学传统进行批判和否定外，从来也没有给西方哲学的发展提供过任何积极的思想资源。"③ 事实上，如果说英、美、德、俄的"人类学"思想构成马克思主义的第四个来源和第四个组成部分，那么，就应该看到人类学思想也是德国古典哲学思想宝库中的一个极其重要的传统，康德、黑格尔和费尔巴哈都对人

---

① ［美］汉娜·阿伦特：《马克思与西方政治思想传统》，孙传钊译，江苏人民出版社2007年版，第1页。
② 俞吾金：《重新理解马克思：对马克思哲学的基础理论和当代意义的反思》，北京师范大学出版社2013年版，第6页。
③ 同上书，第18页。

类学的产生和发展作出了重大贡献,从而使马克思在青年时期即受到这方面思想的重大熏陶。马克思在《献给父亲的诗册》中曾写下了以"医生的人类学"[①]为题的诗篇;在《1844年经济学哲学手稿》中使用了"真正的、人类学的自然"[②],而在作为其新世界观形成的重要标志之一的《德意志意识形态》一书中把历史划分为自然史和人类史并突出地强调了后者,"我们所需要研究的是人类史,因为几乎整个意识形态不是曲解人类史,就是完全撇开人类史"。对于人类史的研究显然是和马克思对于人类学的兴趣密切相关,这一兴趣经历了哲学人类学到实证人类学的转变并一直持续到其晚年(从他晚年的人类学笔记可以得出)。那种认为存在着青年时期"人道主义"的马克思与成熟时期"科学主义"的马克思的对立的见解,或者如阿伦特,认为"马克思思想前后不一致是众所周知的……威尔逊(Edmund Wilson)曾指出他的'作为历史学家的科学的视角与道德视角之间'的矛盾",并认为,"对于这种不统一,可以用青年马克思著作与他后期著作中对经济问题的观点的不同来解释,而且,至少对于马克思来说,可以用所谓历史发展中能把固有的邪恶的东西当作善良的东西那样采用的那种辩证法过程来解说这个矛盾,所以是容易解决的"[③]等观点,未能把握马克思思想发展的完整脉络,而且阿伦特更是歪曲了马克思的实践辩证法和唯物史观,尽管她也同时深刻指出,正是在这种不一致里,"恰恰隐藏着理解这些著作的最有效的线索。"[④]事实上,不仅马克思的思想文化体系中存在着人道主义和科学精神的高度统一,而且深入到现实的生活之中,体现出他对人类包括东方社会的生存状况的深切关注。(就人的学说而言,尽管受费尔巴哈人类学思想的影响,然而,由于在马克思的思想背景中契入了对这种现实的关注和对国民经济学的研究从而在起点上就区别并超越于费尔巴哈的抽

---

① 《马克思恩格斯全集》第40卷,人民出版社1982年版,第598页。
② 《马克思恩格斯全集》第42卷,人民出版社1979年版,第128页。
③ [美]汉娜·阿伦特:《马克思与西方政治思想传统》,孙传钊译,江苏人民出版社2007年版,第84页。
④ 同上书,第93页。

第一章 传统文化与马克思主义结合的话语逻辑和学术资源

象人本主义,尽管马克思还会使用"类意识""类存在"等费尔巴哈式的术语。然而,即便是在费尔巴哈那里,这种"类意识"也只能是人的意识因此才是真正的现实的意识,"宗教人本学批判的意义首先就在于标明意识的本质性之属人的意义和性质;约言之,意识是人的意识,并且仅仅是人的意识……并且惟其是人的意识,方才是真正的和现实的意识。"[1] 因而,费尔巴哈的贡献在于把神学还原为人学。但在马克思看来,费尔巴哈依然是抽象地撇开社会历史进程来观察人,费尔巴哈谈到的是"人本身",而不是"现实的、活生生的人"。[2] 作为"类本质"的"社会性"同样是具体的,并以个人的现实生存及其活动方式作为他们所进入的关系的本体论前提。与费尔巴哈强调"人是人的最高本质"以及施蒂纳把费尔巴哈"抽象的人"转换为脱离一切社会关系的"唯一者"不同,马克思强调"现实的、活生生的人","人的感性活动",社会实践中的人是历史的主体,并置于社会生产方式的制约之中,即"同他们的生产是一致的——既和他们生产什么一致,又和他们怎样生产一致。因而,个人是什么样的,取决于他们进行生产的物质条件"[3]。马克思在对费尔巴哈抽象的人类个体进行批判时,进一步将"个体"与"类"的关系问题转变为人和社会关系的问题。在这一点上,应质疑俞吾金所指证的结论即推动马克思思想发展的重要动力仅归结为黑格尔。总而言之,马克思思想理论中贯穿着科学主义和人文主义的双重逻辑,而且把这两个方面统一于现实的社会生活与历史过程以及人的现实存在之中。

然而,即便在现在,把马克思主义思想文化体系的内容作片面化理解进而忽略马克思与西方人文主义传统之间的密切联系的问题在一些研究者中仍确然地存在着。尤其是当马克思主义在一些东方国家中被意识

---

[1] 吴晓明:《形而上学的没落:马克思与费尔巴哈关系的当代解读》,人民出版社2006年版,第222页。
[2] 《马克思恩格斯全集》第3卷,人民出版社1959年版,第118页。
[3] 《马克思恩格斯文集》第1卷,人民出版社2009年版,第520页。

形态化后,更是遮蔽了其人文主义价值精神,而对其科学性的强调曾经达到了无以复加的地步。倒是在一些存在主义哲学家那里,马克思主义的人文主义价值维度被发现和强调。事实上,马克思主义作为革命的、实践的理论,其价值维度和人的解放始终在其学说中占据着主导性地位。"自然科学往后将包括关于人的科学,正象关于人的科学包括自然科学一样:这将是一门科学。"① 米哈依洛·马尔科维奇也强调:"科学要素和意识形态要素,科学确立和说明的是所是的东西、曾经是的东西和将成为的东西,意识形态表达的则是应当成为的东西、人所渴望的东西、工人阶级感兴趣的东西。马克思主义框架中这两个方面的统一来源于这样一个事实,即工人阶级的目的和理想只能基于对当代社会的一种科学分析而决定","科学与进步的意识形态的统一存在于这样一个事实中,即从他们的观点看,科学研究是由对未来社会的一种人道主义理想激发的,是由它们应该服务于一种更一般的创造即把人从各种使其堕落、受到束缚、感到羞耻的力量中最彻底地解放出来这一事实激发的"。② 马尔科维奇这里的"意识形态"即人文精神。

其次,马克思主义首先是一种现代的社会批判或变革的理论且主要是揭露和批判资本主义,而中国社会的根本任务不是推翻资本主义的统治。对于马克思主义经典作家而言,反对封建主义的斗争并非其根本任务,因为这一任务在西方历史进程中已经由启蒙运动和文艺复兴运动大致完成了。然而,马克思主义对于封建主义也进行了无情地揭露和挞伐,并由此凸显其"世界历史"的宽阔的理论视域。就此而言,一方面,中国传统文化与马克思主义也必然存在质的区别。因此,我们更应该做的是利用马克思主义反封建主义的思想文化资源,以及启蒙思想家对封建思想文化进行扫荡所积累的丰富经验,对封建主义及其文化进行批判,并对马克思主义所揭露的资本逻辑及其总体性所带来的异化现象有所警

---

① 《马克思恩格斯全集》第42卷,人民出版社1979年版,第128页。
② [南斯拉夫]米哈依洛·马尔科维奇:《当代的马克思:论人道主义共产主义》,曲跃厚译,黑龙江大学出版社2011年版,第81—82页。

第一章 传统文化与马克思主义结合的话语逻辑和学术资源

觉,以便实现真正的自由、民主和平等。另一方面,忽视传统文化何以提升和实现现代形态转化的问题。一直以来,人们重视的更多是马克思主义对于资本主义的揭露和批判,却较少关注其中反封建主义的内容。"这种对批判资本主义的重视和对批判封建主义的互释在很大程度上造成了今天封建宗法势力、官僚主义作风、官本位价值观、官商勾结、家族管理等封建主义东西的严重泛滥。"这种封建思想的影响至深,在"文化大革命"中更是以吊诡的方式得以说明。"文化大革命"中,孔子及其儒学被作为"封建主义"横加扫荡,强化着表面上"激进""革命"实际上简化和封闭的政治观念和社会体制,干的却是地地道道的封建主义的事情,对优秀传统文化的继承造成了极大灾难。在此意义上,我们可以理解阿伦特所深刻指出的,"传统的终结并不意味着传统的概念已经失去了对人们精神的影响力。相反,时常可以看到传统生命力越来越接近终结,它的开始越来越遥远、被遗忘,使用中的传统概念和范畴反而成为发挥专制力量的事物。换言之,传统的终结,始于人们已经不对它反抗的时候,它那完全的强制力也就显示出来了。"[①] 因此,中国传统文化与马克思主义的融合首先应该是马克思主义中的反封建主义内容和中国传统文化中的封建主义思想要素的祛除之间的契合。这种融合更在于应该以马克思主义提升或促进中国传统文化的转化,而不是用中国传统思想文化去同化马克思主义及其哲学,因而不可能造成马克思主义的"传统思想化"。

再次,中国传统文化与马克思主义融合的基本条件。在当前,像柏克(Edmund Burke)那样把传统与理性对立起来的观念已经为大多数人所质疑乃至批判。麦金太尔通过自己对传统"三阶段"的研究说明传统的合理性,而且根据这种由传统所构成的(tradition constituted)以及构成传统(tradition constitutive)的智性探究,合理性这个概念不仅是反笛卡尔式的,同时也是反黑格尔式的。麦金太尔曾将一个传统的发展划分

[①] [美]汉娜·阿伦特:《马克思与西方政治思想传统》,孙传钊译,江苏人民出版社2007年版,第94页。

为三个阶段:第一阶段是建构起该传统的核心部分,即建立起相关的信仰、经典和权威,而这个传统中的人对此深信不疑;第二阶段是在经过一段时间之后,传统中出现了一些问题或罅隙,并构成对于传统的威胁,处于该传统中的人试图解决但尚未能找到解决的办法;第三阶段是对于这个传统中经典、信仰或权威的重新建构与评价,从而使得传统的内容变得更为丰富和富有生命力。但最重要的是:因这种重构与评价标准而以新姿态出现的东西与未重组前的东西,由于构成那个传统的核心部分并未被触动而依然具有连续性。[①] 因而传统本身是发展的因而具有合理性。同时,因为这种智性探究并不能从一个不可怀疑的信仰出发,因为传统都是特殊的因而是反笛卡尔式的,又因为由传统所构成及构成传统的探究并不认为任何人有能力指出自己的心灵与对象是完全的应合,或有根据说自己的信仰即判断在将来不可能被指出是可能含有错误的[②],因而不可能获得黑格尔式的绝对知识,因而又必然是反黑格尔式的。由此麦金太尔认为,每个传统不可能都拥有一个相同的理性,然而却是可以比较的。一个生活在特定传统或文化形态中的人都接受了一套观察世界的架构模式,在这一架构模式未出现问题时,一方面使我们得以认识世界同时也构成了对世界认识的界限。当这个架构模式出现问题,我们会发现以往的架构模式不但不能帮助我们反而成了一种障碍,若这种情形特别严重则可能造成精神的崩塌,麦氏称之为传统即遭遇了"知识论的危机"。一个遭遇知识论危机的传统如何可能跳出这种泥淖?这需要一个新的概念框架及文化理论形态并必须满足三项"条件:第一,这个新提出的用以解决知识论危机的架构必须能有系统地解决那些以前这个传统所无法解决的问题;第二,这个新提出的架构及理论必须能够说明在这个传统中究竟出了什么毛病使得它无法应对;第三,在完成第一第二项工作时,这个新提出的架构及理论还得与原有的传统之间保持一种

---

① Alasdair MacIntyre, *Whose Justice? Which Rationality?* London: Duckworth, 1988, p.335.
② 石元康:《从中国文化到现代性:典范转移?》,生活·读书·新知三联书店2000年版,第12—13页。

第一章 传统文化与马克思主义结合的话语逻辑和学术资源

连续性。传统在加入这些新的因素之后，还能够得以延续。"① 麦金太尔对于传统合理性探讨的主要目的是证明相对主义是一种错误理论。而他在此之前的绝大部分哲学著作是涉及相对主义问题，所包含的是有不可共约的概念框架或生活方式所产生的各种问题。②

基于以上讨论，我们认为，要实现中国传统文化与马克思主义的真正结合，应该具有以下几个相互关联的条件。一是必须对中国传统文化进行提升和形态转化。中国传统文化不能仅停留于前近代水平，否则不能实现与马克思主义的深层结合，必须进行提升与转化，为此需要了解自身文化形态中的缺陷和消极因素及其不良影响。一般地认为，中国传统文化存在着如下最大的缺陷：缺乏实证科学；缺乏民主传统，而且根源于封建专制主义包括文化专制主义。由此形成俗世文化中的迷信成分和以庸俗价值观为核心的庸俗心习以及较为复杂的"国民积习"，最终造成传统文化与现代化的冲突：尊官贵长的陈旧传统与民主精神、庸俗心习与革命理想、因循守旧与革新精神、价值观念和思维方式的偏颇与新时代要求、道德理想主义与个性自由、社会至善与个体至善等的冲突。这两大缺陷对于中国传统文化的整体结构和功能具有决定性的影响，也是中国文化在 15 世纪以后渐趋衰落的主要根由。③ 有人提出，正是这种缺乏分析论证与科学基础而重整体、重直觉、强调天人合一、自然自由又与政治和道德实践紧密关联，因而使得它与现代哲学包括马克思主义乃至后现代哲学有了结合的可能。然而这种观念却是极为有害的。二是马克思主义能够解释中国传统文化中存在什么样的问题并能够解决传统文化自身所无法解决的问题。一个在特定的传统中生长而没有接触过其他传统的人一般是不会对自己的传统提出根本性的质疑的。而一旦"构成传统的有机体失去了内在的张力，既得利益者为了自身的利益而人为

---

① Alasdair MacIntyre, *Whose Justice? Which Rationality?* London: Duckworth, 1988, p. 362.
② Kenneth Baynes, Jemes Bohmen and Thomas Macarthy (eds.), *After Philosophy*, Cambridge, Mass: The MIT Press, 1987, p. 381.
③ 张岱年、程宜山：《中国文化论争》，中国人民大学出版社 2006 年版，第 230—242 页。

地把传统中的某些观念或要素给予教条化、绝对化，从而使传统固化、僵化，极可能是失去了自身更新的能力，因而需要某种外力提供动力，这对于中国传统的更新转化是极为适用的。"① 伽达默尔指出，"实际上，传统经常是自由和历史本身的一个要素。甚至最真实最坚固的传统也并不因为以前存在的东西的惰性就自然而然地实现自身，而是需要肯定、掌握和培养。传统按其本质就是保存（Bewahrung），尽管在历史的一切变迁中它一直是积极活动的。但是，保存是一种理性活动，当然也是这样一种难以觉察的不显眼的理性活动……无论如何，保存与破坏和更新的行为一样，是一种自由的活动。这就是启蒙运动对传统的批判以及浪漫主义对传统的平反为什么都落后于它们的真正历史存在的原因。"② 三是融合形成的新的文化形态应该与原有传统存在某种连续性，而究竟应该采取何种形态应以中国现阶段的矛盾或问题与实际的文化实践需要为根据。关于中国传统文化与马克思主义结合的研究应该置入特定的历史阶段去进行是哲学形态学的要求，上文也提到很多因而不再赘述。在这里，仅准备强调，在很大程度上已经中国化的马克思主义是否也为中国的民众建立起了精神家园？对此的回答似乎还不能是确定的。因为在当今社会生活中，文化的超越性这一马克思主义予以承认并强调的文化精神功能已经遭到较为普遍的质疑，"一方面，中国人对文化的超越性似乎逐渐失去了信心，特别对中国文化是不是还具有自我超越的能力有所怀疑。另一方面，西方文化中发展出来的一种追求效率和利益的功利意识和重物质的观念，在中国现代表现得更为突出。"③ 这种文化现象的出现，固然有中西方文化背景不同的原因，然而，肯定文化的超越性以克服功利意识和物质意识恰是一切文明社会的要求。西方对于人文的强调至少可以上溯至文艺复兴时代乃至更早。中国传统文化中也特别重视人

---

① 张曙光：《现代性论域及其中国话语》，武汉大学出版社2010年版，第226页。
② ［德］伽达默尔：《真理与方法》（上卷），洪汉鼎译，上海译文出版社2004年版，第362—364页。
③ 余英时：《文史传统与文化重建》，生活·读书·新知三联书店2004年版，第502、498页。

文教养，也正是文化的超越性力量才使中国有一个延续不断的大传统，而这在当前却面临文化危机：一是客观方面，传统文化积存在过去的几十年几乎被糟蹋殆尽；二是主观方面，表现为年轻一代的文化浮躁心理。解决这些问题完成文化超越的任务，或许有两个方面可以资鉴。一是黑格尔式的"具体否定"（concrete negation）。这种与不加分析的抽象否定相区别的具体否定包括吸收西方近现代文化中的有益要素，也包括发挥中国传统文化中那些历久弥新的成分，从而可能使中国文化从传统的格局中走出来而获得新生命力并重建文化的自主性根基；二是韦伯所提出的"责任伦理"和"信念伦理"的区分。韦伯以此划分强调政治工作者不能仅仅自以为"动机"或"用心"是好的便可以把有些东西强加于他者，而应同时慎重考虑社会后果。文化要求理性与情感的平衡，建立在传统社会结构基础上的中国传统文化与现代社会的要求多有对立。"这是传统思想学问中最有活力和价值的东西，它构成了自身变化的内因，揭示着生活中的人们去发现和解决人的获得生命与已僵化的社会文化形式的矛盾和对立，并引导国人不断地走向更高的精神境界。"[①]

三　传统文化与马克思主义融合研究的学术基础

依据麦金太尔曾指出的，任何一个传统都必须要有社会的载体，因而任何智性的探究都不可能只是纯智性的探究，"任何智性的探究必须从某些问题出发，必须以某种方式来展开。而提供这些问题及思考方式的正是我们所承继的传统。"[②] 各种传统都有其特定的经典、权威和信仰构成其核心部分，正是这一核心部分才构成其为传统并显示出与其他传统相区别的特殊性或独特的个性特征。随着社会历史条件的变化，传统

[①] 张曙光：《现代性论域及其中国话语》，武汉大学出版社2010年版，第217—218页。
[②] 石元康：《从中国文化到现代性：典范转移?》，生活·读书·新知三联书店2000年版，序第8页。

中出现了一些问题或罅隙从而引起对自己传统本身的反思或探究，进而找出解决的办法，并且是对这个传统中有些问题、信仰的重新建构及评价，使得传统的内容变得更为丰富从而获得较为旺盛的生命力。一方面，这种解决可以仍旧在传统的自身体系中进行，也可能从别的传统或思想文化体系中获得灵感或借鉴；另一方面，需要说明的一点是，经过重组以及提出了新的评价标准的传统由于构成其核心的部分并未被彻底触动而保持着自身的连续性。在对出现的问题或罅隙的克服和弥补过程中，不仅对外在的自然世界与社会世界而且对于传统自身也有更为深入的了解，传统的合理性即存在于这种不断深入的了解之上。问题在于：构成一个传统核心的东西究竟应该如何把握？中国传统文化在遭遇其他文化包括马克思主义的冲击之后，如何在这样一个"混乱的状况"中把握这种相遇？或许，我们需要对自身的传统秩序以及西方文化传统、马克思主义作"哲学式的历史"那样的探究，对其进行形态学重构，进而回答两个不可共约的文化形态是否可能互相诠释以及能够诠释到何种程度的问题，这也将促进中国传统文化与马克思主义融合何以可能以及如何实现这一基本问题的解答。

（一）中国传统文化价值精神的形态学建构

1. 儒道释法四位一体结构形态及历史演变

在哲学形态学的视阈中，任何一种文化形态都应呈现为一种整体性与历史性的存在结构。然而，自"五四"以来，乃至当前对于中国传统文化与马克思主义融合的研究中，无论是对传统文化的抨击还是极力为之辩护的，似乎都存在着一个确定的倾向，即特别注重儒家思想、儒家文化。余英时在论述文化超越性时曾经提到：如果说中国历史上真的存在一个"超稳定系统"，"那也当归之于'文化'，不在政治或经济。换句话说，文化的超越力量才使中国有一个延续不断的大传统。无论我们对这个大传统采取肯定还是否定的看法，这一历史事实都是不容

第一章 传统文化与马克思主义结合的话语逻辑和学术资源

的。"① 怀疑在这里，余英时的论述有两点值得注意：其一，这里的"文化"确切地是指处于核心地位的"汉民族文化"，这涉及传统文化的源流体系。纵观人类文化形态的演进历史可以看出，由于地理环境等因素特别是在长期历史过程中，有一个不仅掌握着文化而且掌握着政治权力"慨然以天下为己任"的儒士阶层的存在，儒家"天下一家"的意识和"华夏亲昵"的和谐意识，通过其言传身教得以深深扎根于民众之中，儒家文化不仅是历次民族文化融合的核心，而且对各少数民族文化有着强大的影响力与吸引力。余英时所提到的，在近代以前，"中国虽多次为北方民族所征服，但文化上始终不失优势"从而体现了中国文化的超越性，即是在这一意义上得出的结论。

其二，蕴涵着传统存在的"大传统"与"小传统"的区分，这涉及的是中国传统文化的形态结构。人类学意义上的"大传统"主要是指有思考能力的为数较少的上层人士的创造与把持，而"小传统"主要是大多数文化层次不高的农民在乡野生活中逐渐发展而成的。事实上，在中国传统文化中，两个传统之间的关系甚为密切，远在人类学家所观察的一般农民社会之上。小传统往往主要以富贵利达作为最高价值，而不是以仁智合一的圣贤作为最崇敬的人物，因而弥漫着由墨家思想演化而来的"快意恩仇""侠义"等非理性负面问题。值得注意的是，尽管如此，这些小传统形态的内容和形式乃至载体都极为丰富多样，较之大传统的系统精致深刻，小传统所呈现出来的思想文化更接近于实践经验而富有创造性并更为实际。因而在近代以来的中国革命过程中，小传统显示出了特有的活力。这种划分很接近于张岱年先生所详细论述的"雅文化"与"俗文化"。他在作出详尽的比较分析之后指出，"重义轻利、崇德贱力的价值观中，既包括压抑劳动人民提高物质生活正当愿望的含义，也包括反对统治阶级中追求一己之私利、反对法家一味地严刑峻法统治人民的含义"，而"俗文化中以富贵利达为最高价值的价值观念，却主要

---

① 余英时：《文史传统与文化重建》，生活·读书·新知三联书店2004年版，第502页。

是统治阶级庸俗、腐朽心理的反映。"另一方面，小传统（俗文化）与大传统（雅文化）可以相互渗透、贯通和转化。① 一般来说，中国古代的大传统当然非礼乐莫属，而礼乐便有其民间的来源，所谓"先进于礼乐，野人也；后进于礼乐，君子也"；而大传统也可能渗透到小传统中，不仅获得长久的持存，故有"礼失求诸野"之说，而且也改造着小传统，这便是历史上所说的"礼乐教化"与"移风易俗"。两汉循吏推进的教化政治曾促进了大传统的传播：《后汉书》即以孔子所说的"导德齐礼"来描述"循吏传序"。值得注意的是，大传统也可能在小传统中被歪曲地运用。因而，在中国传统文化与马克思主义的融合中，我们应该对这种俗文化对马克思主义的复杂影响特别是其可能造成的流俗理解保持足够的警惕。正是基于此，有学者指出，"马克思主义的中国化，小传统发挥了很大的作用，这种作用同样具有两重性。"② 值得强调的是，俗文化中表现出来的这些庸俗腐朽的成分，一般只是在不公开或不合法的形式下起作用，在雅文化中被看作是必须克服掉的"恶"。一些思想家如管子称"礼义廉耻"为"国之四维"，王充强调"儒生者，礼义之堤防也"，其所倡导的人生观、价值观和道德原则哺育了一大批能够超越个人私利之局限性的道德高尚之士。正是这种作为历代王朝所推崇的意识形态及其行为的约束性，维持着社会秩序的稳定结构。也正是在这个意义上，余英时指出，在总体上，"中国的大传统足以概括小传统"，而致力于加强两大传统之间的联系"颇有助于说明几千年来中国文化传统所表现的一种独特的稳定性。"③ 因而，那种认为，俗文化更能体现传统文化真精神的观点是错误的，主导的还应是大传统。

大传统与小传统之间的这种关系并不能等同于中国历史上的政统与异端或传统与反传统之争，因为这种论争恰恰更多的是发生在大传统内部，这种发生在内部的分与合在小传统中亦可隐约地找到痕迹。深入把

---

① 张岱年、程宜山：《中国文化论争》，中国人民大学出版社2006年版，第111—113页。
② 张曙光：《现代性论域及其中国话语》，武汉大学出版社2010年版，第214—215页。
③ 余英时：《文史传统与文化重建》，生活·读书·新知三联书店2004年版，第395—399页。

第一章 传统文化与马克思主义结合的话语逻辑和学术资源

握中国传统文化中的大传统,需要进一步进入中国传统文化的结构形态:一是儒道释三位一体的显性结构;二是把握"法家"思想这一隐性形态。关于前一个方面的探讨已经很多,在此不予赘述,而仅就第二个问题作一探讨。一般来说,儒家自汉代起即取代了法家的历史地位成为正统的主流意识形态,然而却对由法家建立起来的一系列政治经济制度无可奈何,因而,也根本未能完全抛弃法家的思想文化或祛除其影响。事实上,儒法关系是显性结构与隐性形态的关系,前者以正统的意识形态的身份起作用,而后者则以一种隐蔽的心照不宣的方式乃至"日用而不知"的方式起作用,因而,其思想文化价值形态不仅存在着原则性的冲突而且又是相辅相成的复杂关系结构。事实上,儒法二家的思想无论是在世界观、人生观基础还是从人生的理想和达致的方法路径都存在着对立。对于维护统治秩序和社会秩序而言,尽管儒家的重义轻利、崇德贱力和法家的重利轻义、尚力黜德存在着明显的对立,但义和利、德和力、道德教化与法治都不可偏废。作为一种显性形态的文化,儒家权力将其处理人与人、人与社会的"五伦"伦理原则贯彻于政治经济制度取代了法家的法治原则,然而,法家一些思想和观点在儒家以后的发展中还是被有条件地吸收,如以"贵德贱刑"方式赋予法一定的地位,以"屈民而伸君、屈君而伸天"的方法一定程度上既承认又限制了君主专制。因而,儒法这种复杂的关系中渗透着的应该是儒家对法治社会的反省,而不仅仅可以用"儒表法里"或将汉以后的儒家分为堕落的"政治化的儒家"和"纯正的儒家"等能够予以概括的。王船山对"法虽不善,犹愈于无法"(《慎子·威德》)提出质疑,认为:"法本身未必良善,乃法治不可恃的原因之一"。[①] 问题是:依据良善之法为治,国家是否就可以足以治理?船山说,"夫法之立也有限,而人之犯也无方。以有限之法,尽无方之慝,是诚有所不能赅矣。"(《读通鉴论》卷四第四条)。这里,一方面表明法学困局:法的抽象化和普遍化与现实世界之具体化和个别

---

① 龚鹏程:《儒学新思》,北京大学出版社2009年版,第128页。

化之间的不可完全对应性，"要而论之，天下之大，田赋之多，人民之众，因不可以一切之法治也……夫一切之法，大利于此，则大害于彼者也。如之何其可行也？"（《读通鉴论》卷十六第四条）；法总是处于又稳定又不稳定的状态，因而必须不断地修正与完善，然而无论如何修订都不足以治世。因为"政无善恶，统不足以持久，吏自有其相沿之习，民自有其图全之计"（《宋论·徽宗》第二条）。[①] 由此凸显法之适用的界限或困境。另一方面，法制也有其不可依赖的原因：形成"集权于上，臣民昏然俯首，一听于法度"之弊，而法律的繁琐则可能提供人们巧伪欺饰、玩法的工具和环境，即所谓以法为市、上下相循，或凭之凌人罔民，因为法律表面上是客观的，然而，法律受到情感意志或理解力、利害关系的影响，成为"导引人们的思维方式及处事态度，让人形成刻薄寡恩、察察为明的心理"，也可能对民众形成伤害。[②]

船山等的思考和批评，放在特定的历史阶段去审察，是极为深刻的。在这里，我们也可以看到，道家庄子对于人类文明以及人伦制度、规则的反思批判。[③] 法之良善问题的思考，提示了一种合理性原则：法若不合乎内在的道德性，不能达到之所以为法的先天目的性，则不具有合理性，否则即便是不尊重人权与尊严、种族隔离、缺乏公平正义的国家，仍然是可以在所谓法治"原则"上比民主国家更符合法治的要求。而法律可能增长人的诊断与欺罔，这个充满伦理道德意味的论断对人与人之间的沟通与了解形成一种实践障碍。就此我们应该能够认同顾炎武的说法，"法制禁令，王者之所不废，而非所以为治也。其本在正人心、厚风俗而已。故曰居敬而行简，以临其民。"拓展而论，一方面，儒家传统中是否存在着人权观念或萌芽；另一方面，就此而论，儒家文化中的"道德—政治"的文化生态建构不仅有其特定的历史价值，而且具有现

[①] 龚鹏程：《儒学新思》，北京大学出版社 2009 年版，第 129—133 页。
[②] 同上书，第 138—140 页。
[③] 具体分析可参见课题组成员张廷干《"德—道"与"自然—自由"：庄子心性秩序理论的形上建构》，载《南师大学报》（社会科学版）2014 年第 5 期。

第一章 传统文化与马克思主义结合的话语逻辑和学术资源

代性蕴涵。在当前更拓展了我们思考中国传统文化与马克思主义融合的视域,这两方面下文予以论述。

2. 中国传统文化中元素的"变"与"不变"

在春秋战国百家争鸣的基础上,通过秦汉统治者的选择而奠定其基本格局的中国传统文化,这一基本结构直至近代的整个经学时代都未发生质的改变。然而,中国传统文化不但自始表现为一种较为独特的形态而且其所经历的变化也别具一格。以西方历史而言,其间多有惊天动地的具有划时代意义的文化大变动,如文艺复兴、宗教改革、启蒙运动、资产阶级革命等,然而这些大变动并不曾在短时间内造成文化和社会性质的全面根本改变。较之西方,中国文化史尽管在表面上较为平静,然而,其在经济政治社会制度与思想文化形态方面所发生的量的变化仍然是可观的。事实上,中西方文化变迁的步伐在公元1700年之前并无显著的缓速之别,然若以19世纪中叶为分水岭,则此前的中国传统文化变迁无论是深度还是速度都比不上西方。19世纪中叶之后,中国的变革则在很多方面都可以看到"丸之出盘",或至少处在盘的边缘旋转的境地,其实质涉及的即是中国传统文化与近现代的关系问题:以儒家为主导的中国传统文化变化到以马克思主义为主导的社会主义新文化,其变化之深刻不仅表现为它与社会形态的更替相伴随,而且与社会进步、社会革命和民主的独立解放乃至复兴任务相交错,并伴随着与西方先进文化的冲突与交融。和绝大多数研究者都把问题讨论集中于传统如何被破坏乃至被取代的这一层面不同,这里着重还原传统是如何保持自身的精神价值元素。前一种研究视域背后潜在的深层根源在于:把传统与近现代化置入完全对立的境地,而且视传统与近现代为抽象的整体,未能把握传统中文化元素的变与不变。

事实上,这一阶段促进中国传统文化解体的直接动力仍然来自自身内部。外来的侵略与文化的冲击首先促使传统文化中自强不息和爱国主义的民族精神的觉醒与复苏,同时激活了传统文化中即存在的诸多正文化与反文化因素,这些正文化与反文化因素有:洋务运动的富国强兵与正统儒学中的反功利主义的相互对立;"随着西方民主和科学观念的引进,墨子、孟子和黄宗羲等人的久被遗忘的科学观念、民主思想得到了人们的高度评价。"[1] 正是在这样的意义上,余英时深刻指出,以现代性的标准衡量,政统与道统在性质上具有明显差异,前者具有明显的传统性格,而后者则蕴藏着浓厚的现代批判精神,尽管后者在以后的很长时间里未能获得充分发展,"中国传统中并不乏现代性的合理因子,如能及时地善加诱发,未始不能推动现代化的发展"。[2] 认真审察历史可以发现,"五四运动"以前还没有人纯用西方的东西攻击中国传统文化系统,而更多倚重的是中国传统文化中固有的积极因素。而贺麟先生则从相对的侧面说明了这一点,和余英时先生一样,他主张从文化上来理解近代以来所遭遇的危机,认为"儒家思想在中国文化生活上失掉了自主权,丧失了新生命,才是中华民族的最大危机",而且"失掉孔孟的真精神和应付新文化需要的无能,却早腐蚀在五四运动之前"。[3] 然而,有学者并不认同此观点,"从文化观念看,当时的知识分子不能正确地平衡中西文化,是文化危机发生的一个重要原因。……如何从超越启蒙主义的角度阐发中国文化的价值,维护中国文化的自信,必须从学术上进行辨析,这是化解文化危机的重要方面,也是畅通民族文化生命的关键。"[4] 新儒家在回应这种思想危机时认为是面对西方文化进入之后而陷入的严重"精神迷失",即"道德迷失""存在迷失"和"形上的迷失"。[5] 余英时也就此指出,即便有这样的心理准备,"五四运动"及以后,甚至自康有为《大同书》以来,各种过激思想及其混乱一直掩胁着中国的思想界,"这一事实足以说明中国近代思想的贫困",并认为学术界对此同样难辞其咎。

---

[1] 张岱年、程宜山:《中国文化论争》,中国人民大学出版社 2006 年版,第 155 页。
[2] 余英时:《文史传统与文化重建》,生活·读书·新知三联书店 2004 年版,第 393 页。
[3] 贺麟:《儒家思想的新发展》,《文化与人生》,商务印书馆 1988 年版,第 5 页。
[4] 陈来:《孔夫子与现代世界》,北京大学出版社 2011 年版,第 257 页。
[5] 张灏:《新儒家与当代中国的思想危机》,《当代新儒家》,生活·读书·新知三联书店 1989 年版,第 58 页。

第一章 传统文化与马克思主义结合的话语逻辑和学术资源

这样,随之而来的问题是:作为中国传统文化中的主文化,儒家的核心价值或本真精神应该如何把握?在一个内部存在极为复杂学派以及相反相成元素的文化结构中还原其核心价值精神是困难的理论任务。我们不能断章取义式地选取一些概念作为儒家思想的标本,并以此去比附式地研究中国传统文化与马克思主义的相通相似。而应该在一个处于特定历史进程中不断演化的文化系统中冷静客观地寻找其相对稳定的结构。上文已经提到,一个文化形态区别于其他文化形态的特征在于其内在的价值系统的不同,它构成了一个文化形态相对稳定的部分或元素。

中国传统文化的基本价值要素。首先,基于天人协调的自然目的论。中国传统文化的核心部分即中国传统哲学在某种意义上可以说是天人之学,关于天道与人道的理论及关于宇宙人生的根本原理的探究构成了主要内容。而天道与人道的研究最终又归结于治道,即政治学说。一般地会把中国传统文化看作是伦理中心的,事实上需要注意的是,这种论点应该只是建立在中国传统文化的结构和功能理解的基础之上才是恰当的。就结构而言,无论是论天道还是论知天知人之道或闻道最终都要归结到伦理道德上来,政道也以伦理道德作为合法性依据;就功能而言,天道、知天、知天知人之道是为论证人道学说服务的,从中国传统文化的整个形态体系看,对中国古代社会、传统文化所产生的实际功能主要在伦理道德方面。基于中西比较的视角对天人关系的理解方面,存在着这样两种观点:一是认为与西方不同的地方是中国哲学始终不曾脱离人去谈论存在的本质,从而突出了人在世界历史中的主体性。二是中国哲学文化不是如西方那样从自然本身出发,通过研究自然、客观的规律去把握世界不同,而是从人自身和人类社会出发以体察自然,最终是天的世界必然沉没在人的世界里,因而其所求之本,并非是自然之本而是人的本性。这两种观点受到了张岱年先生的批驳。[①] 但是可以说,一方面,以儒家

---

① 张岱年、程宜山:《中国文化论争》,中国人民大学出版社2006年版,第161页。

为主导的中国传统文化的一个显著特点是突出"人"为中心地位,体现了一种人本主义和人道主义。① 另一方面,"人与天地万物为一体"则是中国传统文化的共通的基本态度。这一观念最早由名家惠施提出,庄子附和并经由禅宗的发扬最后进入宋明理学的学说系统之中。② 因而,中国文化崇尚的是"尽物之性""万物并育而不相害"的协调共存价值精神。而且值得注意的是,这种哲学世界观所导致的与西方不同的文化传统在于:中国文化不在超越性的"天道"与"人"的现实世界之间划出一道不可逾越的鸿沟,而是处于"不即不离"的状态,天与人合德,"尽其心者知其性,知其性则知天",从而走向内向超越的路径;而西方自柏拉图以来即存在着本体世界与想象界的二元区分,由此奠定了西方思想的外在超越的路径。这是就主流思想而言的,并非说明不可能存在例外,张岱年先生首次提出,宋明理学在程朱和陆王之外还存在张载、王廷相、王夫之代表的气论学派。③ 值得强调的是,不能简单地对这两种不同路径的历史影响进行价值评判,而应予以辩证地分析。

其次,"和"的价值秩序。传统文化主张的内在价值及其内向超越并非意味着缺乏一个最高的价值标准。其最高标准即是"和"的价值秩序。基于天人协调的哲学世界观,儒家以一种朴素系统论的观点论证宇宙以"生"为功能的特点,并表述为"天地之大德曰生"或"天地一生物为中心","大德"即指根本性质,"心"即是目的。董仲舒将天拟人化,其所谓"天心"指天的意志。宋儒扬弃了这种天具有意志情感的说法而沿用了"天心",称为自然目的。因而,"天地以生物为心"即蕴涵着一种"自然目的论"。这一自然目的论不仅成为将宇宙本体与道德观念统一的主要根据,人间等级秩序以及体现这种秩序的"礼"本于自然的秩序,即"人伦本于天伦"。张载认为,"天之生物也有序,物之既形也有秩。知序然后经正,知秩而后礼行"(《正蒙·动物》);而且,也构

---

① 张岱年:《张岱年全集》第6卷,河北人民出版社1996年版,第353页。
② 余英时:《文史传统与文化重建》,生活·读书·新知三联书店2004年版,第463页。
③ 张岱年:《张岱年全集》第6卷,河北人民出版社1996年版,第190页。

第一章 传统文化与马克思主义结合的话语逻辑和学术资源

成为儒家"义以为上"的价值观和积极有为的人生观的世界观根基;这一路径也体现在道家的思想中,尽管儒道思想学说存在着较大的差别,道家也承认宇宙的永恒流变过程并从这一最高本体引申出人生的最高准则,庄子的心性秩序理论中的"德—道"与"自然—自由"结构必须置于这样的逻辑过程中才能得到深入把握。值得注意的是,儒家天道观的核心概念"和""生"以及"诚"早在先秦即已确立,而宋明儒学在其天道观的建立中只是吸收了来自佛、道的思想元素,而不能认为道家为儒家的政治论奠定了哲学基础,更不能赋予道家在中国传统文化中的"主干地位"。就此,刘述先先生指出,脱离了先秦这个基础,"根本无法谈宋明与当代儒学。"[1]

再次,为民立命的责任意识。上述儒家自然观的最大特色应该在于引申出为民立命的责任意识。宋代以来,儒家"仁"学发展出了"人—自然"一体说。程颢认为,生生不已是宇宙的根本原理,其表现于生活即是"仁"。"仁者以天地万物为一体,莫非己也。认得为己,何所不至。若不有诸己,自不与己相干;如手足不仁,气已不贯,皆不属己。"(《二程遗书》二上)。明道的这段话不能仅仅在"自然—生态"维度,而且应有"伦理—社会"的诠释,即指"不仅要把每个他人看成与自己一体,也要把天地万物即自然世界的一切存在物都看成与自己一体"。这种"儒者在意识上真切地自觉这种'一体',即是对万物怀有'仁'的态度与情感"[2]。"仁甚至也不是一固定的德目,不能为任何德目所限定。它是感通之无隔,觉润之无方。而觉润即含创生,道德创造之真几,健行不息,纯亦不已,亦即是一切德之总根源,故为全德。仁心、仁体即与'维天之命于穆不已'之天命流行之体会而为一"。[3] 从而揭示了自然的生命意向与"仁"密不可分的关系,明确了自我对"他者"的道德义务与责任意识;"至亲与路人同是爱的,如箪食豆羹,得则生,不得

---

[1] 刘述先:《论儒家哲学的三个大时代》,贵州人民出版社2009年版,第49页。
[2] 陈来:《孔夫子与现代世界》,北京大学出版社2011年版,第60页。
[3] 刘述先:《论儒家哲学的三个大时代》,贵州人民出版社2009年版,第92页。

则死，不能两全，宁救至亲，不救路人，心又忍得。这是道理合该如此。及至吾身与至亲，更不得分别彼此厚薄。盖以仁民爱物皆从此出，此处可忍，更无所不忍矣。"；仁与万物的联系继承和发展了孔子的"仁"涵义。孔子强调"修己以安人""修己以安百姓。修己以安百姓，尧舜其犹病诸？"(《论语·宪问》)。因而，"仁"具有"恤民"的涵义。孔子认为管仲实践了仁，其理由就是"相桓公，霸诸侯，一匡天下。民到于今受其赐"。而称子产仁，有君子之道四焉，就包括"养民以惠，使民以义"。

最后，义以为上的道德价值取向。儒家认为，人之所以异于禽兽者、人之所以为人者在于人有道德。在承认人之所以贵于禽兽在于有义的前提下，发展出关于人性的不同论说。李贽曾被儒者乃至道学家一致认为是异端，因为他体现了对儒家价值观的重估，提出了"善与人同"的善恶观和"私者人之心也"的义利观。或许李贽的学说需要进一步批判。在义利问题上，儒家态度是"正其谊而谋其利，明其道不计其功"，也有尚义而不排斥利或兼重义利之说，但儒家绝不容忍主张私利；而与此相关，在理欲问题上，同样需要澄清的是，宋明理学"存天理、灭人欲"的"欲"也应理解为私欲，而非是指基本的物质生活需要以及依据封建等级制的合理的物质享受。张岱年先生就此指出，儒家强调的是关于社会秩序的整体利益，这是其尚义学说的一个重要意义。[①] 关于"义"，孟子与孔子不同，他赋予了其确定的意涵：即人的言行是否符合人类公认的道德准则并体现在具体的语境和行为场合，因而孟子才说"义，人之正路也"，"羞恶之心，义也"；士人入仕的首要标准是遵循"义"这一原则，其理想人格是"大人"，即"立乎大者"之人，从根本上体现为"居仁由义"，而且这种大人人格的形成过程与整个社会的日常生活和政治过程是统一的。而孟子对于"人性"的理解体现了形下与形上的统一，把天命、人的善性、人的自然属性统一起来，避免了对人的抽象的理解。其在政治伦理上则把道德人格的成就变为人的日用伦常

[①] 张岱年：《张岱年全集》第7卷，河北人民出版社1996年版，第353页。

第一章 传统文化与马克思主义结合的话语逻辑和学术资源

的实践,把"政治的本质即统治者仁心的保持和发扬转化为生活中日用伦常的实践的问题或者说做人的问题"。①荀子与孔孟一样,以仁义作为社会生活和家国治理的核心价值,但他更偏重"隆礼尊贤"的内涵并且更推崇"义"这一价值,这与他对人性的理解是一致的。荀子还是遵循了儒家的核心价值原则,这一原则"一方面强调'为仁由己',即个人的价值直觉;另一方面又强调人伦秩序。更重要的是:这两个层次又是一以贯之的"。"表面上看,'礼'倾向于特殊性,但其'本身仍是一个具有普遍性的原则。'"②需要强调的是,用于建构人伦秩序的"五伦",虽然以个人为中心并一般地被解释为自然关系,从而与"家国一体"的社会结构密切相关,然而并不能仅仅理解为是一种个人关系。就此而论,现代一些社会学家认为中国社会是传统性而非现代性,缺少公共理性精神。这种推论应该说是不恰当的。

3. 中国传统文化的理论关怀及其文化机制

(1) 中国传统文化价值精神的理论关怀。思考生活或根据一定文化形态所对应的生活方式的价值观念和核心意义,由此体现文化理论的时代和民族差异。因为一定的文化形态都反映着特定的生活方式因而具有多样性。维特根斯坦在生活方式、思维方式和说话方式的关联中,通过话语方式的不可通约或"家族相似"论证生活方式的多元性特征,这样,从生存方式或生活方式这些模糊的前提去推究哲学、文化理论的个性特质,"只能从选取生活方式的价值取向和核心意义即生活理想作为思考哲学类型的生活根据。"③

即便是从整体形态,中国传统文化都具有一个显著特色:生存论关怀和返本自求的致思取向,对自然生命价值的高度自觉,并非是对生活无反思的自然主义。较之西方文化,儒家思想从来如此:关注人的尊严

---

① 陈红太:《中国政治精神之演进:从孔夫子到孙中山》,人民出版社2013年版,第427—428页。
② 余英时:《文史传统与文化重建》,生活·读书·新知三联书店2004年版,第472—473页。
③ 孙利天:《让马克思主义哲学说中国话》,武汉大学出版社2010年版,第377页。

与价值。就此而言，中国传统文化早就具有了现代性蕴涵，而并不需要经历世俗化的过程。余英时指出，"中国文化正因为没有这一世俗化的阶段，人的尊严的观念自孔子以来便巩固地建立了，两千多年来不但很稳定，而且遍及社会各阶层。"① 即所谓"天地之性人为贵"。就此而言，中国文化也早已是现代的，而不必如西方那样需要经历一个世俗化的阶段。有人认为宋明理学扼杀人性，这一论点需要辨析。理学强调实践理性或道德理性和道德知识，这是应该予以肯定的。尽管理学"忽略了理欲的统一，可能忽略了物质生活与实际问题，未能提供近代民主理论，然而却不能说是扼杀人性，也没有遏制思想自由。"② 另外，儒家思想有人权的蕴涵。在中国古代，并非具备现代意义上的人权思想。但值得说明的问题是：儒家是否可以接纳自由等现代意义的人权观念？与法家主张对人们的思想控制相比，先秦时期的中国文化比较接近于自由派，有百家争鸣足以说明。"罢黜百家，独尊儒术"也并非是禁止人民的思想信仰而是主张朝廷应有一个指导思想，宋代以后三教合流的趋势表明儒家并不排斥其他文化形态，也不反对信仰自由和表达自由。然而，儒家主张应有一个统一的道德教化，因而，尽管在现代社会不会反对公民及其应有的政治权利和政治思想上的自由，却会反对道德伦理上的自由和相对主义，这与儒家"伦理中心主义"倾向相关而且是一贯的，也必然会赞同政府在道德伦理方面（而非意识形态方面）的教化与范导行为。③ 在这个意义上，我们可以确定，儒家思想始终内在地把对社会承担的责任和德性以及对公共事务的关切作为首要的要求。这一生存论诉求在道家庄子那里以较为曲折的方式得以表达。庄子基于本体与现象的区分对自然与自由关系的探讨，不仅深刻反思了人的道德"存在本质从而呈现其存在论价值视阈，而且由对自然心性与现实人伦的深刻审察进一步敞开社会伦理向度这一重要的实践领域，探讨自然秩序与道德价值、自然

---

① 余英时：《文史传统与文化重建》，生活·读书·新知三联书店2004年版，第460页。
② 张岱年：《张岱年全集》第6卷，河北人民出版社1996年版，第434页。
③ 陈来：《孔夫子与现代世界》，北京大学出版社2011年版，第32页。

第一章 传统文化与马克思主义结合的话语逻辑和学术资源

心性与历史道义之间的关系,由此获得审视现代理性道德价值这一深刻的现代性论域。"①

(2) 中国传统文化价值精神的实现机制。首先,"人伦日用"的价值落实机制。儒家文化强调在现实生活中实现其道德理想,即"尽伦",包括君臣、父子、夫妇、兄弟、朋友五伦。在本质上,君臣其实并非都能归属于宗法关系。但儒家却归之于宗法关系中。一方面,宗法关系是一种最接近生活的自然关系;另一方面,儒家宣传这种纯粹出于自然的等级制度很适合封建等级制的实际情况。作为中国传统文化核心部分的中国哲学有一个共同的基本态度——"广大高明而不离乎日用",这种价值落实机制不仅在儒家而且在道家中也得到体现:"道"的超越性存在即在日常事物之中,日常事物也不能离开"道"。从中国传统文化的主要存在形态看,强调哲学研究与现实生活的一致性;"儒家文化的价值必求在'人伦日用'中实现,而不能仅止于成为一套学院式的道德学说或宗教哲学。在这个意义上,儒学在传统中确已体现为中国人的生活方式,而这一生活方式则依附在整套的社会结构上面,20世纪以来传统的社会结构解体了,生活方式也随之发生了根本的改变。……一方面儒学已经越来越成为知识分子的一种论说;另一方面儒家的价值却和现代的'人伦日用越来越疏远了'"。② 就西方哲学而言,同样也经历了哲学与生活世界的分离,苏格拉底之后,西方哲学并非完全遗忘哲学的生活基础,然而在以后的发展中,对生活基础的普遍性追求逐渐导向对宇宙原力和神性的探寻,而亚里士多德把最高智慧看作是对事物普遍原理的理解,西方哲学的主导形态成为渐趋偏离生活的客观知识论形态之后,哲学与生活的联系逐渐淡出了哲学自身的历史记忆。

其次,"整全生命"的自我转化机制。就中国内在超越与西方外在超越而言,在理解自我的问题上也呈现出较为显著的差异。西方的外在

---

① 张廷干:《"德—道"与"自然—自由":庄子心性秩序理论的形上建构》,《南京师大学报》(社科版)2014年第5期。

② 余英时:《现代新儒学"序"》,上海人民出版社1998年版,第5—6页。

超越使得人也客观化为一种分析认知的对象，既深化了对人的了解也把完整的人碎片化。中国从文化的内向超越的观念来发掘"自我"的本质，"人"被当作不仅是理性的、也是情感和意志以及欲望的生命整体。尽管西方自苏格拉底到斯多葛学派的奥勒留再到近代欧陆学派的精神科学传统的思想家都有着反知识论理解人的精神传统，但终究不是西方思想的主流。"两个世界分裂下的心物对立和知识论传统下的主客对立始终阻碍着整体观点的建立"。① 值得注意的是，与西方外向超越以及理性自身的界限而最终把超越性源头诉诸宗教不同，中国文化中的价值之源内在于"心"而外通他人乃至天地万物，也形成了"反求诸己""反身而诚"的修身或修养方式，这成为中国文化价值精神的一个极其重要的特色，无论是儒家还是道家和佛家，在修养的理论上是确然相通的。如果说中国文化具有人文精神，那么这正是一种较为具体的体现。只不过我们不能将这种人文精神等同于一种世俗精神，因为尽管中国传统文化坚持现实生活与道德理想的统一性，然而，中国传统文化中的现世秩序和价值源头并不是源于俗世而一直有其超越性的源头，或者是"天"或者是"道"等。对此，余英时先生指出，"我们不能误认为中国的人文精神仅是一种一切始于人、终于人的世俗精神"，并对中国人对自我的态度是否能够与现代生活相适应这一问题予以详细的探讨，认为，"中国人的自我观念大体上是适合现代生活的，但是也有需要调整的地方。"②

最后，"内圣外王"的道德政治机制。儒家的政治传统并不强调政治权力的分配和实现问题，但却明确地把政治理想置于美德的根基之上，其核心观点即是"政不离德"。这种道德政治观的根据在于：以天命为根源的现实政治因天命天道的非价值中立性而不能脱离道德善恶，而且政治本身最可能造成更大的恶。这里的政治理解有着深刻的自然法的蕴涵。中国人认定价值之源虽出于天，然其实现却最终要落实在"心性"

---

① 余英时：《文史传统与文化重建》，生活·读书·新知三联书店2004年版，第478页。
② 同上书，第457—458页。

第一章 传统文化与马克思主义结合的话语逻辑和学术资源

之中,因而发展出内容丰富的人性理论。① 因而,人伦秩序的一个基本根据是:价值之源内在于心然后向外投射;与之相适应,在中国传统政治文化的设计中,国家一向被看作是人伦关系的一个环节。同时,在人伦关系中,义务是第一序的概念,中国人的权利意识一向被压缩在义务的观念之下,在这一点上,西方道德文化也有以"义务"为伦理学的中心概念,而康德正是这一转向的重要道德哲学家。尽管中国的政治道德化在现实政治实践中确实带来了一些问题,然而,主张政治的去道德化在现实上却同样是非常危险的。因而,余英先生"中国若要建立起民主制度,首先需要把政治从人伦秩序中相对独立出来,由此可以更清楚地辨清中国人伦秩序中所蕴藏的合理成分及其现代意义"这一论点需要具体分析,但他同时指出中国传统文化中对人的尊重,其个人主义精神凸显了个人道德价值。

(二) 马克思主义文化理论话语及展开逻辑②

作为马克思主义经典作家的马克思(恩格斯)的意识形态理论在何种意义上具有文化意义从而呈现出二者的内在关联?对这些问题的探究与回答,可以进一步阐释马克思文化理论及其实践精神的问题核心或主题并对其进行形态重构。

1. 马克思文化理论的实践本性及其存在论蕴涵

马尔库塞曾指出,尽管用一种历史唯物主义的概念方式无法明确表述一种"人类学的文化观念",然而,并非"意味着马克思主义对于如此指定的现象领域的不同方面和元素无话可说",而是"从其自己内部逻辑的角度来看,它们的构成不是一个能用一致的方式去探讨和理解的统一体"。③ 具体来说,"马克思文化理论的话语逻辑及其实践旨趣在于:

---

① 张岱年、程宜山:《中国文化论争》,中国人民大学出版社 2006 年版,第 189—190 页。
② 曹天航、黄明理:《意识形态及其文化转向与马克思主义话语权的文化审视》,《学海》2014 年第 3 期。
③ [匈] G. 马尔库什:《马克思主义与文化理论》,孙建茵译,《世界哲学》2010 年第 2 期。

一是其现实前提与可能基础是现实的人与现实生活实践活动的统一性；二是其实践旨趣或主题在于文化自觉与人的自由、解放和幸福等核心价值目标及其现实化路径的探寻；三是其逻辑路径与方法论则是基于'生产逻辑'与'资本逻辑'相结合的社会总体性批判。"①而其核心是经济学批判与意识形态批判及其所赋予意识形态的文化实践意蕴。

马克思从现实的人及其劳动实践活动的统一性的维度揭示了文化发展的规律。依据马尔库什的理论，在马克思的唯物史观语境中，存在着作为广义"人类学的文化观念"与作为狭义的"价值标定的文化概念"的双重涵义，而无论是哪一种涵义都具有某种根本性的现实或实践意义，在此基础上所实现的正是自然史与人类史的统一。马克思指出，人在改造自然的对象化活动中不断地再生产出"整个自然界"而不断地拓展属于人的对象世界，而且在这种活动中"能动地、现实地复现自己"从而不断地确证与提升自己的本质，劳动成为"人在外化范围之内的或者作为外化的人的自为的生成"。② 由此，在马克思那里，劳动被看作是一种生命活动以及主体的对象化，被看作是一种"人类活动的基本理论或社会生活本体论的组成部分而获得本体意义：正是人的对象化活动，才具体生成着人的社会特性，生成着人的自由自觉性。"③ 而这正是构成"现实的人"与社会的存在方式及其本质蕴涵。

马克思文化理论确定地把文化赖以生成的源泉归结为经济基础，并归结为现实的人改造自然与社会的生产生活实践，把物质生活及其生产过程理解为思想观念的现实历史基础，马克思由此揭开了笼罩在历史现实之上的各种意识形态的神秘而虚幻的面纱，从而为历史唯物主义的创立提供了前提和基础。而对历史发展的客观过程的分析所呈现出来的正是马克思主义文化理论的科学性。

---

① 曹天航、黄明理：《意识形态及其文化转向与马克思主义话语权的文化审视》，《学海》2014年第3期。
② 《马克思恩格斯文集》第1卷，人民出版社2009年版，第205页。
③ 郁建兴：《马克思主义文化理论与现时代》，《中国社会科学》2001年第6期。

第一章 传统文化与马克思主义结合的话语逻辑和学术资源

正是在这个意义上，郁建兴指出，"只要赋予劳动以社会生活本体论意义，以文化与经济的分离作为维护主观主义、唯心主义解释的先决条件"即成为不可能，若"不把马克思主义关于人的活动理论看成是统一的理论，以还原方式解释经济活动与文化、思想活动的关系，那么马克思主义要么与经济决定论划不清界限，要么与主观主义、唯心主义划不清界限。因为唯心主义、主观主义仅仅突出了文化、思想意识活动的地位与作用，以此作为解释原则和方法论"。[1] 同样地可以理解伊格尔顿："文化的观念意味着一种双重的拒绝：一方面是对有机决定论的拒绝；另一方面则是对精神自主性的拒绝""如果说这个概念坚决地反对决定论，它也同样小心翼翼地对待唯意志论"。[2] 然而丹尼尔·贝尔否定马克思主义存在着一种深刻的文化理论，认为马克思的理论框架"只是说明社会的政治、经济、文化是如何永远相适应地运行着，文化存在的理由只能通过经济基础来阐释，而资本主义文化矛盾恰恰证实了一种不相适应的运行状态，证实了文化对自己的经济基础的解构作用。在此意义上，马克思主义没有文化理论，如果说有，那只是自我矛盾的理论"。在丹尼尔·贝尔这里，马克思的文化思想仍然被理解为一种简单的经济决定论。事实上，马克思从未忽略对意识形态或文化的相对独立性的理论关注，"从早期资产阶级的清教徒形象到成功期的资产阶级实际形象"揭示"由启蒙精神、理想主义走向贪婪庸俗"这一"资产阶级文化精神的结构转型和过程嬗变"。[3] 基于劳动对于文化理解的本体论意义以及文化意识形态或上层建筑相对独立性的这种理解，刘同舫认为："无论是由市民社会和政治国家分离而体现出来的政治解放，还是消除了市民社会中异化力量的社会解放，都是客体向度的社会力量的解放形式，而真正的人类解放还需要进一步实现主体向度的主体性解放，劳动解放所强调

---

[1] 郁建兴：《马克思主义文化理论与现时代》，《中国社会科学》2001年第6期。
[2] ［英］特瑞·伊格尔顿：《文化的观念》，方杰译，南京大学出版社2006年版，第4页。
[3] 黄力之：《资本主义文化矛盾理论与马克思的文化思想及其延伸》，《中国社会科学》2012年第4期。

的正是一种建立在个人全面发展基础上的自由个性。"①

在马克思看来，抽象自然的非历史形式的社会生产是不存在的。从资本逻辑角度，"资本和劳动的关系，是我们全部现代社会体系所围绕旋转的轴心"②。为此，马克思不是仅仅停留于意识形态批判，而是进一步对资本以及与之存在的社会制度及其结构的总体性批判，从而把人的自由解放与人类社会的历史发展过程及其社会结构有机地统一起来，把文化解放与社会经济解放结合起来。这样，马克思不仅在批判旧世界中所发现的新世界中蕴涵着"一种抗拒实证思维的形而上学思维"③，而且以一种能够产生真实思想的批判性实践路径把"理解真实的思想过程"发展为"真正批判的世界观"，这正是马克思唯物史观文化实践的具体化路径，这一路径构成了马克思文化理论真正的超越性。

2. 西方马克思主义的文化转向及其继承与偏离

西方马克思主义正是以两个相互渗透、相互关联的方面为基点和思想线索发展出马克思相关理论的当代论域：一方面，从哲学层面，发掘马克思精神生产理论中的文化蕴涵，以意识形态作为理论支撑，在社会历史领域，由政治生活领域向日常生活世界，实现意识形态的文化转向；另一方面，则是以政治经济学的视域对精神生产的社会经济价值及其承载形态进行了进一步探讨，拓展了马克思资本主义社会批判理论中的资本逻辑批判。

对于精神生产问题，马克思认为，在资本主要发展的那个时代"同整个生产比起来是微不足道的，因此可以完全置之不理"，因而，对资本主义时期人文形式的精神生产的经济社会价值采取了不以为然的态度。然而，并不能就此认为马克思忽视精神生产问题，并把马克思看作一个经济决定论者。其原因一方面是由于论战的需要，马克思思想上最早的论敌是黑格尔派思想家，他谴责他们将思想史观念史描述为观念自我发

---

① 刘同舫：《马克思人类解放理论的叙事结构及实现方式》，《中国社会科学》2012年第8期。
② 《马克思恩格斯选集》第2卷，人民出版社1995年版，第589页。
③ 李佃来：《"柯尔斯问题"的政治哲学求解》，《马克思主义与现实》2012年第6期。

第一章 传统文化与马克思主义结合的话语逻辑和学术资源

展的历史,并把思想视为历史中的决定性力量,基于此,他一定不会强调思想观念等精神力量的积极作用,而是强调思想与观念不是自我发展的,特定的思想体系是特定阶级的地位和利益在理论上的表现。关于这一点,恩格斯有较为明确的说明并对于思想上层建筑的能动作用作出了明确肯定的说明。另一方面,是马克思对资本主义社会精神生产受到"总体性""资本逻辑"的控制而发生异化的深刻认识,因而,从属于他对基于资本与劳动的关系进行的资本主义总体批判。

问题在于:当前的相关研究在何种意义上构成了对马克思精神生产理论的进一步拓展与背离?如何认识其精神实质及当代价值?

就资本与劳动的关系,奈格里从资本主义生产现象的分析认为,劳动与资本的对立并非仅限于生产领域而是扩张到整个社会领域,并"将非物质劳动的新的生产维度揭示出来,以此重新划定了反抗主体"[①]。在这里已经蕴涵着向精神生产领域的视域转换。而古尔德纳与布尔迪厄引入"文化资本"的概念进行的相关研究在物质生产领域与非物质生产领域之间进行了融合,分析了当代资本主义文化现象进而揭示社会结构中的支配关系。古尔德纳将资本的文化理论追溯到 A. 孔德,并把孔德置于政治经济学与社会学的交汇处予以解读,同时认为,古典经济学与马克思主义都过分地夸大了"低技能劳动力"这一有限历史经验的一般意义,从而把劳动与文化割裂开来。古尔德纳进而发展出了劳动创造价值的文化标准,劳动的价值就是文化投资的功能,由此不仅赋予了文化在经济过程和社会生活中的重要作用,而且赋予了教育和社会化过程以重要地位,并宣称文化资本将成为新阶级的经济基础,在文化资本中,知识分子和技术精英将获得共同的利益并拥有共同的未来。这样,古尔德纳就颠覆了马克思对于资本与劳动之间的特定社会关系,现代资本主义最本质的特征或最深刻的变化不是剩余价值和对工人的雇佣剥削或"资本逻辑",而是文化资本的累积与分配过程。较之古尔德纳,布尔迪厄

---

① 钱疏影:《马克思与斯宾诺莎的综合:奈格里的主体思想探析》,《马克思主义与现实》2014 年第 2 期。

的文化资本更具有总体性与一般性特征。文化资本的存在形态主要有"具体形态",即精神和身体的持久性情的形式或采取了文化、教育和修养的形式;"客观的形态",即文化产品的形式;"体制的状态"。文化资本赋予文化产品对于主体存在和发展的意义,消费社会通过文化资本逻辑,以符号赋予文化产品以价值的形态,运用教化、传递和塑造等方式向消费主体渗透文化品位和意义需求,使之成为符号价值的享有者和体现者。这样,"教育行动可以使它灌输的文化专断能够再生产出来,从而有助于作为它的专断权力的基础的权力关系的再生产,使文化再生产与社会再生产统一起来"。由此,布尔迪厄的文化资本理论与以往奠基于生产理论的意识形态研究不同,认为"只有当再生产的维度被引进时,对资本及其文化逻辑的分析才能立体化,才能真正地摆脱分析中的经济决定论"。[①]

文化资本的引入在两个方面表现出它的意义。一是在一定程度上解构了资本主义社会中利益与文化貌似相分离的资产阶级意识形态神话。马克思就曾批判施蒂纳将"现实的冲突"转换为"观念中的冲突",施蒂纳"使现实冲突在思想上的反映离开了这些冲突本身并使这种思想上的反映成为独立存在的东西。个人所遇到的现实矛盾变成了个人和自己的观念的矛盾"。[②] 二是进一步拓展了马克思资本范畴的传统涵义。然而,需要说明的是,古尔德纳的文化资本对资本主义的基本判断和观点却是与马克思大相径庭的,而与布尔迪厄文化资本的一般性与总体性特征相比较,古尔德纳在其文化资本研究中所体现出来的"精英主义倾向已在更深层次上与经典的马克思主义分道扬镳。"[③] 在这里,也可以看出,布尔迪厄的文化资本理论与鲍德里亚消费社会批判具有相似的论域。鲍德里亚把"象征交换"作为历史叙事的支点从而赋予其较之生产更为

[①] 仰海峰:《葛兰西的意识形态理论及其当代效应》,载李惠斌、薛晓源主编《西方马克思主义研究前沿报告》,华东师范大学出版社2007年版,第111页。
[②] 《马克思恩格斯全集》第3卷,人民出版社1960年版,第324页。
[③] 朱士群、李远行等著:《阶级意识、交往行动与社会合理性:西方马克思主义社会政治理论的现代性话语》,中国科学技术大学出版社2005年版,第157页。

第一章 传统文化与马克思主义结合的话语逻辑和学术资源

基础性的作用，从而置换了马克思的生产理论。众所周知，马克思把资本与生产者的分离作为资本生产的前提，通过资本积累与资本主义生产过程的分析，指出，资产阶级意识形态的秘密在于：把资本生成的条件说成是资本现在实现的条件。同时指出，"特定的生产方式获得统治地位以后，它总是把自己存在的条件再生产出来，即生产关系是一个持续的再生产过程"。正是在这里，以后的"马克思主义理论家无论是葛兰西还是阿尔都塞都把生产关系、意识形态的再生产作为一个严肃的政治学来对待，并推进了相关意识形态和文化理论"。[1]然而值得注意的是，在马克思那里，关于人的解放这一价值诉求的最终实现并非是直接通过生产而获得现实化，而是通过改变特定社会的生产方式或社会制度来实现生产从而给解放提供可能性。就此，鲍德里亚通过"象征结构理论"所指认的"当代资本生产已经走向封闭的自治"，"但是其社会关系却逆反性地处于直接生产的逻辑之外"，基于此，他"把西方马克思主义哲学逻辑的失败原因追溯到马克思主义起点上"，并"构建了一种从象征关系入手对当代资本主义文化和意识形态的批判话语"，最终只是与历史具体情境无关的话语斗争而失去现实性。

如果说，就马克思的资本批判逻辑这一视域而言，在当时更多的只是仅仅被置入政治经济学的语境中被理解与接受，那么，到20世纪后工业社会的普遍异化中，马克思资本批判原则的真谛才被人们所领悟，人们转而从文化批判的高度来阐发马克思的资本批判原则。这样，马克思精神生产思想在20世纪乃至以后发展为社会文化批判理论和社会主义国家的意识形态理论，不仅在一定程度上继承与拓展了马克思精神生产理论中的文化主题，而且确证了特定社会历史主体的观念意识的主体性与能动性，从而使得文化研究更加凸现其理论和现实的双重意义。

西方马克思主义社会批判逻辑的文化转向，尽管依然较为清晰地

---

[1] 胡大平：《象征之镜的生产和生产之镜的象征，或马克思和鲍德里亚》，《现代哲学》2007年第2期。

秉承马克思社会批判的现实指向,即资本主义20世纪以来的经验变迁,然而,正如安德森所指出,"西方马克思主义研究在总体上完成了经济或政治向哲学的形式转向,从而偏离马克思资本逻辑的批判,即把马克思对资本主义生产方式的物化结构批判转换成对资产阶级意识形态的二律背反以及整个西方理性主义文化内在矛盾的批判。"[①] 所以问题在于:意识形态的这种文化转向具有什么样的特征与精神实质,从而在何种意义上构成对马克思精神生产理论的继承与发展乃至有所悖离?如何把握其当代价值或启示?从总体演化的内在逻辑来把握,意识形态的文化转向基本上是在认可马克思精神生产理论与唯物史观统一的基础上,回应意识形态日益边缘化问题并涉及两个基本方面,一方面深入探讨意识形态的精神功能与实现机制;另一方面,发展为基于"总体性"视域的文化批判理论。

卢卡奇、葛兰西与柯尔斯从总体性视域解读了马克思的社会历史理论并强调无产阶级意识形态的历史作用。卢卡奇的"问题意识在于:一是马克思未曾言明的难题,即如何把作为历史变迁必然阶段的资本主义形式与全球资本主义的实际发展道路区分开来,从而基于后者创造解放的条件。二是基于新的历史条件所造成的资本主义界限变化充分证明主体性逻辑的哲学基础"[②]。他认为,意识形态危机正是一种与资产阶级的物化结构相认同的"物化意识",丧失了一切批判和超越的维度,进而基于主客体辩证法确证了阶级意识的历史基础和思维特性。在卢卡奇看来,意识的变化与社会结构的变迁处于同一历史过程,文化斗争的作用与经济因素相比显得更为重要,进而把资本主义的界限从生产关系领域移置入意识形态领域,从而确立起影响深远的文化主义路线。而葛兰西试图在经济政治领域与精神意识领域的结合中解答"意识形态领导权"和"文化领导权"问题,建构起基于文化总体性的"实践一元论",在

[①] 胡大平:《在商品生产之外寻找革命的落脚点——20世纪西方马克思主义之社会批判的逻辑转向和意义》,《马克思主义与现实》2009年第5期。

[②] 同上。

第一章 传统文化与马克思主义结合的话语逻辑和学术资源

葛兰西看来，文化领导权的实现机制在于通过意识形态的领导来获得对于文化价值的心理认同而合法化。安德森就此认为，"葛兰西把文化领域上层建筑的自治与功效理解为一个政治问题，并在其与社会秩序的存亡之间建立起理论关联。"① 就实现机制而言，柯尔斯更强调社会历史发展过程中的"社会—心理"前提。然而，值得一提的是，在卢卡奇那里，一方面，他并未在理论上清晰地表明主体性问题是困扰欧洲的一个首要问题；另一方面，他以阶级意识充分证明主体性逻辑的哲学基础的理论意图并未被充分认识与揭示。而这些正是构成阿尔都塞结构主义意识形态理论的主要问题域。

依据阿尔都塞的理解，要想真正把握劳动力的再生产与意识形态的内在联系，应该迂回到马克思的社会整体结构理论。② 阿尔都塞敏锐地洞察到意识形态表象背后所隐含着的复杂社会关系结构，从而找到了推进马克思意识形态理论的突破口——将意识形态理论转移到马克思的社会结构观和社会生产理论当中，对个体具有构造作用的生产活动。一方面，阿尔都塞以"多元决定"的社会形态论否定了对于意识形态的纯粹观念或思想的理解方式，进而探讨作为表象体系的意识形态与个体意识的相互关系，从而将客体存在与对客体存在的"体验"分割为两个领域的问题，将意识形态理解为人类对自身真实生存条件的"想象"关系，而且"呈现在人们的意识形态中的东西并非是他们的实际生存状况即他们的现实世界，而是他们与那些在意识形态中被表现出来的生存状况的关系"。③ 另一方面，阿尔都塞在阐述意识形态发挥社会功能的物质载体即意识形态国家机器之后，讨论了意识形态与主体之间的关系。他认为，"马克思的国家理论没有对国家上层建筑的内部构成以及意识形态的相

---

① ［英］佩里·安德森：《西方马克思主义探讨》，高铦等译，人民出版社1981年版，第99页。

② 高建为、钱翰等：《20世纪法国马克思主义文艺理论研究》，北京大学出版社2012年版，第238页。

③ Louis Althusser, *Lenin and Philosophy and Other Essays*, trans. By Ben Brewster, New York: Monthly Review Press, 1971, pp. 162–163.

对自主性作出合理的说明，为了推动国家理论，不仅必须考虑国家权力和国家机器的区别，还必须考虑明显处在（压制性）国家机器的同一面向然而又不能与此相混淆的另一现实。根据其概念，可以将这一现实称为意识形态国家机器。意识形态的核心作用是主体的生产，而主体的生产不是通过观念和思想的灌输实现的，而是通过不断重复的物质性的质询实践实现的。"① 意识形态国家机器理论在一定程度上"突破了正统马克思主义对基础与上层建筑的解释，赋予意识形态在再生产中的核心作用，正确地强调了意识形态的物质性乃至成为一种维持社会秩序的制度化的权力与物质实践，以及意识形态对社会实践的构成性作用，也更好地解释了意识形态'质询'的'被动的能动性'悖论结构"。② 然而，阿氏理论也存在着特定的缺陷：一方面意识形态国家机器理论未能区分国家意识形态与非国家意识形态，从而否定了两者之间互动生成的可能；另一方面，他以自己对于意识形态物质性的理解而否定了马克思精神生产的物质性蕴涵不仅是失当的，他说，马克思"从未成功地思考过意识形态的物质性"，③ 而且也忽略了观念与象征的作用，而他把意识形态的精神功能及其实现机制理解为将个体"质询"为主体而参与社会关系的再生产理论在一定程度上弱化了主体自主性。在这里体现出了阿尔都塞意识形态理论存在着的二元论倾向："阿尔都塞式的意识形态理论完全断定在我们的意识形态的感觉经验与维持这种感性经验的外在物质机器与实践之间存在着缺口。"④

阿尔都塞意识形态理论中潜在着的这些缺陷在米歇尔·佩舒和戈兰·瑟伯恩与齐泽克那里得到了一定程度的克服乃至颠覆。佩舒认为，意识形态国家机器是阶级斗争和权力关系中的话语实践问题，因而，统治阶级意识形态的主导地位并非是天然的。由此，佩舒强调意识形态要

---

① 转引自汪行福《意识形态辩证法的后阿尔都塞重构》，《哲学研究》2015年第5期。
② 汪行福：《意识形态辩证法的后阿尔都塞重构》，《哲学研究》2015年第5期。
③ Althusser, "Marxism Today", in *Philosophy and the Spontaneous Philosophy of the Scientists*, ed. by Gregory Elliott, Verso, London & New York, 1990, p. 276.
④ 转引自汪行福《意识形态辩证法的后阿尔都塞重构》，《哲学研究》2015年第5期。

第一章 传统文化与马克思主义结合的话语逻辑和学术资源

素的矛盾性以及不同意识形态体系之间关系的非均衡性,"为生产关系变革而斗争的意识形态方面,首要就包含在意识形态国家机器的复合体内部硬塞进新的非均衡—附属关系"。与阿尔都塞的意识形态质询是把个体转变成社会秩序所需要的主体从而否定主体与个体是可以共存的不同,佩舒强调意识形态质询中个体与主体的相互依赖关系。"(1)如果不借助于并处于某种意识形态之中,就不存在实践;(2)如果不是借助某个主体并且为了主体,就不存在意识形态。"[①] 与阿尔都塞早期理论和佩舒一样,瑟伯恩同样强调意识形态的实践性及其生产性特征,他借助于资质化(qualification)和臣服化(subjection)两个概念,认为,在社会秩序与主体结构的生产与再生产中,意识形态的质询过程就是"臣服化—资质化"的双向互动过程。由此,在意识形态的质询发生作用的机制与条件中就包含着被质询者拥有主观能动性或自主性这一条件。如果说阿尔都塞、佩舒与瑟伯恩依然是在思想或观念的意义上去理解意识形态问题,那么,后马克思主义者齐泽克尽管与阿尔都塞一样,都曾在意识形态的研究中受到拉康精神分析理论的影响,然而,他们对意识形态问题的理解却大不相同。齐泽克的意识形态理论体现了拉康精神分析哲学与马克思主义元素的结合,从而在其相关理论中呈现出经典马克思主义、当代西方马克思主义与精神分析哲学之间的复杂关联。一方面,齐泽克认为"意识形态不仅仅是虚假意识,不仅仅是对现实的幻觉性再现,相反它就是已经被人设想为意识形态性的现实自身。"[②] 另一方面,基于精神分析哲学分析了意识形态建构主体的"质询"机制。齐泽克认为,在阿尔都塞那里,意识形态秩序"质询"主体的过程似乎太过乐观。基于此,他通过对于拉康式"欲望图表"的研究提出自己的质疑:意识形态秩序的质询与主体的认同之间存在一种双重误认,而个体主体与意识形

[①] Pecheux, M., *Language, Meaning and Ideology*, St. Martin's Press, New York, 1982, pp. 100 – 102.

[②] [斯洛文尼亚]斯拉沃热·齐泽克:《意识形态的崇高客体》,季广茂译,中央编译出版社2002年版,第28页。

态秩序之间的不一致性不应该被看作是主体被建构的无效,而应该是主体得以显现的契机。

可以看出,上述对于意识形态问题的探究深入到意识形态发生作用的微观机制,呈现出由政治论域的宏观视野向微观领域的微观机制分析的转换,而这一路径转换也体现在基于"总体性"视域的文化批判中。法兰克福学派认为,当代资本主义文化已成为操控主体日常生活的消极力量,通过文化工业对大众文化的操纵与欺骗,揭露大众文化所承担的意识形态功能。然而,这些基于文化转向的意识形态研究因割裂了文化形态与社会制度结构的内在关联,随着晚期资本主义社会文化与经济发展的交互渗透而陷入了自身无法克服的困境。尽管意识形态研究的文化转向深刻地涉及意识形态发挥其作用的实践方式的当代变化,却最终忽视了文化背后的根源性问题,其中隐含着远离意识形态的本质规定。同样,西方马克思主义也蕴含对于马克思精神生产理论的内在挑战,一方面,以文化批判质疑马克思政治经济学视阈的有效性;另一方面,把资本主义的界限从生产关系领域转移到以意识形态为中心的哲学文化批判,在一定程度上弱化了马克思的科学分析方法。有学者就此指出,"在总体上,20世纪的全部西方马克思主义,虽然以其多样性的探索拓展了马克思主义理论的主题和视野,也以自身的失败的经验证明了资本主义变化给革命运动和理论造成的困难。"[1] "一是意识形态的立足点不再是未来的美好社会,而是能够控制的现存冲突社会……二是意识形态的核心依托不再是理论逻辑('观念'),而是普世伦理。"这样,现代意识形态的新变化在于"伦理价值高于真理价值、道德制高点优于历史制高点",进而"凝聚共识、指引人们超越现实制度的就不是以真理性认识为基础的理论逻辑,而是人们内心不证自明的普世价值。"[2] 一些学者基于资本主义意识形态的这种新变化批评马克思主义,认为,"马克思、恩格斯

---

[1] 胡大平:《在商品生产之外寻找革命的落脚点——20世纪西方马克思主义之社会批判的逻辑转向和意义》,《马克思主义与现实》2009年第5期。

[2] 侯惠勤:《意识形态的历史转型及其当代挑战》,《马克思主义研究》2013年第12期。

第一章 传统文化与马克思主义结合的话语逻辑和学术资源

不愿承认他们自己的伦理观念具有任何终极的和自明的意义;他们宁愿从理论方面来说明其人道主义的目标;这种理论解释他们的伦理观念是社会环境的反映或产物。"① 而与马克思的"逻辑与历史相统一的方法论原则密切相关的更为重要的后果是,过高地估计了资本主义私有制的某些巨大作用,或者把它绝对化。"② 在这里,一方面,马克思建构精神生产理论的历史原则与逻辑原则、真理原则与价值原则相统一的方法被消解了;另一方面,西方马克思主义这种文化转向在其实质上是一种"泛意识形态化"或"去意识形态化",最终"淡化"乃至"消解"了马克思主义意识形态的可能性。

---

① [英] 卡尔·波普尔:《开放社会及其敌人》,张文瑞、李英明译,桂冠图书公司1986年版,第937页。
② [德] 鲁道夫·巴罗:《抉择——对现实存在的社会主义的批判》,严涛译,人民出版社1983年版,第29页。

第二章　传统文化与马克思主义结合的机制及其精神功能

中国传统文化与马克思主义结合在文化实践层面提出的要求是马克思主义中国化，涉及传统文化与马克思主义融合的诸多问题域，无疑具有鲜明的意识形态色彩。如果说，马克思主义与中国传统文化结合的创新研究需要从意识形态层面转向文化自觉乃至哲学自觉层面或者两者的结合，那么同样的，从"意识形态"与"文化形态"的结合中理解社会主义核心价值观建构这一马克思主义和传统文化结合的实践要求，必须涉及这样两个相互关联的基本问题域：一是意识形态及其价值理性的合法性根据与传统文化精神及马克思主义之间存在着何种精神因素的内在关联；二是如何整合不同的文化精神形态并转为现实的文化价值实践，并由此获得本研究的运思路径或展开逻辑。

一　传统文化与马克思主义结合的本体实践基础

（一）马克思主义文化理论与唯物史观的逻辑同构

对于马克思的历史科学，存在着截然对立的二元论倾向的理解。施密特认为，"马克思的唯物主义并不理会关于心灵的精神或物质的本性问题"，而是"首先关心从这个世界上消除饥饿和痛苦的可能性问题"。[①]

[①] ［德］施密特：《马克思的自然概念》，吴仲昉译，商务印书馆1988年版，第21页。

第二章 传统文化与马克思主义结合的机制及其精神功能

而对这些理论问题的澄清与把握需要回归马克思的精神生产理论的话语逻辑及其文化实践。① 众所周知，对于精神生产领域，马克思限于当时社会历史时代的具体境域，认为"资本主义生产在这个领域中的所有这些表现，同整个生产比起来是微不足道的，因此可以完全置之不理"，然而，精神生产理论仍然是马克思社会总体性思想和全面生产理论以及文化理论极其重要的构成性维度。马克思的精神生产理论以"哲学—政治经济学"的总体性话语逻辑得以具体展开，并与唯物史观存在着内在的逻辑同构性。有学者就此指出："作为资本主义现代性的自觉批判者，马克思对于精神生产乃至一般的文化问题的反思与研究渗透在他的唯物史观中并以唯物史观作为价值旨归。"②

马克思的哲学革命是从对思想史或观念史的研究与批判而开启的，因而这一革命的精神实质应该从观念史与社会史相统一的整体性历史境域去把握，并呈现为"哲学—政治经济学"的总体性革命的实质。马克思在《1844 年经济学哲学手稿》中指出，异化劳动把人"有意识的生命活动"变成了仅仅维持自身生存的手段，在此基础上还原了精神生产的本真价值逻辑或精神功能：自由的精神生产是对于资本主义生产的总体性结构中所呈现出来的资本逻辑及其所导致的异化劳动的克服。他说："动物只是按照它所属的那个种的尺度和需要来构造，而人却懂得按照任何一个种的尺度来进行生产，并且懂得处处都把固有的尺度运用于对象；因此，人也按照美的规律来构造。"③ 在这里，马克思的研究更多具有哲学批判的色彩，然而，也已经呈现出"哲学—政治经济学"的总体性方向，并在随后的《神圣家族》和《政治经济学批判（1861—1863 年手稿）》中得以进一步展开。在这一总体性转向中所要实现的是从异化劳动理论到唯物史观的飞跃，而这里的关键涉及历史观问题的理解。

---

① 张廷干：《马克思主义和传统文化融合的话语逻辑》，《学海》2013 年第 6 期。
② 邹广文：《马克思文化哲学思想的展开逻辑》，《求是学刊》2010 年第 1 期。
③ 《马克思恩格斯文集》第 1 卷，人民出版社 2009 年版，第 163 页。

对"历史之谜"的探索是马克思深入市民社会内部关系,并以政治经济学的转向揭示资本主义私有制本质及其内在矛盾的开端。一方面,马克思不再以抽象人本主义的"人的本质"作为衡量历史发展的标尺并对费尔巴哈的人本主义予以彻底清算。马克思强调"现实的历史的人""人的感性活动"社会实践中的人是历史的主体,并置于社会生产方式的制约之中,即"同他们的生产是一致的——既和他们生产什么一致,又和他们怎样生产一致。因而,个人是什么样的,这取决于他们进行生产的物质条件。"① 另一方面,在马克思看来,历史就是:"从直接生活的物质生产出发阐述现实的生产过程,把同这种生产方式相联系的、它所产生的交往形式即各个不同阶段上的市民社会理解为整个历史的基础,从市民社会作为国家的活动描述市民社会,同时从市民社会出发阐明意识的所有各种不同的理论产物和形式,如宗教、哲学、道德等,而且追溯它们产生的过程。"②

这样,问题在于:精神生产在何种意义上可以被置入唯物史观的论域之中,而且具有怎样的特点。对于这一问题的回答,马克思对于施托尔希的批判的文本值得认真分析。他说:"施托尔希不是历史地考察物质生产本身,他把物质生产当作一般的物质财富的生产来考察,而不是当作这种生产的一定的、历史地发展的和特殊的形式来考察,所以他就失去了理解的基础,而只有在这种基础上,才能够既理解统治阶级的意识形态组成部分,也理解一定社会形态下自由的精神生产。他没有能够超出泛泛的毫无内容的空谈。""(1)在资产阶级社会中,各种职能是互为前提的;(2)物质生产领域中的对立,使得由各个意识形态阶层构成的上层建筑成为必要,这些阶层的活动不管是好是坏,因为是必要的,所以是好的;(3)一切职能都是为资本家服务,都为了资本家'好';(4)连最高的精神生产,也只是由于被描绘为、被错误地解释为物质财

---

① 《马克思恩格斯文集》第1卷,人民出版社2009年版,第520页。
② 同上书,第544页。

第二章 传统文化与马克思主义结合的机制及其精神功能

富的直接生产者,才得到承认,在资产者眼中才成为可以原谅的。"① 在这里,马克思至少表达了以下几层意思:一是精神生产可以在既区别于物质形态也区别于意识形态的文化概念两个意义上去理解。或者说,"在精神生产内部划分出直接反映统治阶级意志的意识形态与更具有精神自由特征的精神生产。"② 二是精神文化生产具有自身的特殊性。然而,持这种观点的资产阶级学者都不仅误读了斯密物质财富生产的内涵,他们将物质财富的生产当作物质生产,并进而争辩精神文化财富生产对物质财富生产的制约作用。但这种讨论既不在斯密的考察范围之内,也误读了精神生产与物质生产的关系。③ 精神生产的特殊性在马克思那里被这样理解,即"意识形态的反射和回声"。也正是在这样的意义上,马克思的评价是"内在财富也像一般财富一样,可以积累起来,能够形成资本,而这种资本可以用来进行再生产","在人们能够开始考虑非物质劳动的分工以前,必须先有物质劳动的分工和物质劳动产品的积累",以及他对物质财富与精神财富差异的辨析、内在财富可以因不断运用而累积与扩大等论断有一定见地。④ 对于物质生产与精神生产的关系,马克思在《形态》中论述到,"思想、观念、意识的生产最初是直接与人们的物质活动,与人们的物质交往,与现实生活的语言交织在一起的。人们的想象、思维、精神交往在这里还是人们物质行动的直接产物。"⑤ 而成熟的探讨则是在《政治经济学批判(1861—1863年手稿)》中。在这里,马克思明确指出,"从物质生产的一定形式产生:第一,一定的社会结构;第二,人对自然的一定关系。人们的国家制度和人们的精神方式由这两者决定,因而人们的精神生产的性质也由这两者决定。"⑥ 这

---

① 《马克思恩格斯全集》第33卷,人民出版社2004年版,第348页。
② 黄力之:《马克思精神生产理论中的文化价值问题》,《上海师范大学学报》(哲学社会科学版)2009年第3期。
③ 《马克思恩格斯全集》第33卷,人民出版社2004年版,第345页。
④ 陈奇佳:《市场经济条件下的文化生产问题——以马克思的精神生产学说为批判视角》,《江海学刊》2010年第4期。
⑤ 《马克思恩格斯文集》第1卷,人民出版社2009年版,第524页。
⑥ 《马克思恩格斯全集》第26卷第1册,人民出版社1972年版,第296页。

样，马克思把"精神生产"问题的讨论与"生产关系的一定的历史结构"结合起来，也与特定社会制度及其结构结合起来。马克思在其精神生产理论中实现了科学的"历史原则"与人文性"价值原则"的统一。三是无论是物质生产还是精神生产都与特定的社会历史条件、历史过程相联系，并在此基础上研究物质生产与精神生产之间的辩证转化。马克思就此指出了这两种生产在资本主义社会的特殊存在方式。四是精神生产具有鲜明的意识形态特征，意识形态不仅具有调控与掩饰经济利益对立的功能，而且与资本逻辑相结合而形成了资本逻辑和基于资本逻辑的资本主义"总体性结构"。然而，在存在着资本对劳动的支配的资本主义社会，人类一切活动都围绕着资本而"经济生产化"了，即便是最高的自由的精神生产也和资本运动一样不是独立自为的。因而，考察人类活动的最终标准是资本再生产。

在这种"哲学—政治经济学"的总体性视域中，马克思考察物质生产与精神生产在特定社会形态即资本主义社会中的存在方式，"从而找到了劳动异化的经济根源与社会历史根源，进而马克思的精神生产理论与其对资本主义的社会生产的资本逻辑及其生产体制的总体性批判密切相关，从而成为剖析资本主义社会结构的重要线索，并蕴涵着两个基本逻辑：资本批判和文化批判。"①马克思表明了他对于文化实践的内在张力及其运作逻辑的理解，尽管他并不否定精神文化的意识形态功能，却明确反对资本主义社会条件下的资本逻辑对文化逻辑或文化本真价值的遮蔽乃至祛除，对精神文化的资本渗透与歪曲式运用以达到维护阶级统治的需要。可见，马克思即在其所生活的时代敏锐地意识到资本主义社会结构中存在着出现资本逻辑与文化逻辑的内在价值冲突的可能性，即资本主义社会中精神文化活动的资本化问题。并深刻地指出关于"货币资本"对文化生活中观念与现实之间关系的颠覆性解构："它把我的愿望从观念的东西，从它们的想象的、表象的、期望的存

---

① 何萍：《阿多尔诺与马克思的批判的历史哲学传统》，《哲学研究》2015年第5期。

第二章 传统文化与马克思主义结合的机制及其精神功能

在，转化成它们的感性的、现实的存在，从观念转化成生活，从想象的存在转化成现实的存在。作为这样的媒介，货币是真正的创造力。"①

正是在这个意义上，阿伦特不仅正确地理解了马克思，认为，"在将劳动问题置于其政治思想中心的现代思想家中，惟有马克思最为彻底地探明了围绕生命本身的简单再生产来组织社会的含义。"②而且她也正确地看到了马克思所强调的剩余劳动力为不从事直接生产的人提供了生存手段的"剥夺机制"，却一方面认为"马克思关心的是自我异化而非世界的异化，并且仅仅是把人的生产能力与人为了生理需要而创造的成果之间的分离理解为自我异化的本质特征。"③阿伦特的这一批判不符合马克思理论的实际，马克思在手稿中明确指出，"在实践的现实的世界中，自我异化只有通过对他人的实践的、现实的关系才能表现出来。异化借以实现的手段本身就是实践的。"④可见，马克思批判异化劳动的出发点依然是"自由自觉的活动"而不是抽象的思想伦理道德层面的精神"自由自觉"，而且，其根本原因不仅在于资本对劳动的支配，而且只有在人与人的关系中才可能是现实的。进而，马克思以《德意志意识形态》为基本旋转轴，"摆脱了自我异化论，开辟了一条物象化论的新世界"。⑤菲利普·汉森就此对阿伦特提出了自己的批判，认为，"阿伦特没有充分考虑到，马克思所关心的异化并不仅仅是一种自我异化，无论如何，他似乎已经把这种概念作为资产阶级意识形态的一个要素而抛弃掉了，他实际上关心的是作为人的力量发挥之舞台的世界的异化。"⑥尽管，汉

---

① 《马克思恩格斯全集》第42卷，人民出版社1979年版，第154页。
② [加拿大] 菲利普·汉森：《历史、政治与公民权》，刘佳林译，江苏人民出版社2004年版，第31页。
③ 同上书，第28页。
④ 马克思：《1844年经济学哲学手稿》，人民出版社2000年版，第60页。
⑤ [日] 望月清司：《马克思历史理论研究》，韩立新译，北京师范大学出版社2009年版，第150页。
⑥ [加拿大] 菲利普·汉森：《历史、政治与公民权》，刘佳林译，江苏人民出版社2004年版，第32—33页。

森的这一批判不恰当地认为马克思把异化"这种概念作为资产阶级意识形态的一个要素而抛弃掉了",从而与阿尔都塞指认青年时期意识形态的马克思与成熟时期科学的马克思理论之间存在着"认识论断裂"的相似,而未能看到马克思早期异化劳动理论与后来的资本逻辑的批判理论在实质上的一以贯之,而这种一致性正体现在《手稿》到《资本论》的文化批判与资本批判相统一的话语逻辑及其发展过程之中。

另一方面,阿伦特也未能看到马克思的文化理论由此开启的人的解放,以及人的全面自由发展的社会历史条件,从而不恰当地认为马克思对于资本主义的"积累过程"持有一种简单的赞赏态度,进而认为"并不是在完善未来自由的条件,而是在进一步破坏自由的任何可能性",最终陷入"生产性的奴役和非生产性的自由的痛苦抉择"之中。依据马克思的观点,人的全面自由的发展依赖于劳动过程的技术条件和社会条件,"一旦直接形式的劳动不再是财富的巨大源泉,劳动时间就不再是,而且必然不再是财富的尺度,因而交换价值也不再是使用价值的尺度"的时候,"以交换价值为基础的生产便会崩溃,直接的物质生产过程本身也就摆脱了贫困和对立的形式",与此相适应,"个人会在艺术、科学等等方面得到发展"。[①] 因而,马克思深刻地批判了费尔巴哈那种撇开社会历史与现实条件的本末倒置的做法,而是把现实的个人及其本质的实现置于现实条件的根基之上,也明确反对施蒂纳从抽象的人的概念中引申出自由的做法,而赋予物质生产自由的含义并注入精神生产的社会性内涵。[②] 可见,在马克思这里,由现实的人作为前提,以人的全面自由发展作为终极价值目标并把这一目标的实现诉诸社会历史条件。就此而言,如果说,马克思文化理论中存在着存在主义者萨特所说的"人学空场",那么,这正是对人道主义抽象的"人"及其解放的纯粹逻辑或理性原则的否定与超越。

---

① 《马克思恩格斯文集》第8卷,人民出版社2009年版,第196—197页。
② 汤荣光:《马克思精神生产理论导源》,《毛泽东邓小平理论研究》2013年第5期。

◈◈ 第二章 传统文化与马克思主义结合的机制及其精神功能 ◈◈

(二) 文化原理：意识形态与价值形态的统一结构

事实上，"就其思想渊源而言，意识形态与文化理性精神既相互交融又相互分离。马克思在批判性意义上阐释其'意识形态'概念从而在一定程度上体现了意识形态的文化理性本质，并由此提供了一种文化哲学的诠释语境。"① 而对于马克思的意识形态的文化理性特征或文化形态理论可以由"精神生产"概念获得理解。这一概念在马克思唯物史观中有其重要的地位。马克思赋予了"精神生产"概念以意识形态与文化形态的双重意涵。如果从精神生产者的不同类型，从精神生产活动的不同方式来看，"一定社会形态下自由的精神生产"则包括一切非统治阶级的、独立的自由精神生产者的活动。按照后一标准，反映非统治阶级特别是革命阶级、进步阶级利益和要求的自由思想家、特别是"这一制度的自由批评家"的意识形态活动，也属于"自由的精神生产"。② "在这里，马克思已经不再把精神生产与阶级意识形态相等同并在精神生产内部进行了更为细微的划分：一部分是'意识形态阶层构成的上层建筑'；另一部分则是更能反映精神自由特征的'最高的精神生产'。这样，马克思的精神生产概念因区别于一般的物质生产而'进入了文化的狭义化过程'，因与同样属于观念形态的特定阶级或阶层的意识形态相区分而'符合文化的人类学特征'，"③ 但是，精神生产的本质不在于自身的内部，而在于现实的生活过程。同时，"要研究精神生产和物质生产之间的联系，首先必须把这种物质生产本身不是当作一般范畴来考察，而是从一定的历史的形式来考察。例如，与资本主义生产方式相适应的精神生产，就和与中世纪生产方式相适应的精神生产不同。如果物质生产本身不从它的特殊的历史形式来看，那就不可能理解与它相适应

---

① 张廷干：《马克思主义和传统文化融合的话语逻辑》，《学海》2013 年第 6 期。
② 《马克思恩格斯全集》第 47 卷，人民出版社 1979 年版，第 533 页。
③ 黄力之：《马克思精神生产理论中的文化价值问题》，《上海师范大学学报》(哲学社会科学版) 2009 年第 3 期。

的精神生产的特征以及这两种生产的相互作用。这样就不能超出庸俗的见解。"①

这样，一方面，马克思的唯物史观与其文化理论存在着内在同构性。"作为'资本主义现代性的自觉批判者'，马克思对于文化问题的反思与研究渗透在他的唯物史观中并以唯物史观作为价值旨归。"② 另一方面，可以认识与评判丹尼尔·贝尔对于马克思理论的批判性质疑的合法性："马克思主义思想体系的最大弱点在于缺乏文化理论。"这一立论依据在于："马克思只是把文化当作是上层建筑的一部分，而且文化的存在只能通过经济基础获得解释并和政治、经济永远相适应地运行着。而资本主义文化矛盾恰好证明了新生的文化对于社会的解构性作用。"③

对这两个方面的分疏需要思考这样一个问题：马克思何以要通过意识形态问题来讨论文化问题？这应该不仅仅因为马克思不认为文化在当时是一个很重要的概念，也不是因为在当时"物质生产对人民群众来说具有极端的重要意义"，如上所述，事实上马克思非常重视"精神生产"概念及其精神文化乃至社会经济价值。我们或许可以从三个方面去理解马克思所说的"资本主义生产在这个领域中的所有这些表现，同整个生产比起来是微不足道的，因此可以完全置之不理"。一是区分文化与文化产业，从而避免"精神生产"发生异化。而这一点正是后来哈贝马斯"社会整合"理论予以揭示的资本对文化的殖民而最终导致价值分化与社会整合的困境。二是强调精神生产的"文化实践"意义。而"文化要发挥其影响现实生活的实际力量，必须通过文化实践由一定的物质实践活动表现出来，否则文化观念就难以对社会生活发生实际性的影响。"④ 三是马克思通过"意识形态"把文化批判与社会批判结合起来，并以其唯物史观一方面揭示了道德、正义等价值观在最终意义上的被决定地位；

---

① 《马克思恩格斯全集》第 33 卷，人民出版社 2004 年版，第 346 页。
② 邹广文：《马克思文化哲学思想的展开逻辑》，《求是学刊》2010 年第 1 期。
③ ［美］丹尼尔·贝尔：《资本主义文化矛盾》，严蓓雯译，江苏人民出版社 2007 年版，第 350、336 页。
④ 郝立新、路向峰：《文化实践初探》，《哲学研究》2012 年第 6 期。

第二章 传统文化与马克思主义结合的机制及其精神功能

另一方面澄清了意识形态对道德与正义等人类基本价值的遮蔽性从而揭示意识形态的虚假性及其与异化乃至物化现象的本质联系。这样,"道德、正义乃至道义合法性等问题只有在社会制度与社会结构的变更中才能获得真实而有效的解决。而在未来社会,尽管依然可能存在着贝尔所分析的个体物质利益欲求与社会公共价值观或社会道义性之间的特定张力,然而,人类文明前景在于个体物质利益向公共利益的转化"。[①] 这样,马克思不仅深刻认识到贝尔文化理论所涉及的文明社会或资本主义精神的合法性结构,即个体逐利动机与社会控制间的合理张力,而且更注意到文化实践与社会控制本身的合法性问题。

(三) 融合的本体实践基础:生命存在与可能生活[②]

根据文化形态史学研究,文化有机体和文化形态以及文化对于生命的内在本质联系,是活生生的自然,揭示的是有机必然性,而不是因果必然性;昭示的是文化的宿命,而不是历史的规律。文化存在与人的生命存在和可能生活实践存在着源初的关联。"每一种文化都把自己的影像印在它的材料上,即它的人类身上","是人类精神涌动的历程","真正的文化是具有内在生命力的,它通过自己的有机生长和盛衰变化来展示人的丰富的生存,来不断超越给定的文化形态,推动历史的演变"。[③] 汤因比同样把自己的研究定位于文化或文明形态的研究。他认为,历史研究不应该局限于一个特定的民族国家,而应该置入一个更大的整体的关联中加以把握,也不应当笼统地指向全体人类,进而以比较的视域进行文化的分类研究,并寻求其发展的通则或规律,因为各个社会形态以

[①] 黄力之:《资本主义文化矛盾理论与马克思的文化思想及其延伸》,《中国社会科学》2012年第4期。

[②] 曹明、张廷干:《文化实践与核心价值观建构:马克思主义和传统文化融合的话语逻辑与精神形态》,《学术论坛》2013年第10期。

[③] 衣俊卿、胡长栓等:《马克思主义文化理论研究》,北京师范大学出版社2012年版,第32页。

文化层面而保持着相互区分的根本内涵，离开了比较，文化形态的问题就无从彰显。在这里，有学者把汤因比的历史研究或文化形态史学的方法论归入社会学的范畴，因为"社会科学的中心任务毕竟是在于寻求一般性的通则，而不在阐释个别文化传统的特性"，并指出，"过分强调'形态''规律'最后必然流入只有形式而无内容。只有抽象而无具体，只有一般而无特殊的情况。用中国固有的名词说，也就是有'理'而无'事'；这在史学上即成绝大的荒谬。"① 其实这种批判是不必要的，文化是有形态的，而且其形态既有其个体特殊性也内蕴着相互诠释的共通机制，从斯宾格勒和汤因比的文化形态史观中，一方面，我们可以还原出某种共通的本性，即文化形态与生命存在或生命精神之间内在的历史性关联：每一种机体的深层内涵都与人类文化、精神或人的自由状况密切相关。在文化的内在机制中，在自然法则和自由法则的交互作用中突出了生命存在的自由本性及其意义，"人不仅生存在一种法则的支配之下，而且生存在两种法则的支配之下。这两种法则中的一种就是神的法则，这种法则就是用了另一个更为光辉名称的自由本身。"② 另一方面，形态史学以其对"时间性"的强调而弥补了社会学观点的"时间性匮乏"而置"历史"于一种"残余范畴"（risidual category）的边缘位置以及哲学观点中的"超时间性"的缺失。而那种割裂个性与共性的范式，才是"于理多违"的比附式的所谓"格义"或历史哲学上所谓的"类比的谬误"（fallacy of analogy）。

对于文化形态与人的生命精神之间的历史性关联，在存在主义文化形态学学者雅斯贝斯那里获得了进一步说明。他认为，历史哲学研究"为了获得一个关于人类历史的统一完整的总观点"、达到"人类历史的最大包容和最高统一"③ 的目标，应当通过对文化形态的探讨而得以实

---

① 余英时：《文史传统与文化重建》，生活·读书·新知三联书店2004年版，第389页。
② [英]汤因比：《历史研究》（下卷），郭小凌等译，上海人民出版社1997年版，第365页。
③ [德]雅斯贝尔斯：《历史的起源和目标》，魏楚雄、俞新天译，华夏出版社1989年版，第4、6页。

第二章 传统文化与马克思主义结合的机制及其精神功能

现。在雅斯贝斯看来,古代文明是人开始真正生成,并推动人类开始由史前进入历史。然而,相比之下,古代文明时期人类的文化精神尚未能达到真正的自觉,缺乏后来的"轴心期"所发生的奠定"新人性基础的精神革命"以及凸显出来的存在论蕴涵,"这个时代的新特点是,世界上所有三个地区的人类都开始意识到整体的存在、自身和自身的限度。人类体验到世界的恐怖和自身的软弱。他探寻根本性的问题。面对空无,他力求解放和拯救。通过在意识上认识自己的限度,他为自己疏离了最高目标,他在自我的深奥和超然存在的光辉中感受绝对"。[①] 正是在这一时期,至今仍然影响着人类历史进程的三大主要文化精神得以奠定,而这种文化精神的自觉进而奠定了中国、印度和西方三种文化精神的根本性差异。在对于文化形态的探究中,雅斯贝斯也表现了他对于现代社会的理性文化危机和技术异化的历史责任意识。他强调指出,作为历史的共同目标的自由,是一个开放的历史进程,"自由是人类的时间之路"并在人类追求历史统一的过程中得以实现。由此,雅斯贝斯一直期待着"第二轴心期"的出现,即希望通过人类的文化自觉和文化精神的重建推动人类历史进程的健康发展。

随着哲学领域研究范式向生活世界的回归和告别宏大叙事,布罗代尔批评了斯宾格勒和汤因比等的文化形态史观中的简单化倾向,指出其缺陷在于:第一,批评历史宿命论;第二,回避历史的时间,只注重短时段的事件;第三,一种"人的精神本质"与多种文明形态相矛盾;第四,把复杂的历史简单化而抽象出几条"规律""法则""模式"来剪裁历史。基于此,他提出了"长时段史学"。借助于该理论,布罗代尔不仅揭示了文化的个性形态特征,而且突出了文化形态与社会环境、经济结构、政治经济活动等的关联:一方面,既能从人类社会的整体发展趋势和演变规律中去探索不同时代、国家、地区文明的发展历程;另一方面,"把政治现象放到地理环境、文化传统、经济结构等深层次、长时

[①] [德]雅斯贝尔斯:《历史的起源和目标》,魏楚雄、俞新天译,华夏出版社1989年版,第8—9页。

段的历史现实中加以把握，展示了社会政治运动和经济活动的深层次的文化基础……转向具体的和微观的日常生活世界和社会运动的各个领域，并揭示了文化、日常生活等因素的更为深远的历史意义和历史作用。"① 由此，文化形态学即把自身的研究与现实生活及其可能性联系了起来并获得了现实根基。不仅在纵向上构成文化形态的历史演变的内里逻辑和恒定价值精神，而且在横向上构成诸多相异文化形态之间经验互释和相互作用或融合机制。正是由此，构成了传统文化与马克思主义融合的本体实践基础。

二　传统文化与马克思主义之间的共通与互补机制②

（一）文化主题及话语逻辑：二者融合的共通机制

生命存在与可能生活是马克思主义文化理论关于人的全面自由发展蕴涵的价值维度。正是基于这样的意义，有学者认为，"生活中的人们去发现和解决人的活的生命与已僵化的社会文化形式的矛盾和对立"构成传统学术"自身变化的内因"与"最有生命力的东西"，并"引导人们不断地走向更高的精神境界"③。

当从文化哲学的视阈审视马克思主义与传统文化的形态时，我们获得了探究传统文化与马克思主义融合的共通机制。首先，人与自然的关系是马克思主义与传统文化共有的话语逻辑。"人与自然的关系是人类一切文明展开方式中最为基本的关系，是人类一切文化实践得以展开的基本前提"，"这一前提在中国的传统文化中是以'天人之辨'得以历史地展开。传统儒家的文化实践精神在孔孟之后即一直致力于在'天道'

---

① 衣俊卿、胡长栓等：《马克思主义文化理论研究》，北京师范大学出版社2012年版，第36页。
② 此节内容直接引用了作者课题研究的成果：《文化实践与核心价值观建构：马克思主义和传统文化融合的话语逻辑与精神形态》，《学术论坛》2013年第10期。
③ 张曙光：《现代中国语境中的"马克思"与"孔夫子"》，《哲学研究》2010年第3期。

第二章 传统文化与马克思主义结合的机制及其精神功能

与'人德'之间进行贯通的探索,由此建构起自己的心性秩序或心学体系。但无论是程朱'性即理'还是陆王'心即理'都未能最终解决'理'的客观必然性与'善恶'和'自由'的应然性或'必然之理'与'价值之理'之间的内在紧张,从而解决心性境界与社会实存之间的现实悖论。"① 如果说,作为"天人之辨"的进一步展开,儒家发展到宋明理学在处理道德理性与自然秩序之间的关系过程中,将道德理性或道德价值贯注于自然秩序之中从而道德化自然世界的自然属性,一方面解决了儒家道德文化中存在的道德理性的超越性问题;另一方面则赋予道德理性以最终的本体论根据。那么,作为传统文化精神形态结构重要组成部分的道家文化尽管同样是以"三代文明"的伦理实体状态作为源头预设,却有其更为鲜明的文化批判精神。众所周知,"三代文明"产生以来,历史的衍化在总体上表现为一种"去性从心"与"以物易性"的物役逻辑与实践过程。道家特别是庄子基于"天人之辨"的文化哲学主题,通过对存在意义的追问"提出了合乎人性或者人性化的生存形态何以可能这一深层问题"②:作为人与世界的生存基础乃至思想意识的基础究竟应该置于一种自然秩序抑或是理性化的历史道义之上?就此而言,荀子对庄子"蔽于天而不知人"的指责可以作这样的理解:因庄子对人的生命存在价值的深沉关注而失去合法性,同时因庄子否定社会历史的理性基础却又有着一定的合理性。

其次,传统文化的生存论关怀或生命价值的高度自觉与马克思主义文化理论中始终贯穿着的价值目标——现实的人的生命存在及其可能生活与人的解放,即人的全面自由发展——存在着契合。对于生活方式与生命的存在状态的关注与呼唤是一切文化形态和哲学之思最为原始性的、本源性的力量。一方面,"紧紧围绕人、人的解放和人的价值实现这一

---

① 冯达文:《宋明新儒学略论》,广东人民出版社1997年版,第29、183—184页。
② 杨国荣:《天人之辨:庄子哲学再诠释》,《学术月刊》2005年第11期。

主题展开文化哲学建构,这是马克思文化哲学观最鲜明的特色"①,并实现了意识形态与文化形态、文化的理论形态与现实历史形态的结合。另一方面,中国传统哲学文化的思辨性总是与现实的生活与生命的思考保持着必要的张力,"中国传统哲学的显著特色是生存论的关怀和返本自求的致思取向。这首先表现为对自然生命价值的高度自觉",生生不息的生命活力及其实现构成伦理生活的实质,因而,"中国哲学并不是对生活无反思的自然主义,它在内在论的基础上倡扬生活的理想和文化的价值。"② 这样,认识世界与认识自身的同构性构成了中国传统文化认识与把握世界的文化样式与思维方式以及道家对于文化或文明发展所带来的人的存在异化状况的揭示。马克思指出,"人对人的关系直接就是人对自然的关系。"③ 就此意义,邹广文指出了"非马克思主义者在考察人与自然关系中的两个基本缺陷:一是从个别具体的人认识自然过程的活动及其成果从而把自然视为工具性对象;二是以抽象的人作为主体来分析自然与人的关系从而忽略了人的社会性与实践性,"④ 并由此发展出自己的主体性文化,"文化上的每一个进步,都是迈向自由的一步",而走向这种呈现与张扬人的自由精神的主体文化,必须实现对客体化文化乃至整个客体化世界的扬弃与超越。俄国基督教哲学家别尔嘉耶夫的精神哲学在相同的意义上把客体化世界看作是精神的客体化,并揭示了这一客体化,世界的异化本性及其对人的存在的压制与奴役,或者说精神向客观性的自我异化所形成的"客体化世界"即是一种堕落并意味着自由的丧失。我们由此看到文化人类学中蕴涵的相似主题:文化形态与生命存在及其精神结构间的对应关系分析,并由此走向对人的人性化生存的关注及其存在价值的肯定。

---

① 邹广文:《马克思文化哲学思想的展开逻辑》,《求是学刊》2010年第1期。
② 孙利天:《让马克思主义说中国话》,武汉大学出版社2010年版,第384页。
③ 马克思:《1844年经济学哲学手稿》,人民出版社2000年版,第80页。
④ 邹广文:《马克思文化哲学思想的展开逻辑》,《求是学刊》2010年第1期。

（二）内向路径到外向诉求：二者融合的互补机制[①]

然而，仅仅在文化主题及其价值精神相互共通的意义上理解两者的融合机制还不够，还必须基于对两者相异文化精神的把握理解其互补性机制，并由此深入理解马克思主义中国化及其对传统文化现代化的作用。马克思主义中国化及其历史进程以及所取得的理论成果不仅蕴涵着政治意识形态层面以及马克思主义与传统文化的文化形态融合，而且也蕴涵着我国传统文化形态的现代性转化。就传统文化而言，一方面，儒家与道家文化都缺少社会批判的外向化诉求。这和别尔嘉耶夫一样，主要是依靠对于客体化世界的内在精神抵抗以实现可能的内在精神性自由，强调改造"心灵意识结构"这样一种发生在"生存时间"而不是"历史时间"中的"内在的深刻革命"，这种思维路向潜在着这样的精神实质：强调文化实践的意识哲学特征；而中国传统文化的发展演化过程不仅具有意识哲学特征，而且存在着一种典型的解经学特征。"经学"是作为意识形态的资源存在的，即便实用理性使传统文化保持着对社会现实问题的重视和应对、对人的现实利益的关怀和维护，其功能基本上还是在于为现实的政治行为提供合法性依据，从而延伸着其主要的意识形态特征。这需要一种历史唯物主义的"重建"或形态诠释，对意识内在性与纯粹意识形态的克服与超越正是马克思历史唯物主义经由"存在论"诠释的新形态。

就文化形态与生命存在结构的关系这一文化哲学视阈而言，由马克思历史唯物主义完成的对于西方哲学及其文化传统的变革所打开的新视阈，与海德格尔的存在论视阈一样达到了对柏拉图主义的真正颠覆。本书借助于海德格尔在其存在论语境中对于马克思的批判来说明马克思对存在论所赋予的新意涵。海德格尔以这样两个明确的命题批评马克思：

[①] 此段内容直接引用了作者课题研究的成果：《文化实践与核心价值观建构：马克思主义和传统文化融合的话语逻辑与精神形态》，《学术论坛》2013年第10期。

"人的自身生产带来了自身毁灭的危险""马克思达到了虚无主义的极致。"① 在他看来,"形而上学即是以'思维'规定乃至宰制'存在'的柏拉图主义,而遗忘存在的形而上学即是虚无主义,这构成了西方'历史的根本运动',即'虚无主义的本质领域和发生领域乃是形而上学本身……在其本质中,形而上学就是虚无主义'。"②

而"个人力量(关系)由于分工而转化为物的力量这一现象,不能靠人们从头脑里抛开关于这一现象的一般观念的办法来消灭,而是只能靠个人重新驾驭这些物的力量,靠消灭分工的办法来消灭。没有共同体,这是不可能实现的。只有在共同体中,个人才能获得全面发展其才能的手段,也就是说,只有在共同体中才可能有个人自由。"③ 由此,马克思由文化批判走向了意识形态批判与社会批判,其唯物史观的完善即成为文化哲学的最终旨归,其文化实践在存在论意义上一方面批判地继承了一般的人类文化学;另一方面更由此发展出政治制度批判与社会批判维度,即通过作为精神外化的社会结构与社会关系的批判与改造来获得现实性自由。

三 传统文化与马克思主义结合的精神价值功能

传统文化与马克思主义融合的精神价值功能及其实现机制可以从两个基本方面予以把握:一是意识形态上的功能契合;二是文化层面上的精神文化价值的目标一致性。在此基础上,可以结合马克思精神生产理论在当代的论域探讨精神功能的实现机制。

---

① F. 曼迪耶等辑录:《晚期海德格尔的三天讨论班纪要》,《哲学译丛》2001 年第 3 期。
② [德]海德格尔:《海德格尔选集》(下),孙周兴译,生活·读书·新知三联书店 1996 年版,第 817 页。
③ 《马克思恩格斯选集》第 1 卷,人民出版社 1995 年版,第 118—119 页。

第二章 传统文化与马克思主义结合的机制及其精神功能

（一）传统文化与马克思主义融合的精神价值功能

第一，承担意识形态与文化价值的创造性生产的精神功能。这是马克思精神生产理论的逻辑衍生。在这里，需要澄清的是，马克思从未否定过精神创造与观念历史的历史继承性，从而取消观念的发展与进化的可能性。对此，埃尔斯特错误地认为，在《德意志意识形态》中，马克思反复否定了人的精神创造可以有自己的历史并否定观念历史的继承性，从而遭遇以下质疑：人们在建构世界图景时，总是在先前图景的基础上进行修正而成的，而先在给定的意识形态，对可以与"新的生产方式一起出现的意识形态存在着限制"，因而一个可能的和解方案则是"新的意识形态不得不适应先前的意识形态以及当前的生产方式"，然而，这却是无法让马克思感到满意的，因为这一方案"为观念史所提供的连续性超出了作为基础的生产方式的连续性"。[①] 这里，埃尔斯特在两个层面上曲解了马克思的本意：一是马克思所谓意识形态"没有历史，没有发展"的意涵。事实上，马克思充分地意识到了思想发展的继承性并提供了对思想发展的功能性解释：一个时代的体系"都是以本国过去的整个发展为基础的，是以阶级关系的历史形式及其政治的、道德的、哲学的以及其他的后果为基础的"[②]。一种新思想、新理论乃至于价值观也"必须首先从已有的思想材料出发，虽然它的根子深深扎在经济的事实中"。就此，里格比表达了他对马克思的正确理解，"思想并不是独立存在的，也没有它独立发展的历史"[③]，而是"在具体个人的大脑中产生的，是对他们'物质生活过程'的升华"，并"能够产生持续影响，甚至当它们产生的条件已经不复存在时也是如此"，每个时代"必须将前一时代流传下来的思想体系作为它的起点"[④]。我国学者赵家祥也就此指出，马克

[①] 朱士群、李远行等：《阶级意识、交往行动与社会合理性：西方马克思主义社会政治理论的现代性话语》，中国科学技术大学出版社 2005 年版，第 96 页。
[②] 《马克思恩格斯全集》第 3 卷，人民出版社 1960 年版，第 544 页。
[③] 《马克思恩格斯全集》第 26 卷，人民出版社 2014 年版，第 437 页。
[④] ［英］S. H. 里格比：《马克思主义与历史学：一种批判性的研究》，吴英译，译林出版社 2012 年版，第 329—330 页。

思所说的意识或观念"没有历史、没有发展",并"不是说意识形态没有自身的发展史,而是说他们没有离开社会存在的发展史的自身的独立的发展史"。① 进而,马克思指出,"经济在这里并不重新创造任何东西,但是它决定着现有思想材料的改变和进一步发展的方式。"这样,思想观念的发展变化并非仅简单地适应已有的观念形态,而是其改变与发展的方式都根源于并伴随着现实生活过程的变化而发生相应的变化;另一个则是依然遵循"决定论"模式理解马克思建构唯物史观的"基础/建筑"隐喻,而且错误地理解了马克思"统治阶级的思想在每一时代都是占统治地位的思想"。

第二,促进主体性人格的塑造功能或个体社会化的生成。马克思的精神生产理论蕴涵着意识形态性与文化形态的双重逻辑。基于此,文化实践作为特定的价值实体的特殊治理活动,以实现对特定社会运行秩序和发展状况的规约、调控与整合。

第三,建构"生活的生产—生命存在—生命精神"精神生态。在马克思的精神生产理论中,意识形态是对于世界的一种虚幻的歪曲的颠倒的反映。正是因为意识形态是对社会关系的不充分描述,所以对马克思主义者而言,它不可能提供理解一个时代的钥匙。然而,所有统治阶级都试图不仅在现实中而且在思想领域将他们所处的社会关系永恒化,而"社会秩序的建构总要诉诸某种意识形态并自觉地予以变革以适应社会存在结构及其秩序的现实与历史性变化并意识到这个冲突并力求把它克服",这正是意识形态的精神功能。葛兰西划分了"有机的意识形态"与"随意的意识形态"并对后者作了较为详细的分析,认为有机的意识形态必须有能力组织人民群众,必须能够把自身转化为具体行动的指南。阿尔都塞在葛兰西的基础上进一步指出,没有不借助于主体并为了这些主体而存在的意识形态,而所有意识形态的功能就在于把具体的个人"质询"为主体,② 并通过意识形态国家机器的作用而描述了教育在这一

---

① 赵家祥:《"德国古典哲学的终结"还是"全部哲学的终结"》,《中国高校社会科学》2014 年第 3 期。
② Louis Althusser, *Lenin and Philosophy and Other Essays*, trans. By Ben Brewster, New York: Monthly Review Press, 1971, pp. 170 – 171.

第二章 传统文化与马克思主义结合的机制及其精神功能

作用发挥中的功能。菲利普·汉森指出,"资本主义的再生产不仅是经济的,也是社会的、政治的和文化的,不能简单地通过改变阶级的经济关系而彻底改变资本主义。"① 然而,值得探讨的是,马克思精神生产理论与"生活的生产"之间的关联,而在马克思精神生产理论的研究中,一个本真的文化哲学问题常常被忽略,即文化生成与可能生活之间的关系。还原"生活的生产"与马克思精神生产的关系,"有助于确证见物不见人的'物质生产本体论'或'物质生产一元论',也可以有助于基于'整体性'视域认识马克思主义哲学不是'忽视生活源泉的物质主义',并由此消除将唯物史观视为'经济主义'、将马克思理解为'经济决定论者'的误解。"② 生活领域是一个真理与价值、意义相统一的实践领域,是"生命—生活—精神"的价值生态。否则,人的生活实践就是随意性的从而没有必要进行反思,文化建构即成为人们可以随意选择用来实现自己功利性目标的工具性存在。

(二) 传统文化与马克思主义融合精神功能的实现

需要进一步思考的问题在于:传统文化与马克思主义融合精神功能的实现机制。这一机制在于实现意识形态与核心价值认同的生态性整合,从而有效地应对社会转型发展过程中,现实遭遇的物质生产一定程度上同化精神生产的内在机制、文化生产对市场机制出现可能的偏离③以及价值观多元化的社会历史背景中所呈现出来的两个基本倾向:一是教育内容与方式方法僵化保守、老套乏味从而缺乏实效性。二是工具主义倾向并表现为两种基本形态,或迎合受教育者的喜好,偏离文化建构的主旨的"去政治化"而消解了文化形态的精神功能;或针对物质生产同化

---

① [加拿大] 菲利普·汉森:《历史、政治与公民权》,刘佳林译,江苏人民出版社2004年版。

② 徐奉臻:《生活的生产:〈德意志意识形态〉中被遮蔽的现代性维度》,《马克思主义研究》2011年第1期。

③ 陈奇佳:《市场经济条件下的文化生产问题——以马克思的精神生产学说为批判视角》,《江海学刊》2010年第4期。

精神生产的现象而走向"泛意识形态化"。为此,一方面,这一价值认同机制落实在文化实践中,要求主体深入理解相关理论及其蕴涵的精神价值,同时探索文化自身内在的发展规律;另一方面,对于文化融合及其形态建构的认识与实践应以现实的人、思想理论与生活世界及其经验性价值实践为基础,把文化建构置于其所产生、存在和变化的实际背景和具体条件下,揭示其在人的全面自由发展与社会历史发展中的因果联系,这依然可以从马克思精神生产理论的话语及其文化实践逻辑得到一些启示。

首先,文化融合或形态建构必须以"现实的个人"的存在为前提,并使文化实践真正成为一种自由自觉的精神生产活动,成为人们的需要。第一,要求文化建构主体的理论自觉,反对以经济原则僭越价值原则,以及文化形态演变中的"去政治化"或"去意识形态"倾向。这里有两个方面的要求:一是区分作为工具理性意义上的科学化文化功能与马克思"历史科学"意义上的文化教育功能。前者过分强调对人的管理功能而可能日益强化着受教育者的对象化,不仅失去自身的个性而且也与自身的本性相疏离,也无法洞察自身与周围事物之间内在关联的丰富性及其意义。作为历史科学意义上的精神生产理论,实现了科学与意识形态的统一。列宁的社会主义意识观把意识形态概念彻底中性化并赋予其科学的内涵。[①] 马尔科维奇同样试图通过对科学与意识形态之间的关系来探索"马克思精神生产理论中的科学和意识形态要素:一方面科学应该成为受人道主义意识形态鼓舞的人的工具,而另一方面,进步的人道主义意识形态应该是以科学为基础的"。[②] 就此而言,文化形态存在的科学性应该是着力于人的自身存在方式及其本性要求、思想意识与价值观念自身生成、发展的内在规律的揭示,体现着有效地提升人的思想政治素

[①] [英]乔治·拉雷恩:《马克思主义与意识形态:马克思主义意识形态论研究》,张秀琴译,北京师范大学出版社2013年版,第72页。

[②] 刘海静:《论马尔科维奇的"人的本质"概念:在科学与意识形态之间》,《马克思主义与现实》2012年第5期。

第二章　传统文化与马克思主义结合的机制及其精神功能

质的方式、方法和手段。二是作为文化教育实施基础的思想文化理论自身的彻底性。当前马克思主义意识形态话语权遭遇某种危机的一个重要原因在于未能以完整科学的理论体系去影响受教育者。第二，正确把握回归现实的人这一前提，以人作为价值主体，坚持马克思关于人的需要与人的本质的同一性，避免文化实践中的"泛意识形态"或纯粹政治工具主义倾向。文化实践的实效性与对于这一前提或出发点的理解密切相关。有学者把马克思唯物史观出发点的"现实的个人"与海德格尔"此在的本质在于他的存在"命题相混淆，认为，海德格尔在人学现象学的基础上继承了马克思对人的本质的理解。其错误之处在于未能看到现实的个人"的生存条件连同他的本性（或'自然'）都是其实践的结果，因而他是历史的"，从而不能等同于"现存的个人"，而是"总是以有着非常具体社会关系类型和自主活动类型为其表现形式"且"必然与他人形成各种联系并因而总是属于一定社会形态的个人"。将"现实的个人"混同于现存的个人根本在于迷失了历史方向，否定了使"现存革命化"根据。[①] 这种错误，马克思早在批判费尔巴哈"存在即本质"的命题时即进行了批判，并斥之为"对现存事物的绝妙的赞扬"。[②] 基于此，我们一方面可以理解，马克思把人的需要与人的本质作为同等概念来使用的本真意涵：他说："他们的需要即他们的本性"，"我的劳动满足了人的需要，从而物化了人的本质，又创造了与另一个人的本质的需要相符合的物品"。[③] 需要的发展是"人的本质力量的新的证明和人的本质的新的充实"；另一方面，阿尔都塞也完全没有必要认为，"一旦你从人出发，你就不可避免地要受到唯心主义的诱惑，去相信自由或创造性的劳动是万能的。也就是说，你只会完全自由地屈服在占统治地位的资产阶级意识形态万能的脚下"[④]，进而反对以人作为前提与出发点来解释社会和

[①] 侯惠勤：《试论马克思主义哲学的共产主义内核》，《中国高校社会科学》2013年第4期。
[②] 《马克思恩格斯全集》第42卷，人民出版社1979年版，第362页。
[③] 同上书，第37页。
[④] 吴晓明主编：《当代学者视野中的马克思主义哲学——西方学者卷》，北京师范大学出版社2008年版，第503页。

历史。

其次，文化实践应回归现实"生活世界"与"经验性"价值实践，并培育公民文化与理性批判精神。第一，让作为文化实践基础的思想文化理论渗透到人们的日常生活世界。在唯心史观中，文化的精神功能这一特殊的社会现象被理解为一种外在于现实的人及其真实生活的神秘力量。而唯物史观认为：文化精神功能的发挥需要回归生活世界正是为了寻找并赋予生命以新的价值与意义。第二，紧密结合现实生活世界中的具体问题着力于公民文化与理性批判精神的培育，并致力于认知逻辑向基于价值认同向实践理性的现实转化。精神生产与精神生活在本质上是反思性、批判性的和实践性的。阿多尔诺在论述科学与哲学的区别时表达了这样的思想——哲学与科学的一个极其重要的区别在于哲学的批判性与否定性功能。在此基础上，他表达了工具性"科学化"思想的意识形态功能："使自身屈从于由社会所需要而灌输的常规。"[1] 现实性及其批判构成了整个马克思主义精神生产理论赖以建构与发展的根基。西方马克思主义以其对当代资本主义现实问题的关注延续马克思精神生产理论中的批判逻辑，并在其文化批判理论中"向我们展示出意识形态与人的社会生活，特别是人的文化生活的全面而深刻的关联性。"[2] 在马克思看来，即便是科学也无力解决根本的问题即颠倒的社会关系，意识形态问题只有在变革矛盾的社会关系的实践中才能得到解决，科学有助于"在理论上摧毁"意识形态，但却无力在实践中摧毁它。[3]

最后，文化实践应该研究文化精神功能自身和文化发展的特殊规律，并在实践过程中需要渗透文化的因素，实现理论化人与文化化人相整合的价值作用。文化在本质上是一种精神生产实践。依据马克思的精神生产理论，精神生产与精神生活有自身的特殊规律与具体特点，因而，文

---

[1] Adorno, *Essays on Music*, California：University of California Press, 2002, p. 43.
[2] 韩秋红、史巍：《西方马克思主义研究的方法论价值与局限》，《马克思主义研究》2014年第8期。
[3] 《马克思恩格斯全集》第32卷，人民出版社1974年版，第542页。

第二章　传统文化与马克思主义结合的机制及其精神功能

化过程是意识形态性与文化性的价值整合并发挥作用的过程。为此，第一，要认真研究并遵循文化形态演变规律，坚持文化批判精神。一方面，把握文化建设中社会主义主流意识形态或核心价值观的话语权与领导权。马克思指出，统治阶级的思想是在每一时代都占统治地位的思想。对此，埃尔斯特提出质疑："占统治地位的观念为什么应该是统治阶级的观念，而缺乏对这个问题的回答是马克思主义意识形态理论的根本缺陷。马克思主义者没有提出任何微观基础来解释符合统治阶级的观念为什么应该在知识分子中间获得不相称的接受"。[①] 然而，对此，值得说明的是：（1）马克思、恩格斯这里所谈论的只是一般观念文化形态，而非意识形态。"把这些精神成果转化为人们需要的各种教育活动，从而形成了人们的精神生活方式，丰富和促进人们整体精神世界和人的全面自由发展。"[②] 而人的全面自由发展本质上是"人以一种全面的方式，也就是说，作为完整的人，占有自己的全面本质"，达致"生命存在"与"生命精神"的生态性统一。（2）意识形态为统治阶级利益服务这一事实并非意味着所有为统治阶级服务的思想观念都是意识形态的，也不意味着只有统治阶级才可以产生意识形态。这就意味着可能产生与多种利益相关的多元化的思想观念。为此，既应该认清西方社会所宣称的"普世价值"这一话语逻辑中的意识形态本质，还应在社会结构变迁形成的利益多元而导致的价值多元的背景中，处理好生活价值与道德价值、政治价值之间的层级关系及优先秩序。另一方面，结合西方马克思主义或后马克思主义社会文化批判理论，着力于批判消费文化并发挥大众文化的正向功能，有效"克服市场机制与资本逻辑自发调节给文化生产可能带来的价值偏颇与逻辑扭曲"，从而"保证精神文化生产的正确方向、社会价值与有效发展。"[③] 当今世界精神生活领域中的悖论冲突在于：一是物质生产一定程度上同化精神生产的内在机制、文化生产对市场机制出现

---

① Jon Elster, *Making Sense of Marx*, Cambridge：Cambridge University Press，1985，p. 473.
② 郑永廷：《思想政治教育的根源探究》，《中国高校社会科学》2014 年第 3 期。
③ 胡潇：《论资本逻辑与文化逻辑的价值冲突》，《江海学刊》2014 年第 4 期。

可能的偏离，使得大众文化的意识形态功能逐渐被遮蔽乃至最终消解；二是社会的商业属性或消费社会，资本逻辑通过消费主义发挥文化价值观的引领而发挥作用，从而使得消费文化也具有了意识形态特质，即消费文化把消费说成是人的自然本性，并把物化价值的消费当作是人的价值实现的基本方式，从而使资本逻辑以及由之形成的资本主义的秩序获得永恒合法性。第二，要适应时代和社会转型过程中意识形态作用方式的综合化整体要求。文化形态理论与实践必须适应特定历史条件与社会结构的变迁，处理好精神文化价值观建构中继承性与发展性的关系，丰富并探索能够适应当前意识形态转型及其方式与载体的多样化。因为，"理论作用于实践缺乏中间环节和实践载体，致使人们可以置身于理论逻辑之外"。[①] 需要在文化形态的建构过程中发挥精神形态，即以核心文化价值精神、文化艺术、文化产品等载体资源的隐性教育功能。第三，要发挥传统文化及其现代形态转化的作用，正如哈贝马斯所指出的，传统的丢失正是现代社会遭遇合法性危机的一个重要根由。

---

① 侯惠勤：《意识形态的历史转型及其当代挑战》，《马克思主义研究》2013年第12期。

第三章　马克思主义与中国传统文化结合的内在困境与发展趋势

马克思说:"问题就是公开的、无畏的、左右一切个人的时代声音。问题就是时代的口号,是它表现自己精神状态的最实际的呼声。"自马克思主义传入中国以来,马克思主义与中国传统文化结合、融合方面,取得了较大程度的进展,但是,中国传统文化中优劣两方,自相缠绕、相互隐遮,致使中国传统文化的现代化和马克思主义的中国化呈现交而不合、合而不融的现象。目前研究文章颇多,就知网搜索情况来看,以马克思主义与中国传统文化为主题的文章有3711篇,大多从马克思与传统文化相结合、马克思与传统文化的共同点和契合点、结合的必要性和必然性等角度进行研究。然而,关于马克思主义与传统文化相结合的内在困境研究却较少。就中国当代的文化建设实践以及先进文化的精神内核而言,主要是中国传统文化和马克思主义有机融合的产物,同时受到其他文化要素的影响。分析二者之间的矛盾,找出主要矛盾并确定矛盾的主要方面,将二者统一到中国当代文化的统一体中,辨析并化解二者的矛盾,促进二者的融合仍然是当前学界面临的一个长期而艰巨的挑战。

一　从文化价值形态特质考察结合的矛盾

中国传统文化是中国土生土长的文化,带有东方的优良特色,但同时也有消极、保守、落后的一面。马克思主义根植于西方,给中国的广大人民带来所急需的革命理论武器。如果没有马克思主义对人的本质、尊严、个性、自由的发展与肯定,没有批判的、革命的、科学的战斗精神,中华民族的脚步就难以挣脱半殖民地与半封建社会的双重锁链,就不会有社会主义国家的建立,更不会有改革开放。但是目前马克思主义的传播要借助传统文化才能扎根,而二者之间又有矛盾与差异,邓小平说:"属于文化领域的东西,一定要用马克思主义对它们的思想内容和表现方法进行分析、鉴别和批判。"[1] 通过分析马克思主义与传统文化各自的价值形态及其精神特质,进而考察二者融合的内在困境,有利于相互借鉴、共同发展。

(一) 传统文化伦理特质与马克思理论的伦理非系统化

1. 中国传统文化价值精神的一般性理解

中国传统文化是以"求善""践仁"为目标的"伦理型"文化。作为"伦理型"的中国文化,许多哲学、政治学观念的产生,都是以伦理思想为起点和核心。在对于人的德性修养与教化的过程中,传统道德哲学发展到了宋明理学,建立起了"理"的道德本体论,并强调心体与性体的统一,然而,这种心性论却忽视了本体界与现象界实际存在着的区别。值得指出的是,尽管传统中国文化结构及其价值精神造成的偏重道德价值使科学、知识、技能商业等的发展受到了相当的限制,但是,这种"道德化"只是造成近代科技工业文明未能在传统中国发生的诸多复杂关联因素中的因素之一。"儒学提倡的道德价值对科学知识等造成的实际限制,这个责任也不应由儒家本身来负担。何况科学知识的发展并非唯一的价值和标准,更不能由此否定一种道德体系的自身价值。"[2] 伦理型文化是维系社会秩序的精神支柱。因而,在中国的思维和社会意识里,社会秩序主要依赖建立在宗法制度基础上的差序人伦秩序加以维系。

---

[1] 《邓小平文选》第3卷,人民出版社1993年版,第44页。
[2] 陈来:《传统与现代:人文主义的视界》,北京大学出版社2006年版,第25—26页。

第三章 马克思主义与中国传统文化结合的内在困境与发展趋势

然而，值得注意的是，中国文化价值形态系统中的"重人"意识，存在着两个基本层面的悖论特征：一方面，在社会秩序与伦理秩序的维系方面，强调作为个体人的道德修养即道德人格的根本作用，而另一方面则表现为文化价值精神总体上强调伦理实体对于生命个体的优先地位。由此形成了"道德中心主义"和"伦理中心主义"。文化伦理中心主义，生长出"贵义贱利"价值观。具有文化伦理中心主义倾向的儒家提出，必须以"义"为价值准绳，"舍生取义"就是人生价值的最高实现。与此相反，在对这一问题的回应过程中，有学者基于中西方文化精神的比较，并预设儒家文化是"中国整个文化的底色"，认为"中国文化实际上是非常强调物质的，并不是以前我们通常所说的，强调精神"，而且"可能只是在学理的层面上强调，但是在实际上可能已经完全被漠视掉了"，进而默认忽视民族尊严、自由和荣耀等精神的东西是中西方文化价值精神的差异，并在此意义上诠释"民以食为天"这一传统文化命题。[①]

根据上述对于传统文化价值精神理解的一般考察，有两种基本的理解倾向：一是否定中国传统文化中的精神超越性。而这一解构性缺陷可能正是当前物质决定论或物化逻辑得以盛行的传统文化根源；二是传统文化赋予伦理原则以本体论的意义，一方面，在中国古代社会中，由于伦理价值观的作用，具体的个人形成依赖性乃至顺从型心理人格。另一方面，必然导致客体的主体化以及物的世界伦理化。

2. 中国传统文化价值精神的再考察及其辨正

上述对于传统文化价值精神的理解，尽管存在着一定的合理要素和必要视域，然而，如果仅限于类似这样的考察，一方面，仅仅限于儒家文化形态及其价值精神，而忽略儒道释法的"四位一体"的精神结构形态；另一方面，缺乏对这些结构形态内蕴的价值精神的辩证考察及其在我国现代化进程中的转化与演变的把握，来谈中国传统文化与马克思主

[①] 王忠欣：《中西文化的精神差异与现代转型》，参见赵林主编《中西文化的精神差异与现代转型》，华东师范大学出版社2015年版，第188、190页。

义理论的融合,乃至学界所提出的"中—西—马"会通的文化形态构想,则可能真的就如有人所说的那样,即"会通中西马,吹破古今牛"。因而,透过百年来中西方之争的重重迷雾以及当代中国文化重建的实践,如若不能立足于民族深厚的传统文化资源的自主性根基与全球化背景,在民族性与时代性双重维度上对传统文化进行自觉的自我批判、辩证诠释和变革更新,那么,在机制与形态上有效回应中国传统文化与马克思主义理论的融合困境是难以实现的。

根据对传统文化价值精神的重新考察与理解,至少应该可以获得以下几个层面的辨正:首先,中国传统文化和西方文化在其价值源头上一样都具有精神性特征,并非是更多地强调物质层面的东西,较少追求精神层面的东西,而且是强调物质和精神的一体互动性以及文化精神的内在超越性。其次,中国传统文化结构存在着诸多形式的价值要素张力,由此获得承继、创新与转化的合理性与可能性:(1)推行宗法制度并非必然排斥民主法治或导致威权乃至专制主义;(2)强调伦理实体并不能等同为缺乏个体生命意识;(3)提倡贵义轻利不能理解为脱离日常生活;(4)突出心性修养并非绝对排斥实践理性或社会正义。最后,中国传统文化的存在结构及其价值精神只能被理解为是一个不断发展演化着的历史性形态。

3. 马克思主义伦理道德思想的精神内核

中国传统文化是一种典型的伦理形态,然而,一般地认为,马克思主义开创者马克思对于道德是持否定态度的,因而有人就此认为马克思是一个伦理或道德的虚无主义者。据此,中国传统文化的伦理价值精神取向与马克思理论的"去道德"倾向必然导致两者融合的困境。

新儒家的代表人物之一牟宗三在评述西方传统哲学与马克思学说时指出,马克思对于"自希腊而来的哲学传统"逻辑地解析世界而脱离现实生活的理性主义是"丝毫不能给它以价值,肯定其意义的",而且对于"自希伯来而来的宗教传统"同样"不能给宗教以丝毫的价值与意义",进而指出其评述的目的在于"积极地想指出一个可以指导我们做

第三章 马克思主义与中国传统文化结合的内在困境与发展趋势

社会的道德实践之文化系统",并通过康德、黑格尔与孔孟以及理学家的比较,认为后者不仅具有"躬行实践以天下为己任之实践的积极性"以及"以其学术为个人的与政治社会的实践之指导原则之积极性",而且以"理性主义的理想主义,简言之,就是道德的理想主义,切实言之,就是道德实践理性之理想主义"为核心思想的儒家才是能够提携和维护"自由民主"原则的更为积极而有力的文化传统。然而,对马克思而言,不待言"孔孟以及理学家也在被否定之列",他说没有敢于公然否认"惟仁者能好人能恶人"这一儒家全幅精神真理,惟马克思能之而具有"去道德化"的倾向,然而,"马克思的历史唯物论不能领导并成就我们的社会实践"。[①] 我们可以确定地认为,牟宗三显然是强调了中国传统文化与马克思主义之间的对立。

如果说,牟宗三基于道德视域得出上述结论,那么问题在于:马克思的学说是否是反道德或道德虚无主义?若不是,那么,马克思主义经典作家的伦理道德思想的精神内核为何?

马克思的理论学说并非伦理或道德虚无主义的。如果说,哈贝马斯认为的"罗尔斯的《正义论》标志着一个轴心式的转折点,因为它将长期受到压抑的道德问题重新恢复到严肃的哲学研究对象的地位"[②],那么,更确切地说,应该是重新恢复了政治哲学中固有的政治与伦理道德关系的研究。而且,如果马克思主义是一种政治哲学,那么从政治哲学视域研究马克思主义伦理学应该是一条可行的路径。而这一路径的选取不仅仅是马克思主义理论体系内在特质的要求,而且是适应当前社会关系和社会结构乃至人的观念意识发生深刻变化所带来的一系列社会问题的现实需要,特别是基于公共生活与私人生活的领域分化而带来的现代社会公共化程度或公共性的日益提高乃至日常生活世界的"殖民化"所

[①] 牟宗三:《道德的理想主义》,吉林出版集团有限责任公司2010年版,第23—25、36—37页。

[②] 转引自万俊人《政治自由主义的现代建构》,[美]罗尔斯:《政治自由主义》(附录),万俊人译,译林出版社2000年版。

凸显出来的社会制度体制层面的严重道德问题，以及回应这些问题时传统理论形态所显示出来的理论不足而重新开启的哲学方式。

如果仅仅局限于马克思主义经典作家的文本的表层，马克思、恩格斯既缺乏对于伦理道德问题的系统化、体系化的整体论述，甚至还有对于道德现象的一些批判性的否定话语。然而，马克思的理论学说并非伦理或道德虚无主义的，而且马克思主义伦理道德思想有其特定的精神内核。对此问题进行说明，对于理解中国传统文化和马克思主义理论的融合困境，进而把握融合的共通机制与互补机制无疑有所助益。

一是揭示了道德原则与道德观念、道德规范与社会生活之间的根源性联系。道德原则、道德观念和道德规范的根源性在哪里，以往的一些道德哲学理论包括中国传统文化对这一问题的回答都诉诸超验性的力量或人的天性等人的现实生活之外的存在，尽管使其具有了超越性精神，然而却在根源上脱离了人及其生活的世界。而马克思、恩格斯的伦理道德思想以唯物史观为基础，不仅揭示了道德原则和道德观念以及变化发展的根源在于客观的社会存在之中，并合理地解释了特定社会形态中会出现不同的道德标准的根源是物质利益。同时，从根本上颠覆了以往道德理论包括中国传统伦理思想对道德在社会生活与社会结构中地位和作用的理解：不论是东方国家还是西方国家，各种思想家都高度重视道德观念在社会生活中的作用，这无可厚非，但是大多数思想家有意无意地在一定程度上把道德观念视为社会生活的决定性因素，进而把道德看成是绝对观念自我演化的历史，因而人类的历史就是一部由超然于民众之外的存在所决定的道德观念演化史，这是一切把道德教化看作是维系并完善社会秩序之关键的认识论根源。与此相对应，一些道德理论把社会问题简单地归结为道德问题，从而用个人道德解释社会，这也正是人们一旦在遭遇当前社会中存在的不道德现象时，即把这一现象归结为是传统伦理道德文化不能适应社会因而是过时的，从而贬抑乃至抛弃传统的认识论根源，或者是把社会问题化约为政治问题，这可能是导致传统文化中道德和政治相互僭越或越位的思想根源所在。唯物史观从根本上颠

第三章 马克思主义与中国传统文化结合的内在困境与发展趋势

覆了这一认识，认为，社会生活中起决定作用的只能是客观的社会经济生活，归根结底是物质生产力，道德本身是一种被决定的存在，从而祛除了传统道德理论中被当作"礼乐"制作者的神或圣人头上的耀眼光环。这也是马克思、恩格斯说"共产主义者根本不进行道德说教""根本不向人们提出道德要求"的深层缘由而不是否弃道德。有学者就此指出，马克思主义伦理思想"突破了个人德性的局限。一方面，把个人德性置于社会决定论的大背景中加以考察；另一方面，从个人出发对社会在与人的关系中的表现作出道德评价，并把改造社会使之合乎人的本性从而成为道德的，作为自己伦理思想的主要内容"，从社会与人的伦理关系对社会作出道德评价，从人的需要出发改造社会，是马克思、恩格斯伦理思想最重要的特点。①

二是其价值目标以具体的"现实的人"的个性自由发展或人的解放作为人的类本质的展开与提升。有学者指出，如果仅仅限于指出道德规范的客观性和必然性，只能说是唯物主义的而不是马克思主义的。马克思用人的实践活动解释世界包括人与人的伦理关系，宗教、道德、国家、法等"都不过是生产的一些特殊的方式"，甚至"异化借以实现的手段本身就是实践的"。在这里，唯物史观所体现的是理论立足点的改变，而最重要的是，它极大地凸显了人在马克思主义伦理学中的重要地位，人们的道德观念和道德规范或原则不是带有某种神秘色彩的、人之外的、不得不接受的存在，而是人自身的创造物。因而更重要的是，人不是仅仅服从社会环境的"应该"，为了维护稳定的社会秩序，每个人都必须"克己复礼"，而是这样一种道德"应该"：社会同样应该合乎人的生命本性，必须从人的需要出发对社会加以改造。因而，在马克思、恩格斯的伦理道德思想里，自由被视为"一个种的整体特性、种的类特性就在于生命活动的性质，而自由的有意识的活动恰恰就是人的类特性"。② 人的解放是道德评价的一个核心价值标准。

---

① 安启念：《马克思恩格斯伦理思想研究》，武汉大学出版社2010年版，第55页。
② 马克思：《1844年经济学哲学手稿》，人民出版社2000年版，第57页。

三是基于把实践以及与之相关联的自由视为人的本质,实现了道义性与功利性、人道主义和科学理性的超越性统一。值得注意的问题是,仅从人的存在出发不足以保证一定能够从社会伦理的角度评价社会制度,这里蕴含着马克思主义伦理学与以往道德理论的根本区别。只有在社会关系和社会制度被赋予伦理道德属性,进而与人的关系成为一种道德关系时,道德才成为评价社会制度的基本视角。那么,这一评价的标准是什么?这里涉及马克思、恩格斯对于人性的理解。与历史上对人性的抽象理解不同,马克思主义是在劳动实践基础上的物质利益和自由本性的张力中理解人性的社会历史性,社会性和自由构成了人的本质特征。据此,一个社会是否是道德的,在于人的社会性与自由个性发展的实现状况。马克思批判了前资本主义社会以及资本主义社会中这两种本质的异化状况:前资本主义社会,人对人的奴役以及资本主义物对人的奴役的社会关系中,根本看不到人的社会性和人的自由自觉,因而都不是道德的社会。就此,马克思提出了自己的道德理想目标:共产主义社会是"通过人并且为了人而对人的本质的真正占有"的"自由王国",即"自由人的联合体",这种"自由王国只是在由必需和外在目的规定要做的劳动终止的地方才开始;因而按照事物的本性来说,它存在于真正物质生产领域的彼岸。"即人们不仅摆脱了物质利益的束缚而且摆脱了人对人的奴役而实现"人本质的真正回归",而人在"物质生产的彼岸"所实现的自由也包括彻底摆脱或超越了分配问题困扰之后的自由,这是一个漫长的历史过程。在这一过程中,被理解为对一些人劳动成果的无偿占有的剥削,其存在有着历史的合理性,是社会必不可少的剥削。离开历史的角度而笼统地反对一切剥削现象,不是马克思、恩格斯的伦理思想。[1] 据此,我们不同意马克思伦理思想中未能为公平正义留下必要的空间的说法。马克思、恩格斯之所以很少谈论公平正义,一方面,因为公平正义是与剥削和贫困不相容的;另一方面,恰恰是因为其伦理道德

---

[1] 安启念:《马克思恩格斯伦理思想研究》,武汉大学出版社2010年版,第162—163页。

第三章 马克思主义与中国传统文化结合的内在困境与发展趋势

思想是一种社会伦理,其思想的着力点是放在获得公平正义的社会历史条件上的。

需要指出的是,一方面,我们应该基于一种批判的视域理解马克思、恩格斯的伦理道德思想。马克思、恩格斯的伦理道德理论关于人性的理解只是把现实而具体的人理解为社会关系的总和及其历史性,而很少涉及个体差异以及对于人和社会发展的影响,因而仍然具有一定的抽象性,而且尽管看到了人性中"恶"的存在,但更多的是把它们与社会制度、社会关系联系起来,而在谈到共产主义社会时过于理想化,似乎人皆可为尧舜。① 另一方面,马克思、恩格斯的人性论中有着物质利益与自由本性的张力,然而物质利益并非是人性的永恒因素。物质利益只是在前共产主义社会的历史条件下才是现实的决定性因素,而在人们摆脱了物对自己的支配的共产主义社会,是否还存在经济利益与道德发展这一科学伦理学的基本问题?与之相适应,道德伦理学的科学性是否还存在,或者说应该如何理解这种科学性?如果在马克思主义唯物史观基础上把道德作为受经济基础制约和决定的上层建筑的构成部分,因而其发展演化是一个有规律的过程,道德文化建设是可能的,问题在于:道德现象作为一种观念上层建筑反映经济基础的环节和机制如何把握?普列汉诺夫在两者之间加入了"社会中的人的心理"从而使得问题变得更为复杂。就此而论,马克斯·韦伯在分析中国资本主义没能发生的决定性原因时提出,这与其说是制度的,不如说是"心态"的。这是否只是一种理论上的巧合还是有可能在实践中心理确实可能发挥关键作用,值得进一步研究。

(二)"道德—政治"结构形态与"中—马"结合困境

1. 中国文化形态中的道德政治化与政治道德化

这种"道德—政治"结构形态,一方面有其形上与形下的依据,就

---

① 安启念:《马克思恩格斯伦理思想研究》,武汉大学出版社2010年版,第109页。

形上而言,以善为根本原理的"天命、天道"是现实政治崇善去恶的本体根源,人间的政治秩序乃是天道秩序的一部分;而就形下而言,推重政治活动必须以社会主流道德信念或价值理性作为合法性基础和依据,则有着深刻的天道自然法的背景与蕴涵。同时,也是基于对人"能群"从而区别于其他动物这一基本特性的把握,认为任何好的制度和社会规范,若离开了德性是无法独立实践进而实现社会的良序。宋明理学要求的"存天理,灭人欲"其实是对君王的一种期待与严格要求,是君王的为政之要而非针对一般民众的禁欲要求。无论是二程还是朱子都极为看重君王的德性,但二程"只是要求君王多与正人君子接触,陶冶情性,以收涵养之效而已",而朱子则要求君王"须时时省察其心,格其心之非,一念之间皆当'存天理,灭人欲'",这正是北宋以来"道学运动的主旨"。[①] 此外,就人们对于儒家谈论心性是迂阔而不切实际更无济于国事之艰难的一般观点,"存天理,灭人欲"对于政治还有其更为具体的现实针对性。朱子谈论心性与南宋的政治生态存在着密切关联。终南宋一朝,其政治生态较之于他朝的一个显著不同在于:有奸臣而无权臣。朱子认为造成这种政治现象的乃是君王的责任,是因为君王心中的私欲造成了用人不当,因而只有祛除心中私欲才能做到选贤任能,而要做到"存天理,灭人欲"就要通过"格物致知"以辨析义理至精微处。另一方面,强调的是执政者"为民父母"的责任伦理,从而预设了儒家把政治应保障民众的生活与社会的安定平和作为目标,即追求一个有秩序的社会,更应实现一个善的、有道德心的社会。应该看到,儒家一向是想用道德来控制或制约政治,以达到驯服统治权力的目的。荀子在回应法家和纵横家等用"无益于人之国"的理由对于儒家的攻击时指出,儒者对于国家最为有益,而其理由则是儒者的可贵之处在其所持之"道",因而仍然持守的是儒家"礼乐教化"的传统。此外,儒家在主智意识中开出的议政传统同样本于其所尊之"道"。孔子承继古代士、庶议政的

[①] 曾亦、郭晓东:《宋明理学》,南京大学出版社2009年版,第204页。

第三章　马克思主义与中国传统文化结合的内在困境与发展趋势

传统，提出人民可批评政治并认为"天下有道，则庶人不议"；而从孟子开始，议政的传统得以扩大发展，其后的汉儒生更是援引五德终始论，公开指责汉德已衰，要汉帝王禅位于贤者。到了后来尤其如此，宋儒强调"理"尊于"势"（政治）的优先性。国内学者张祥龙在这个意义上指出，如果说先秦的制度并非君主专制，那么他对先秦之后是绝对专制的观点持有保留意见，因为即便是君主，由于受到儒家教育特别是家庭长辈的人伦秩序、谏议制等的制约与影响也并非能够为所欲为。而林安梧则对那种认为儒学是依附于政治权力的观点持一种质疑的态度：儒学重在人伦教化，而不是政治，从而儒学可以被看作有其一定的独立性，只是在其结构形态的演进历史过程中被利用了，这正是其历史性限制。[①]

即便如此，还是值得强调的是，一方面，在其总体意义上，传统文化政治哲学的实质，即国家不唯是政治的机器，而更是实现道德至善的载体。王国维曾论及古代国家，他说："且古之所谓国家者，非徒政治之枢机，亦道德之枢机也。使天子、诸侯、大夫、士各奉其制度、典礼，以亲亲、尊尊、贤贤，明男女之别于上，而民风化于下，此之谓治。"[②] 同样地，余英时指出，就中国历史特质的研究而言，首先必须研究政治传统，因为，尽管中国儒家对宗教予以理智化而使得道德精神具有了某种独立性，然而"中国有很多道德观念又是和政治分不开的"，"中国的传统价值系统，很大一部分是受到了政治传统的影响"[③]。另一方面，应该看到这种"道德—政治"结构形态所造成儒学的僭越或"越位"效应的不合理性。陈来教授指出，"传统中国文化结构体系的问题，一方面是某些文化元素的缺失，如希腊式的纯粹理性主义；另一方面是结构的不合理以致造成儒学的'越位'效应，即造成道德价值超越了自己的份位，侵入政治、认识、艺术等领域中去。"[④] 余英时则认为，"中国道

[①] 赵林主编：《中西文化的精神差异与现代转型》，华东师范大学出版社2015年版，第202、196—197页。
[②] 王国维：《观堂集林》，河北教育出版社2003年版，第243页。
[③] 余英时：《文史传统与文化重建》，生活·读书·新知三联书店2004年版，第146—147页。
[④] 陈来：《传统与现代：人文主义的视界》，北京大学出版社2006年版，第25—26页。

德的人间性一方面源于理智化,这是伟大的成就;而另一方面又来自政治化,这就不甚可喜了。"① 儒家建构道德政治理想目标的努力并无显著效果的根源在于未能建构起限制君权的体系化的有效制度。张岱年先生就曾指出,中国传统文化中存在着两个最大的缺点,即在缺乏实证科学之外还缺乏民主传统。而缺乏民主制度的精微设计成为人们特别是近代中国知识分子鄙弃自己本土文化的最重要的根据。从文化价值精神看,这仍然是和中国传统文化精神内向超越的文化形态密切相关。"在政治领域内,王或皇帝自然是人伦秩序的中心点。因此,任何政治方面的改善都必须从这个中心点的价值自觉开始。这便是'内圣外王'的理论基础"。②

然而,就现代性而言,伦理道德与政治都各自有其相对独立的领域,彼此相关并存在着相互作用而不能僭越。在这里,值得注意的是,认为政治的"去道德化"所谓价值中立性主张不仅虚伪而且是十分危险的。有学者就此指出,这"使政治对于社会、秩序、伦理、道德都无所承诺,导致社会政治生活的道德缺席,若再没有传统道德力量作为砥柱,政治便可能把社会引向道德混乱"。"但对社会生活基本规范和做人美德,对传统的基本价值必须明确加以认同和发扬,离开了这些,不仅谈不上政治的正当,就连政治本身都会成为问题"。③ 在此意义上,余英时先生所指出的人伦秩序与政治的分离是指应保持二者间必要的张力。"看得清中国人伦秩序中所蕴藏的合理成分及其现代意义。新加坡近年来提倡'儒家伦理'正是由于这种分离的成功。而且使得中国传统文化价值精神中并不缺乏的固有民主因素可以通过现代的法制结构而转化为客观存在"。④ 因此,中国传统儒学困境的解决在于寻求一种可以合理定位儒学的新的文化结构,从而不仅能够规避其越位的消极性,而且使其价值理性的积极性得以承继并充分发挥。

---

① 余英时:《文史传统与文化重建》,生活·读书·新知三联书店2004年版,第147—148页。
② [英]约翰·密尔:《论自由》,程崇华译,商务印书馆1982年版,第1页。
③ 陈来:《孔夫子与现代世界》,北京大学出版社2011年版,第178—179页。
④ 余英时:《文史传统与文化重建》,生活·读书·新知三联书店2004年版,第475—477页。

第三章　马克思主义与中国传统文化结合的内在困境与发展趋势

2. 马克思主义政治与道德结合的逻辑基础

本章第一部分已经就马克思主义的伦理道德思想作了一些说明，并明确了马克思并非是一个伦理虚无主义或道德虚无主义者，而是对道德在社会结构中的地位作用予以合理化的定位，并具有特定的精神内涵与特质。在这里，主要想就政治与道德的关系以及"道德政治"的谱系学考察，呈现马克思主义对这些问题探索所得出的一般原理以及人们对这些原理理解中的一些问题，而这些问题无疑会导致中国传统文化与马克思主义融合研究的一些困境。

首先，政治与道德都是由社会物质生产方式和人们的社会存在所决定的。两者之所以能够结合就在于其具有同质性与同源性。马克思认为，政治根源于经济利益关系以及处理基于利益关系的社会关系体系的活动，利益是政治的最深厚的基础。利益同样构成道德的基础：第一，道德的原则和规范由利益引申而来；第二，利益决定道德原则和规范所适用的范围；第三，利益具有主观性和客观性的双重属性。在阶级社会中，道德是具有政治性的，政治也具有道德性。

其次，"道德政治"的思想史或谱系学考察。事实上，政治的道德依赖性观念在西方古希腊时期就存在。亚里士多德说，"学习政治事务的人应当从他们已知道的东西开始，从自己的习性和品格的良好训练开始，从伦理的东西开始"。在中古时代的二元结构社会，政治需要接受宗教的约束，表明道德对于政治的约束。"在极端的情况下，世俗统治者质疑不听教会的道德指导，有良知的基督徒甚至应放弃对国家的忠诚，担起建立新政治秩序的革命责任。"因而，"国家本身不是道德目的，而是必须受社会大众良心指导与控制的行政机构"。① 而且基督教的这种二元观念也不曾损及反而是加强和确认了古代法治思想和法治传统。值得研究的是，这一传统在西方导致了"社会"与"政府"的明确划分，并赋予社会组织较高的道德权威，这种观念的出现代表了西方近代文明的

---

① ［美］弗雷德里克·沃特金斯：《西方政治传统：近代自由主义之发展》，李丰斌译，新星出版社2006年版，第42页。

确立，为什么在中国却未能出现这种明确分化并一直影响至今？然而，文艺复兴与宗教改革的到来摧毁了这种传统的二元社会结构，原本初衷是针对教会的独断权威的泛滥而进行的宗教改革，造成了基督教世界的分裂，尽管路德宗与加尔文宗仍然未抛弃教会与国家二元结构的古老社会观，然而宗教改革的实际环境却使教会越来越仰赖国家，形成了宗教世俗化的贪婪与野心，不仅出现了世俗化所带来的精神危机，而且导致宗教狂热与宗教纷争，从而也提出了重建二元社会结构根基这一西方政治领域的主要问题。正是在教会政治声望已告破产的背景下，18世纪启蒙运动的领袖人物才不遗余力地反对教会并强调宗教宽容的美德。同时，宗教战争几乎耗尽了西方社会的财富，必须借助于国家的资源用于重建工作，国家权力的崛起无疑威胁到了西方文明的基础，随之而来的问题则是：面对权力扩大的官僚体系与专注于行政效率，如何维持有效的法治以及传统文化精神的超越性价值之源？然而，在经历一个多世纪的浩劫与混乱之后，一些人认为确保和平与稳定的唯一方法似乎就是使国家强大。马基雅维利就此提出了自己极端的政治观，他"深信创造并维持有效的政治秩序是人类生活中所能达到的最高目标，因而可以牺牲任何法律或道德原则来达成这一目标。"而一个多世纪后英国的长期内战也使霍布斯得出了类似结论，他和马基雅维利一样认为，"政治行为不必受道德与法律的约束"从而背离了传统政治思想，因而受到了许多人在理论上的拒绝，不过实践上，这些人"却有心按照他们的说法去实行"。正是这种政治心理成为西方17世纪绝对专制论的基础。[①] 在此意义上，道德政治并非仅仅限于是现代政治哲学的精神特质，而其之所以成为现代政治哲学的重大理论主题，乃是对当时的政治生态与政治发展状况的理论回应。这样我们才可以认同国内学者张盾的相关论述，即"'道德政治'是现代政治哲学的一个重大理论主题和思想趋向，其核心诉求是批判霍布斯、洛克式自由主义所造成的现代政治的非道德化，主张将现

[①] ［美］弗雷德里克·沃特金斯：《西方政治传统：近代自由主义之发展》，李丰斌译，新星出版社2006年版，第58页。

第三章　马克思主义与中国传统文化结合的内在困境与发展趋势

代政治建立在道德的基础上。该主题由卢梭开创，经康德和马克思拓展，形成了现代性批判的完整学术谱系，并成为现代政治哲学和道德哲学的内在连接点"①。然而，张盾的谱系学考察未能涉及黑格尔政治哲学中的道德性因素。黑格尔认为："国家官员的职务要求他不能任性地追求主观目的，必须要牺牲个人的利益。"② 马克思则提出"为了使大公无私、奉公守法及温和敦厚成为一种习惯，就需要进行直接的道德和理智的教育"③。

因而，政治与道德的张力与结合是无可否认的事实，合乎逻辑从而具有必然性。基于此，逻辑地需要说明的问题在于：（1）同样是认同"政治—道德"结合的结构与价值形态的中国传统文化与马克思主义理论，何以存在对于两者融合的质疑与困境？在这个问题上，对一般性文化超越论、对传统文化缺乏实践的误解以及道德政治可能带来的伪善、马克思主义唯物史观的物质经济决定论误解以及所谓"去道德化"问题，可能都是使得这种困境的出现成为可能的因素。（2）在现代性背景下，"政治—道德"相结合的结构与价值生态究竟需要何种文化要素作为中介？而这些要素进而可以成为重新审视特定文化形态及其价值精神与转化动力的标准？这将涉及法治、制度、批判理性、公共性等问题，这都表明中国传统文化并非不存在民主性因素。就此意义，张岱年先生所说的"缺乏民主传统"应该区分民主因素和制度化或体系化的制度形态。在这些问题说明的基础上，如何考察中国传统文化与马克思主义理论融合的必要性、文化要素以及机制形态，则在第五章论及。

（三）传统文化精神的内在超越与马克思的社会批判视域

1. 中国传统文化精神的"内在—超越"形态结构

考察中西文化我们可以发现，任何一种文化形态都必然涉及人间秩

---

① 张盾：《"道德政治"谱系中的卢梭、康德、马克思》，《中国社会科学》2011年第3期。
② 陈来：《孔夫子与现代世界》，北京大学出版社2011年版，第177—178页。
③ 《马克思恩格斯全集》第1卷，人民出版社1956年版，第298页。

序与道德价值精神的源头或根源性问题，而对于这一问题的文化解决体现了中西方文化同中有异的复杂关系。

就文化价值源头的超越性而言，中西方文化都追求形上根源因而似乎没有什么差异，但在处理超越源头与现实世界的关系上存在巨大差异。西方文化中，基督教的上帝为西方人提供了所需要的所有的形上根据。在处理超越源头与现实世界的关系上，这个超越的无限性力量总是外在于个体存在的人，后者实践社会价值或道德价值的一切活动是听从上帝这一宇宙基本法则创立者的召唤。由此衍生出西方的"自然法"传统。因而，西方文化的超越世界中有着希腊理性和希伯来信仰的双重因素，这两种文化精神要素在中古时代是总体统一的，在中世纪信仰处于支配性地位，而在文艺复兴和启蒙运动之后，理性压倒了信仰。康德对于这两个世界的分裂和紧张有充分的意识，在此基础上他退回了旧的形而上学思辨神学和自然启示神学而建立起了道德神学。然而也并未能真正挽救西方科学与宗教分裂的命运，西方近代思想史甚至基督教自身总体上体现的都是一种"俗世化"进程，以理性取代上帝重建自然法传统。然而，全面考察西方文化形态及其价值精神的近现代演变过程，文艺复兴和启蒙运动并不是对超越价值源头的简单抛弃，其本质上是对于教会的专断和腐败的攻击而非基督教所代表的基本精神价值。查尔斯·泰勒深刻地指出，"世俗化并非是着意于并且在事实上也没有导致公共领域与宗教信仰之间的彻底分离，而只是使得二者之间的关联变得更为复杂也更隐秘而已。"[1] 就此而言，康德的道德神学以及宗教改革也是如此，由此才可以理解为何把宗教改革作为西方现代性之源，而且之后基督教在转化之后成为西方现代化的重要动力。韦伯对于新教伦理对于资本主义精神的影响、桑巴特所说的"贪婪摄取性"以及丹尼尔·贝尔资本主义文化矛盾的相关探讨不仅可以在这一基点上获得基本的理解，而且也由此蕴涵相互通约的文化主题。

---

[1] Charles Taylor, *Varieties of Religion Today*, Harvard University Press, 2003, p. 64.

第三章 马克思主义与中国传统文化结合的内在困境与发展趋势

与西方文化不同,儒家承认超越者的存在,即"理"与"道",提出"形而上者之谓道,形而下者之谓器",而且超越世界与现实生活世界之间也不存在泾渭分明的张力。无论是儒家还是道家文化中,"道"都是既超越又内在的本体。就儒家而言,尽管到了宋明理学那里有了"理""气"之别,但二者仍是不即不离的。道家认为"道"在"人伦日用"之中,人伦日用不能离开"道"而是顺应"道",这是一个个体价值及其主体性挺立的体"道"、悟"道"而达"道"的过程。而作为价值的"道"与现象或事实的"人伦日用"之间相"合"的程度,则是在于每个人的理解和实践。在传统文化中,"道是传统中国人的终极关怀之所在,故中国人虽不必信仰一个像基督教那样的人格神,也不必有教会的组织,但却可以找到自己安身立命之所,不能不说也自有其在宗教层面的义蕴。"[1] "儒家固然是从道德入手探讨宇宙、社会、人生方面的问题,但它并没有停留在世俗的层面。儒家这一思想的精义在于,不是外在的救赎,而是内在的超越;不是信仰的结果,而是理性的结果;不是人在外在的绝对者面前的渺小和罪感,而是人在尘世的刚大至正和自我充裕感。所以,儒学是一种重视人自己、提升人自己地位的同时又尊天爱天,在天人的相互映照中提高自己精神境界的学说。"[2] 那么,何以能够进入这种超越的价值世界?孟子继承了孔子"为仁由己"的内向超越路径,提出"尽心、知性、知天"。心性的话语逻辑在先秦儒家思想中归属于美德理论,其本质在于成德之教,呈现了人的伦理道德生活与天命这一超越价值存在的因应关联。"性"说明美德得以可能的存在根据,而这同样没有脱离价值源头的超越性,《中庸》首句即说,"天命之谓性,率性之谓道,修道之谓教"。到宋明理学那里,心性之学得以繁盛并强化了心性的形而上意义,当然这是有意识地回应佛教之挑战的结果。而基于对宋明儒家的心学传统的重新叙述而建构起来的心性之学,

---

[1] 刘述先:《儒家思想与现代化》,中国广播电视出版社1992年版,第289页。
[2] 张学智:《儒家文化的精神与价值观》,《北京大学学报》(哲学社会科学版)1998年第1期。

也成为新儒家的一种标志性主张。然而，现代新儒家认为，"这种失去天理的心性之学意味着存在之根已经被连根拔起，已经和虚无主义没有什么两样了"。"如此建构起来的心性之学只能流于道德主义"，从而"使崇高的天命只剩下一点空洞的、无根的善念"。[①]

因此，传统文化无疑具有精神超越性。虽然儒学在总体上讲，是把关注的焦点放在世俗世界的人伦日用而否定其超越的向度，但正确地理解，应该是认为超越性、神圣性以及无限的意义寓于世俗世界之中。王阳明《别诸生》所谓"不离日用常形内，直造先天未画前"，正是对儒学传统"即凡俗而神圣"这种独特精神价值的说明。这种超越精神，一方面不仅必然具有内向性特征，"把道德从外在的规范提升为人的内在精神，在庸言庸行（中庸）中实现理想的人生境界。这种内在超越精神不是把人类的幸福建立在功名利禄、物质享受上，而是建立在内在精神生活的充实和道德人格的完满之上。"[②] 这也是中国传统文化从来不缺乏"人文精神"的一个具体表现。就儒学而言，人格修养的功夫论的"内在而超越"之逻辑前提正是本体论上的"超越而内在"，尽管并非所有儒家思想家都仅仅主张"内在超越性"，不能笼统地将儒家思想归之于"内在超越性"，但从本体而言，仅是儒学的"超越而内在"理论在"承继了早期儒家精神方向的同时，有意无意地吸收或受到了佛教的影响，肯定宇宙本体即全体体现为个人之本心"[③]。另一方面，这种精神超越性以个体内在体验作为精神展现自身的一种基本方式，从而无法实现精神的客观化。问题在于：如果过分强调道统所展现的历史维度，则极可能导致"将道统的正当性最终归诸传统，而不是归诸天命，从而导致对道统的一种去神圣化的理解"[④] 由此所展开的正是思想文化与历史之间的张力，而这正是考察传统文化转化应予重视的。

[①] 唐文明：《近忧：文化政治与中国的未来》，华东师范大学出版社2010年版，第83页。
[②] 刘长城：《道德教育的超越性思考》，《山东教育科研》2001年第5期。
[③] 陈来：《孔夫子与现代世界》，北京大学出版社2011年版，第106页。
[④] 唐文明：《近忧：文化政治与中国的未来》，华东师范大学出版社2010年版，第85页。

第三章　马克思主义与中国传统文化结合的内在困境与发展趋势

2. 马克思主义理论的批判性及其基本路向

马克思通过哲学批判克服了传统形而上学意识哲学及其发展巅峰的德国观念论的内向性缺陷，实现了哲学文化理论中由传统形而上学意识哲学的内向性追寻向存在论哲学社会批判的外向性探索的根本转换。

然而，仅仅局限于哲学批判，仍然无法建构一种科学而彻底的社会批判理论，从而无法为自身理论所预定的价值精神，即人的解放与全面自由的发展提供客观依据，而必须进一步深入到经济学批判，因为在马克思看来，理解资本主义社会弊病与异化现象必须深入到政治经济学中。在由物质利益纠纷所引起的涉及国家和法的问题的讨论时，马克思发现：在经济利益面前，国家和法总是显得苍白无力，而他所坚持的理性精神原则又不允许他把视野下降到纯粹的物质利益。这一"苦恼问题"促使马克思研究经济问题，也构成其思想转变的契机。这一契机只有在马克思关于劳动或实践思想的确立后，才使得马克思得以真正确立起唯物史观的基础。普列汉诺夫说，马克思把人的天性看作是历史运动永远改变的结果，而正是这种劳动实践使得人在作用于外间自然时，改变了自己本身的天性。在这几句话中包括马克思的历史理论的全部本质。基于这一思路，他找到了商品这一政治经济批判的逻辑起点。"当庸俗经济学家不去揭示事物的内部联系却傲慢地断言事物从现象上看是另外的样子的时候，他们自以为这是作出了伟大的发现。实际上，他们所断言的是他们紧紧抓住了外表，并且把它当作最终的东西。这样一来，科学究竟有什么用处呢？但是，在这里事情还有另外的背景。内部联系一旦被了解，相信现存制度的永恒必要性的一切理论信仰，还在现存制度实际崩溃以前就会破灭。因此，在这里统治阶级的绝对利益就是把这种缺乏思想的混乱永远保持下去。那些造谣中伤的空谈家不凭这一点，又凭什么取得报酬呢？他们除了根本不允许人们在政治经济学中进行思考以外，就拿不出任何其他的科学王牌了。"[1] 恩格斯说："统治阶级的存在，日

---

[1] 《马克思恩格斯选集》第 4 卷，人民出版社 1995 年版，第 581 页。

益成为工业生产力发展的障碍。同样也日益成为科学和艺术发展,特别是文明社交方式发展的障碍,从来也没有比我们现代的资产者更无知的人了。"①

二 "体用之争"与马克思主义的指导地位

体用之争的考察涉及中国文化论争中的中西文化关系。而中西文化的直接交流,至少可以追溯到16世纪末期西方天主教会在宗教改革之后支配性地位的动摇而转向海外扩大势力与影响的传教活动。有学者把16世纪以来的文化论争分为四个阶段进行考察。② 而依据本书的论述主题以及本章内容逻辑,以20世纪80年代为时间轴或分界线进行概述。这样做的理由是注意到文化与政治之间的角色冲突对于文化重建的影响:80年代以前文化论争的线索渗透着政治对于学术的制约,而80年代以后的文化论争则更倾向于学术性论争。

(一) 中国传统文化的"体用"范畴与"体—用"文化模式论争

在中国传统哲学文化中,"体""用"思想源远流长,也是最为重要的一对本体论范畴,并表达了中国哲学文化独特的思维方式。"体""用"概念在中国古代典籍中很早即出现,但在先秦,尽管"体用"二字时有并用,但基本上没有什么内在联系而是被单独使用,作为一对高度抽象的哲学范畴则是在魏晋南北朝以后渐趋形成,不论是魏晋玄学的"贵无崇有""本末"之辩,还是南北朝时期的"形神"之争,乃至宋明理学的"理气"、知行之说,都与体用范畴密切相关。而在近代,西学东渐或中西学术文化发生的冲突和融合,用于衡定二者的还是体用说。体用不仅是重要的本体论范畴,而且被广泛地运用于自然观、认识论、

---

① 《马克思恩格斯选集》第3卷,人民出版社1995年版,第151页。
② 可参见张岱年、程宜山《中国文化论争》,第九、十、十一章,中国人民大学出版社2006年版。

第三章　马克思主义与中国传统文化结合的内在困境与发展趋势

道德功夫论、社会历史观和政治哲学等领域。正如熊十力指出的，不论是西方文化还是印度佛教都很难找出与中国哲学文化中的"体""用"范畴的涵义完全相同的概念。

1. 中国传统文化中的"体用"范畴与问题

《周易》中早已提出了"体"与"用"的范畴。"体"的最初含义是指"具象"事物，因而基本上是用来表示一种形而下的"存有"，即形体、形质、本体、主体或实体；"用"的涵义较之"体"显得较为简单，最初是指功用、作用、用处或属性，因而不是"体"本身有实存性的意义，而是一个附属性的概念，必有所依、必有所自。王夫之有相关论述，他说："用者必有其体而后可用""用即体之用，要不可分"①。随着"体"的意涵由形而下到形而上的演变与拓展，"用"的涵义也随之而变得复杂：② 无论是形而下的具象之物还是形而上的抽象事物，都有各自的功能；物不但有功用而且具有一定的属性，形色声名等显著之"用"不足以呈现"体"之情状，而需要从更精细更本质的属性来识"体"；"用"是"体"的显现，离"用"无从识"体"，识"体"必依其"用"，而且体用有别，"体"之显现的"用"，着力于形而上意义的"用"，这是中国哲学体用观的真正妙谛。

在中国古代文化思想史上，一方面，"体"经历了由具象之物的"体"到抽象意义的"体"的转变。在这一过程中，"体"的延伸意和比拟意在一定的逻辑层次上相合，进而演化为哲学上所说的实体和本体的涵义，包涵了整体与部分、一与多、无限与有限、具体与抽象等关系。比拟意义上的"体"经历了拟像、象征和纯观念三层转变。孟子所说的"体有贵贱大小，从其大体为大人，从其小体为小人"以及荀子的"君子有常体也"等都具有象征意义。而真正观念性的"体"，可能始于魏晋玄学。③ 王弼《老子注》提到："虽贵以无为用，不能舍无以为体也"，

---

① 王夫之：《读四书大全说》（卷四），中华书局 1975 年点校本上册，第 221 页。
② 景海峰：《熊十力哲学研究》，北京大学出版社 2010 年版，第 124 页。
③ 同上书，第 127 页。

这里的"体"与借形以明无形之理的象征性之"体"有着根本不同，从而具有了哲学本体论范畴的意蕴。由此，"体"推广到一切事物的内在本质、内在根据和变化前提等，从而成为一切存有的前提与根据，"体"由此被赋予了哲学上的最高意义，而这正是后来中国哲学文化"体用"范畴之中"体"概念的最根本蕴涵或"本体论"意蕴。如张载的"太虚无形，气之本体"；王阳明的"良知者，心之本体"。就本体论意义而言，"体"还应该涵有"本然""应然"的价值性之意，儒家和道家哲学本体论的"道体""道论"都含有此意。

另一方面，"体"还指人与外界发生关系的能动过程，充满着主观能动性精神。《易·乾文言》有"君子体仁足以长人"，《易·系辞下》"体天地之撰，以通神明之德"，《中庸》有"体群臣则士之极礼重"等，《荀子》中"体道者也"以及《庄子》中的"能体纯素""体性抱神"等，都突出了人特殊的感知能力和心灵活动，这正是直觉主义思维方式的基本特征，"体"的认识和实践意义使得体用范畴和天人、心物、知行等范畴之间建立起了内在的逻辑关联。这样运用的"体"具有体悟与体现的双重蕴涵，在天人关系中充分显示了"体现"义。二程在诠释《易·系辞》"以体天地之撰"一句时，说："此处'体'字有二义；一体悟义，谓彻悟乾道生生之理也；二体现义，谓彻悟不是一空洞的见解，须于自家生活中实现此理，是为体现。"正是据于此，熊十力指出，"'体'字有二义，曰体认，曰体现。人能体认乎天德而实现之，则德乃流行盛大。"[①] 因此，体悟与体现之"体"共同揭示了天人关系中人的主观能动性和价值主体性，而且将人与自然（天人）、道德实践与认知活动（知行）相贯通，不仅展现了更为深刻而广阔的理性主义气质，而且充分地凸显出中国传统哲学文化的人文精神和价值超越性特质，这正是儒家和道家哲学文化深在的精神气质。

---

① 熊十力：《存斋随笔，熊十力全集》第 7 卷，湖北教育出版社 2001 年版，第 867 页。

第三章　马克思主义与中国传统文化结合的内在困境与发展趋势

2. 近代以来"体"—"用"文化论争及其辨正考察

伴随着近代西力东侵的历史进程，西方文化强烈地冲击着中国传统文化秩序。"中体西用"式文化模式的形成，主要是人们始终不能超越中国传统的文化模式，始终处于以自我为中心的地位，极力想把西学纳入中学的轨道。"中体西用"的"中"主要指中国传统的价值体系，"西"则指西方在科学技术方面的知识系统。"中体西用"意味着肯定不同文化之间可以相互作用，也包含着"体用"之间的分离。同时"中体西用"又以保守主义的态度对待自己的文化传统，更导致了文化、思想与制度上的抱残守缺。

19世纪末的甲午战争，是中国近代史上又一重大转折，掀起了认识西方、进行中西文化比较研究的高潮。思想文化界为了寻求实现中西文化结合的正确思想模式而提出"西学为体，中学为用"的口号。李泽厚说："中国现代化的进程既要求根本改变经济、政治、文化的传统面貌，又仍然需要保存传统中有生命的合理东西。没有后者，前者不可能成功；没有前者，后者即成为枷锁。其实这就是我们今天讲的'马列主义中国化''中国化的社会主义道路'，如果硬要讲中西，似可说是'西体中用'。所谓'西体'就是现代化，就是马克思主义，它是社会存在的本体和本体意识。它们虽然都来自西方，却是全人类和整个世界发展的共同方向。所谓'中用'，就是说这个由马克思主义指导的现代化进程仍然必然通过结合中国的实际（其中也包括中国传统意识形态的实际）才能真正实现。这也就是以现代化为'体'，以民族化为'用'。"①

试图超越"中体西用"或"西体中用"的视阈，思想文化界又提出了"中西互为体用"观，其实质还是西体中用。历史已充分说明，不管是"中体西用"，还是"西体中用"，或者是"中西互为体用"等观点都对中国文化的发展造成了严重的破坏性影响，没有使中国的文化形态真正实现由传统到现代的转化。

---

① 李泽厚：《中国古代思想史论》，生活·读书·新知三联书店2008年版，第317—318页。

(二)"体用"之辨与文化转型重建过程中的启蒙心态

实际上,在上述基于"西学东渐"所进行的中西文化的考察中,涉及对于近代中国社会危机本质及其根源的几个基本理解:一是近代中国的危机主要是西方帝国主义的侵迫而形成的民族危机;二是近代以来儒家思想的消沉僵化的文化危机;三是当时中国的知识分子不能正确地平衡中西文化而造成的文化危机。而这三者在根源性意义上都指向一个文化转型与重建的文化启蒙问题。因而,反思以及如何从超越启蒙主义的角度阐发中国传统文化的价值精神及其现代转化,进而建立对于民族文化的自信即成为化解文化危机的重要方面。值得指出的是,如果说中国传统文化最具有开放与涵融精神从而不仅在历史上能够有效地实现文化整合,而且由此凸显出传统文化中处于主导地位的儒家文化具有极强地涵摄力,那么,为什么在近代遭遇西方文明冲击却显得如此缺乏自信,甚至出现反传统的民族虚无主义?

中国近代以来的启蒙历程并非如西方那样始终贯穿着理性与信仰、科学与宗教的张力,仍然涉及传统与更新的关系问题。在学术界,以"心学"思想突破"理学"传统的王阳明是以反求诸己、良知自觉、觉民行道的方式实现"天下大治",因为在明朝的政治生态中,他的政治理想不可能如二程、朱熹等求诸外在的"得君行道"方式得以实现。然而,"这种'觉民行道'的启蒙理想未能引发普遍的社会变革反而蜕变为一种空谈心性的蹈虚流弊乃至空谈误国的悲剧。"[1] 需要说明的是,不能仅仅在"空谈"的视阈限度内去把握儒家困境。事实上,作为"政治主体",儒家"君子"批判功能的发挥绝不能理解为是一种外在旁观者的身份,而更多的是表现为以一种内在参与者的身份谋求现实政治的改善,而导致其不能充分发挥"政治主体"的作用乃至成为狄百瑞所言的"政治空想家"的根源在于极权与专制的政治结构。由此,我们也可以

---

[1] 赵林主编:《中西文化的精神差异与现代转型》,华东师范大学出版社2015年版,第38页。

第三章 马克思主义与中国传统文化结合的内在困境与发展趋势

看到,其后中国知识分子以及"五四"以来,无论在其他方面如何存在差异,但对于民主的肯定上难得的一致应有其深刻的社会历史根源的。到了明晚期以至于清,一方面受西方传教士带来的先进科学技术知识的影响;另一方面是晚明的政治腐败使一些知识分子转向了自然科学和实用技能,以及一些亡国之士对传统君主专制和宋明道学的深刻反省和批判,促成了明末清初以倡导民本、科学和人性解放为核心精神的文化启蒙高潮。只是由于实力强大的专制制度和根深蒂固的封建礼教的阻碍,未能形成一种普遍的社会共识和制度化力量,最终湮灭于"孔门之政"和"孔门之学"。新潮学者提倡的经世致用之学则从改造社会政治和探索自然的科学领域转向了脱离日用的经学考据,促成了与"宋学"相对立的"汉学"的兴盛。进入近代以来,"中西之争"取代"古今之争"以及两者之间的相互涵融,使得中国文化启蒙的思想内涵发生了根本性改变:渐趋抛弃中国文化传统而倾向于西学,以及后续一些新儒家倡导"国学"和"整理国故"的所谓文化保守主义的强烈反弹。

清末民初,在受到西方各种政治启蒙思潮以及自然科学知识的影响下,进步人士主张"开民智""兴民权"。更有一些学者提出"主权在民,唯民是主"的政治主张。与政治启蒙相对应,抨击名教纲纪也构成了这一时期思想文化启蒙的重要内容。这一时期的思想文化启蒙体现出"体用"一源和本末兼采,由"中体西用"走向了"中西会通",因而启蒙的目的在于重新弘扬孔孟之道的本真文化价值精神,从而延续了民族文化的精神根基。值得注意的是,即便是在维新派内部也存在着一定的分歧,如康、梁之间的最根本分歧即在于:"孔门之政"和"孔门之学"之间是否存在着必须如此的联系?

新文化运动时期,认为必须从国民的思想深处清除封建礼教的流弊才能实现科学和民主。正是他们对国民文化素质和伦理觉悟的启蒙,把中国的启蒙运动由政治层面推进到更为深刻的思想文化层面。然而,这场新文化运动呈现出急功近利的文化启蒙心态,未能如西方启蒙运动那样的传统与更新或现代化之间的最终融通。"五四运动"之后出现了两种思想倾向：一是"复古国粹"派，其实质是以资产阶级国学来代替封建学术的地位；二是"全盘西化"观点。若以李泽厚的"启蒙与救亡的双重变奏"视域解释"五四"新文化运动的特殊开展，则"它的急迫使启蒙一面未能丰富、全面、持久地展开，由此带来的文化上的狭隘功利主义也堵塞了'创造性转化'传统资源以参加近代文化建设的大道"，也表现出中国青年知识分子思想根源上的激进性格和文化体验上的不成熟。在笔者看来，余英时先生对当代青年的评价，同样适用于对"五四"时期青年这种文化体验上的不成熟性，即未能全面理解西方文化精神的价值源头与底蕴以及启蒙运动并非是对这种价值源头的祛除，憎恨传统而不解传统为何物。①

值得注意的是，随着救亡的主题取代启蒙的主题，"现代新儒家"提出复兴民族传统文化，这在一定程度上应该说是对当时彻底"西化"文化心态的一种必要的纠偏式回应。现代新儒家与先前极力倡导"西化"的知识分子在面对西方列强的贪婪又向往其先进社会制度和文化成就时所感到的"灵魂分裂"的深切痛苦，从而动摇和改变了对待西方文化的心态。正是在这种状况下，马克思主义迎合了中国人对西方文化既敬又恨的心理，其结果是社会主义制度在中国确立。然而，同样值得注意的是，中华人民共和国成立后，"对于孔孟之道的批判却愈演愈烈，不仅将其与封建糟粕直接等同而且与现实政治斗争相联系，延续了中国启蒙历程中的功利与偏激以及浓重的政治色彩；另外，'五四'新文化运动不幸变质太早，未来得及在学术思想方面有正式的成就便卷入政治的漩涡之中"。②

如果说，对以儒家为主体的传统文化的批判形成了一个"反传统的传统"，那么，进入20世纪末乃至当前中国特色社会主义新时代，重建中华民族精神传统与民族文化的自主性根基，则逐渐获得了广泛的价值认同与社会共识。这不仅因为中西文化剧烈碰撞所导致的原有价值系统

---

① 余英时：《文史传统与文化重建》，生活·读书·新知三联书店2004年版，第507、430页。
② 赵林主编：《中西文化的精神差异与现代转型》，华东师范大学出版社2015年版，第51页。

第三章 马克思主义与中国传统文化结合的内在困境与发展趋势

的崩溃以及批儒学、反传统所造成的价值真空、精神失落以及信仰危机都是不争的历史事实,而且有现代全球化背景下以及文化多元化境域中的文化自主性和文化价值认同的根由。正在崛起中的中国,中国特色社会主义进入新时代,无疑在政治、经济和社会发展等方面为世界提供了中国方案和中国智慧。然而,也有学者指出,"从文化上看,中国能给全世界带来什么样的思想资源?"而且"全球化一方面使我们日益了解世界文化的多样性,使我们越来越了解其他的文化传统,同时也使我们不得不正视自己的民族文化,尤其是儒家传统。显然,如果弃数千年的中国文化、儒家传统于不顾,我们还能给世界提供别的什么呢?"[1] 这里的提法不一定很准确,一方面,不是除了传统文化我们无法提供其他的东西而是根本上在于传统文化中那些仍然具有适应时代要求的精神生命和价值要素,同时,我们需要提供给世界的不能是传统文化的原有形态而必然是基于时代要求的转换形态;另一方面,除去文化层面的因素,中国特色社会主义进入新时代,不仅"意味着近代以来久经磨难的中华民族迎来了从站起来、富起来到强起来的伟大飞跃,迎来了实现中华民族伟大复兴的光明前景",而且也"意味着科学社会主义在21世纪的中国焕发出强大生机活力,在世界上高高举起了中国特色社会主义伟大旗帜;意味着中国特色社会主义道路、理论、制度、文化不断发展,拓展了发展中国家走向现代化的途径,给世界上那些既希望加快发展又希望保持自身独立性的国家和民族提供了全新选择,为解决人类问题贡献了中国智慧和中国方案"。[2]

因而,文化转型与重建中启蒙心态的问题在于不自觉的根深蒂固的文化一元论思维。正是这种一元论思维导致近代以来的启蒙不是轻视或否定自身的文化传统,就是即便是对传统有所肯定,也只是在西方现代性意义下寻求传统中值得肯定的类似于西方的因素,忽略不同文化形态

---

[1] 彭国翔:《重建斯文:儒学与当今世界》,北京大学出版社2013年版,第5页。
[2] 习近平:《决胜全面建成小康社会 夺取新时代中国特色社会主义伟大胜利——在中国共产党第十九次全国代表大会上的报告》,人民出版社2017年版,第10页。

及其价值精神的互补机制,因而具有典型的工具理性特征。正如有学者指出:"当我们要求把儒学改造为一个包含了所有现代化社会所需要的价值体系,要求儒学能为现代化的一切层面提供价值动力而避免'不相干'的时候,这种求'全'责'备',一方面可能表示我们对于儒家'爱之深故责之也切'的良好企望;另一方面,这里似乎仍然有着一种不自觉的'一元化'的文化思想方式。我们常常习惯于设想一个一元化的文化思想提供给我们一切必须的价值。"① 事实上,就中国传统文化形态的近现代化过程及其文化启蒙历程而言,张岱年先生所强调的传统文化与现代化的冲突在"尊官贵长的陈旧传统与民主精神的冲突""庸俗心习与革命理想的冲突""因循守旧的陈旧传统与革新精神的冲突""家庭本位与个性自由的冲突"等,② 应该放在特定的历史时期和语境中辩证地进行审视。中国传统文化的现代转化必须找准突破的课题。如果说中国文化危机主要是表现为"精神的迷失"和对"人伦日用的疏离",那么,中国当前的问题就不是儒家伦理化原则作为精神枷锁束缚了现代化进程,恰恰是从根本上丢掉了传统文化价值的精髓而阻碍了整个社会走向实质合理化的改革进程。郭齐勇先生的评述给我们对此的理解提供启示,他说,"'文革'前的大批判,到'文革'时期登峰造极,扭曲了,打倒了中国的正统文化。改革开放以后又是金元挂帅、唯利是图,再次更严重地背离了中国文化"。③ 而对于这些问题的回应可以在马克思主义理论中获得启示。今天扬弃这种二元对立,已经具有了现实可能性。在这种情况下,吸取中国传统文化中某些古老的智慧不仅必要而且是可能的。而且,尽管民族主义往往是强化民族凝聚力的一个极其重要的因素,我们却反对那种狭隘的民族主义,因为"狭隘的民族主义往往和原教旨主义互为表里,而二者正是目前世界和平的大敌、恐怖主义之渊薮。

---

① 陈来:《传统与现代:人文主义的视界》,北京大学出版社2006年版,第28页。
② 张岱年、程宜山:《中国文化论争》,中国人民大学出版社2006年版,第252—254页。
③ 赵林主编:《中西文化的精神差异与现代转型》,华东师范大学出版社2015年版,第206页。

第三章　马克思主义与中国传统文化结合的内在困境与发展趋势

因此，中国的崛起向世界上传达的文化信息如果是狭隘的民族主义，儒家传统的复兴如果被认为是狭隘民族主义的抬头，那么，从中华文明以外的角度来看，所谓'中国威胁论'的产生恐怕就是人之常情了"。① 因而，在文化层面，"人类命运共同体"建构应是"超越文明优越"和"超越文明对立"的方式，② 并以相对平等的主体资格来进行，是一种理性的选择、批判吸收和辩证扬弃过程。而儒家的生存与更新转化或许并不一定在于维持某种本质不变的"固定认同"（idem identity），这种"固定认同"与"自我认同"（ipse identity）有关，其要点在于维持有意义的连续性。③

（三）马克思主义指导地位与"中"—"体"关系之辨

在中国思想史上的文化启蒙过程中，"五四运动的新文化启蒙一开始便有其强有力的对立面，其实质是承继着张之洞'中学治身心''中学为本'的传统，以梁启超、梁漱溟、张君劢等人为代表，提出了中国的'精神文明'或'东方文明'的优越性，并引起'科学与人生观'的著名大论战，并分属'西化派'与'国粹派'。前者一派中的好些人后来日益走向马克思主义，后者一派则成为所谓中国文化本位派和'现代新儒家'"。④ 由此分野看来，传统文化与马克思主义之间存在着源头性的疏离。

问题在于：中国先进文化的要素及其结构体系中，处于指导地位的马克思主义与中国优秀传统文化的自主性根基之间是否可以在"体用"之争的语境中去理解？抑或二者在这种文化形态结构中的地位即指导与

---

① 彭国翔：《重建斯文：儒学与当今世界》，北京大学出版社2013年版，第7页。
② 习近平：《决胜全面建成小康社会　夺取新时代中国特色社会主义伟大胜利——在中国共产党第十九次全国代表大会上的报告》，人民出版社2017年版，第42页。
③ 保罗利科关于自我的两个方面的考察，转引自[新加坡]陈素芬（Sor-hoon Tan）《儒家民主：杜威式重建》，吴万伟译，中国人民大学出版社2014年版，第9页。
④ 李泽厚：《漫说"西体中用"》，郭沂编《开新：当代儒学理论创构》，北京大学出版社2013年版，第40页。

自主性根基的关系应该如何把握？

基于"体用"之辨的哲学文化传统来说明这一问题，涉及对思想文化史上"体用"观的批判性梳理。根据上面对体用范畴的考察，知道其适用范围和内涵都极为广泛，而且是儒道释各家都谈体用而所据则又不一。作为中国哲学本体论的重要观念之一，体用的阐释往往标志着某个哲学家或某一哲学派别对于世界本原问题的基本认识和看法。现代新儒家的代表人物之一熊十力以批判的视野对历史上的体用观作了一次较为全面的分疏，"其对于体用观形而上意义的昭揭和阐释，却完全是跨越传统的创造性知见，这和'新唯识论'的本体架构是紧密地联系在一起的"。他将"体用"说分为一般意义上的和哲学意义上的两种，即他所说的，"体用之名，大概有一般通用及玄学上所用之不同"[①]。哲学意义上的体用主要用来表示宇宙人生的基源和根据、大化流行之本始，其体用虽有分而实不可分；而一般意义上使用的体用观，并非是指宇宙本体，其使用范围和涵义复杂而广泛，凡主次、轻重、本末、先后等不同都可以"体用"来表达。就后者而言，一切事物都有自己的"体"，也都有自己的"用"。

基于熊十力对于体用观的两种划分探讨马克思主义指导地位与体用之间关系，有两种类型的论述：一是李泽厚在马克思社会有机体及其唯物史观、意义体的根源性意义相结合的基础上重新诠释"体"和"用"的范畴规定性，马克思主义是"体"，中国传统文化是"用"。他说："我用的'体'一词与别人不同，它包括了物质生产和精神生产，我一再强调社会存在是社会本体。把'体'说成是社会存在，这就不只包括了意识形态，不只是'学'"，"社会存在是社会生产方式和日常生活。这是从唯物史观来看的真正的本体，是人的存在本身"。据此进一步批判张之洞的"中体西用"说，"我讲的'体'与张之洞讲的'体'正好对立。一个（张）是以观念形态、政治体制、三纲五伦为'体'，一个

[①] 景海峰：《熊十力哲学研究》，北京大学出版社2010年版，第143页。

第三章 马克思主义与中国传统文化结合的内在困境与发展趋势

（我）首先是以社会生产力和生产方式为'体'。"[①] 基于此，李泽厚总结说，不管是孔夫子的"中学"还是马克思的"西学"，在最根源性的意义上都不是"体"，而只能是"心理本体"或"本体意识"，即一种理论形态和思想体系。由于马克思主义是近代大工业基础上产生出来的革命理论和社会建设理论必然应该是"体"，引进之后如何适应运用在中国的各种实际情况和实践活动中即为"中用"，并在这个过程中转换中国传统的文化心理结构，有意识地改变这个积淀，进而不仅更新、转化了特定的传统文化形态，而且使得这个"体"能够真正地实现"中国化"。李泽厚的相关论述，一方面，坚持了唯物史观的一般原理，避免离开特定的社会存在结构和生活实际抽象地谈论"体用问题"；另一方面，也是在对于"基础/建筑"关系的一种机械理解的基础上进行的。

二是认为中国传统文化与马克思主义之间"相与为体"的关系，并成为融合两者、发展两者以及中国传统文化当代发展的必然要求。无论是中国传统文化还是马克思主义，都要在中国的现实情况下融入人的头脑中才能发挥作用。

在上述体用之辨的基础上处理马克思主义指导地位和体用之间的关系，逻辑地衍生出当前对于马克思主义和传统文化之间结合所形成的文化结构形态的一些现实思考：两者的融合是马克思主义中国化甚至是马克思主义传统思想化，还是要"回到马克思"或是让马克思主义走入当代？对于这些问题的争论与分疏，学术界已有较为详细而系统的讨论。[②] 我们认为，基于人类文化思想发展史的一般共性与中国思想文化发展的独特历史进程来看，对上述问题的解决或许有以下几个原则值得思考：如何诉诸文化形态的自我批判却又不能仅仅局限于文化本身，在社会存在结构与生活世界、生命存在的基础上理解文化问题；坚持文化形态与

[①] 李泽厚：《漫说"西体中用"》，郭沂编《开新：当代儒学理论创构》，北京大学出版社2013年版，第49页。

[②] 参见皮家胜《马克思主义哲学中国化的解释学之维》，人民出版社2014年版，第278—281页。

政治之间的适当张力,遵循与建构学术与文化发展的内在价值与自主性精神;当前中国的文化重建,不能是简单的反传统或旧传统的"复兴"问题,也不能简单地把现实社会问题归结为传统问题或单纯地把制度问题化约为文化问题,需要坚持民族传统文化价值精神的自主性与根基性,确立人类学与世界史的视野,超越狭隘的民族主义和所谓文明优越论或文明对立论。

三 生活世界中的基本矛盾运动与文化实践

生活世界是直接性的根源性的存在,却不是"独立于职业生活的日常生活世界,然而,各种文化形式和职业生活以生活世界为根基,并且渗透着生活世界的意义,日常生活也只是生活世界的一种形式。"[①]

(一)马克思主义的日常生活与非日常生活理论

现实生活是由日常生活和非日常生活两个基本领域构成的现实场域。阿格妮丝·赫勒认为日常生活就是:"那些同时使社会再生产成为可能的个体再生产要素的集合,"[②]"日常生活存在于每一个社会之中,每个人无论在社会劳动分工中的地位如何,都有自己的日常生活"[③];非日常生活,是一种指向社会或公共领域的自觉、自为的政治、经济和精神活动。

马克思把人类社会的发展分为人的依赖性社会、物的依赖性社会和个人全面发展的社会三个阶段。在人的依赖性社会,"整个社会处于非常松散的状态。人们的生产活动、交往活动、社会组织活动和观念活动都严格的局限于由血缘同天然情感交织而成的血族团体或狭隘的天然共

[①] 高清海:《找回失去的"哲学自我":哲学创新的生命本性》,北京师范大学出版社2013年版,第164页。
[②] [匈]阿格妮丝·赫勒:《日常生活》,衣俊卿译,重庆出版社1990年版,第3页。
[③] 谢立中主编:《日常生活的现象学社会学分析》,社会科学文献出版社2010年版,第26—27页。

第三章 马克思主义与中国传统文化结合的内在困境与发展趋势

同体的范围内，作为纯粹的日常活动，围绕着衣食住行、饮食男女、婚丧嫁娶、生儿育女、生老病死这些自在的生存而展开的。"①所以，在原始社会、奴隶社会和封建社会，非日常生活基本上从属于日常生活。在物的依赖性社会，即资本主义社会，人们的个体生产完全被社会化大生产所代替，人们之间逐渐形成了经济关系、政治关系、文化关系等，日常生活领域逐渐地缩小，非日常生活成为了社会生活的主导。人的全面发展的共产主义社会是第三大社会形态。在这一阶段，人的日常生活与非日常生活关系协调、相互渗透、相互影响、互相促进、共同发展。

可见，一方面，马克思主义日常生活理论是以人的解放与全面自由发展为价值目标的，社会形态的三个阶段正是人的发展由人对人道的奴役、物对人的奴役，到人的个性充分发挥的人的本质不断提升的历史过程；另一方面，相互依存的日常生活与非日常生活的关系是在变化的，而且这种关系的历史变化只有在符合人的解放和个性自由发展才具有合理性基础。在这个意义上，我们可以说，日常生活构成了现象学社会学家阿尔弗雷德·舒茨那里的生活世界的最重要组成部分，它是生活世界的中心，是"至尊现实"。②因而，我们不认同这样一种定义或解释："日常生活世界一般被用来表征与原始文明和传统自然经济时代相联系的个体再生产领域，代表着自在自发的、自然态度的、非反思的、给定的文化解释体系和规范体系。因此，从基本图式上来看，日常生活表现为一个凭借各种给定的归类模式和重复性实践（思维）而自在地运行的领域，一个凭借传统、习惯、经验以及血缘和天然情感等因素而加以维系、并以过去为定向的领域，一个人们以非批判、非反思和理所当然的姿态所占有的、熟悉的但却是自在的和未分化的领域。"③本书认为，并不能把它理解为具有一成不变的永久的"自在"与"非反思性"特性，而是应该根据特定社会结构与时代变迁历史地把握其特征，否则，考察

---

① 衣俊卿：《回归生活世界的文化哲学》，黑龙江人民出版社2000年版，第290页。
② 谢立中主编：《日常生活的现象学社会学分析》，社会科学文献出版社2010年版，第28页。
③ 衣俊卿：《论中国现代化的文化阻滞力》，《学术月刊》2006年第1期。

中国传统日常生活基础上的现代化的文化阻滞力就失去了意义。

(二) 中国传统文化中日常生活世界建构的非反思性

根据马克思社会与人的发展三个阶段或形态的一般原理，日常生活世界逐渐作为人类社会和历史的潜在基础结构，退隐为背景世界。有学者指出，"但是在中国，情形不完全如此。尽管中国的现代化进程已经有一个多世纪的历史，而我们在信息化、全球化的进程中都已经向前走了很远，然而，农本社会的根基和文化基因却并没有受到根本性的冲击和变革，而是以一种农业文明特有的成熟方式，从容地持续生存。这是我们理解中国问题时不可回避的事实。尽管，中国社会的非日常的社会生活和精神生活已经相当发达，但在非日常生活领域的运行机制中，处处活跃着日常生活世界的自在的文化模式。"并就此认为，正是这种自在的非反思性文化模式构成了中国现代化进程内在的"文化阻滞力"。①

我国学者衣俊卿在现代性的视阈中，从哲学和社会学相结合的微观文化哲学的视野探讨了中国现代化的"阻滞力来源于传统日常生活的深层结构和内在文化图式"。他认为，现代性只是"以碎片的、枝节性的、萌芽的形态或方式出现在某些个体的意识中，出现在社会理论和精神的流动之中，出现在社会运行的某些方面或某些侧面，而没有作为社会深层的和内在的机理、结构、图式、活动机制、存在方式、文化精神等，全方位地扎根、植入、嵌入、渗透到个体生存和社会运行之中。因此可以断言，在中国境遇中，现代性在本质上处于'不在场'和'无根基'的状态。"② 进而，他借助于马克斯·韦伯的社会学理论中的一个基本命题，即"理性化可能遭遇社会内在的阻滞"。韦伯认为，当一种全新的事业在制度安排和实际运行中停滞不前时，很可能是原有的文化模式阻碍了新文化精神和文化模式的生成。他指出，"考虑到经济因素具有根本的重要性，在作类似的分析时必须首先考虑经济状况。但与此同时，

---

① 衣俊卿：《论中国现代化的文化阻滞力》，《学术月刊》2006年第1期。
② 同上。

第三章　马克思主义与中国传统文化结合的内在困境与发展趋势

决不能忽略相反的关联，因为，虽然经济理性主义的发展部分地依赖理性的技术和法律，但它同时被人们采取特定类型的实际理性行为的能力和气质所决定。当这些类型的理性行为受到精神障碍的阻碍，理性的经济行为的发展也必然会遭到严重的内在阻滞。各种神秘的和宗教的力量，以及基于这些力量的责任伦理观念，过去对行为一直产生最重要的和生成性的影响。"[1] 而且他断言，"从一切迹象看，中国人有能力，甚至比日本人更有能力吸收在技术和经济方面都在近代文化领域中获得全面发展的资本主义"。[2] 然而，中国却没有走上西方的理性化道路，没有生成现代性的文化精神。就此，韦伯明确地从文化精神上根本区分了新教伦理和儒教精神："两种'理性主义'的根本区别：儒教理性主义意味着理性地适应世界；新教理性主义则意味着理性地把握世界。"[3] 除去这一方面，在韦伯看来，传统中国未能发展出资本主义或近代工业文明还在于：中国传统文化精神中缺少一种特殊的文化心态，中国社会主导价值系统的儒家伦理因其一贯的乐观主义而缺乏西方新教徒那种为得到上帝救赎而努力工作的焦虑与紧张。韦伯就此指出，儒家文化是现代化的阻滞性力量。

然而，就近代以来东方历史发展中现代化进程看，我们完全有理由质疑上述结论。如果把这一结论用于说明古代中国的资本主义的不发展似乎还有一定的说服力，而一旦我们把视阈放在中国以外的一些东方国家或地区如日、韩、新等，那么，儒学是现代化的障碍因而需要摈弃，则不尽然。纵观这些国家的现代化进程，不仅受到儒家思想的深刻影响，尽管西方近代以来的价值精神在中国与东亚的经济发展中也是一个重要的因素，而且没有那种对于自身本土传统的极端反对乃至抛弃，这在一定程度上与西方启蒙的路径相暗合。在这个意义上，儒家伦理并非是一

---

[1] Max Weber, *The Protestant Ethic and the Spirit of Capitalism*, London and New York: Routlegde, 2001, p. xxxix.
[2] ［德］马克斯·韦伯：《儒教与道教》，王容芬译，商务印书馆1995年版，第300页。
[3] 同上书，第35、293页。

个与现代化进程绝对相斥的文化形态，而是有其他的因素，包括政治制度因素。在这里，哈佛大学教授杜维明的论述或许值得考虑："不受现实政治干预的商人能够调动儒家伦理的积极性，但官督商办的儒家企业却在现代化进程中显现出了明显的消极性，儒家伦理的积极精神需要自由开放的社会环境，但与某些政治文化的结合则有其消极的作用。"① 这一见解在当前我国全面深化改革、全面从严治党的新时代，有其深刻而现实的启示性意义。

衣俊卿对儒教所代表的传统主义文化为何有如此顽强的力量这个问题进行深入思考后，得出的结论是：以儒家为代表的传统文化对理性化现代文化精神的强大阻滞力有其更为深刻的社会基础，这个基础就是"自在自发的传统日常生活的深层结构和图式"。显然，衣俊卿对这一问题的思考超越韦伯的地方在于：他不是仅仅限于在文化形态自身内部寻求现代化的根源性障碍从而摆脱了文化决定论，而是深入社会存在的深层基础，遵循了马克思主义唯物史观社会存在决定社会意识、经济基础决定上层建筑的基本原理。因为，任何一个民族或国家，其现代化的真正完成，都不能是个别领域，而必须具有转型的"结构整体性"和"要素相关性"。

"中国成熟的传统农业文明孕育了异常发达的传统日常生活世界。"② 发达的日常生活世界的基本精神特质及其功能主要体现为：第一，"使农业传统文明的文化精神绵延不绝"；第二，其"内在图式形成了自在自发的文化模式，孕育着'以过去为定向'、抑制内在的理性反思的保守的传统文化精神"；第三，这种"自然性、经验性和人情化的文化模式，不仅构成了传统日常生活世界的文化图式，而且渗透和同化了非日常的社会活动和精神生产活动，成为社会的主导性文化精神。这是日常生活的内在图式成为现代性的文化阻滞力的关键所在"。

---

① 陈来：《传统与现代：人文主义的视界》，北京大学出版社2006年版，第197页。
② 以下关于日常生活的批判性论点，直接参阅了衣俊卿的研究成果，详见衣俊卿《论中国现代化的文化阻滞力》，《学术月刊》2006年第1期。

第三章　马克思主义与中国传统文化结合的内在困境与发展趋势

因为，具有以上特质且异常发达的非反思性传统日常生活世界中形成的文化图式，具有其特殊的社会经济与文化功能。首先，形成了以小农经济为主体的自给自足的、稳定的自然经济和家庭本位的社会结构。其次，经验性文化图式导致日常生活主体缺少改变现状的热情和冲动。正如费孝通指出："乡土社会不但是人口流动很小，而且人们所取给资源的土地也很少变动。在这种不分秦汉、代代如是的环境里，个人不但可以信任自己的经验，而且同样可以信任若祖若父的经验。……前人所用来解决生活问题的方案，尽可抄袭来作自己生活的指南。愈是经过前代生活中证明有效的，也愈值得保守。于是'言必尧舜'，好古是生活的保障了。"① 因而，一个完全依赖经验运转且尚未培养起一种反思的维度，最后直接渗透到非日常的社会生活和精神生活领域中，导致非日常活动的日常化：一是非日常的社会活动及其社会体制的日常化；二是科学、艺术和哲学等自觉的精神活动的自在化。

中国传统文化中日常生活世界的非反思性及其社会经济功能以及前现代特征，与马克思主义理论的自觉的反思性批判精神以及理论本身建构与生成的现代性语境，无疑构成中国传统文化与马克思主义理论融合的困境。学术界一些否定二者可以融合的论点概括起来，有两种基本形式。首先，一方面认为马克思主义只是一种"意识形态"，具有典型的非日常生活特征，而传统文化图式是在日常生活全面渗透社会生活过程与社会结构的非反思特征，因而融合具有根本的不可能性；另一方面似乎相反，认为马克思主义是科学，而非反思的自然自在的日常生活基础上形成的中国传统文化的文化结构图式具有"前科学"特质，因而不可能实现融合。这一层面上否定中国传统文化与马克思主义理论可以融合的观点，坚持的是机械的文化一元论，也未能对中国传统文化和马克思主义作整体性的精神价值考察，而对于马克思主义理论而言，显然割裂了马克思主义理论中意识形态性与科学性的统一性。而且，忽略了传统

---

① 费孝通：《乡土中国——生育制度》，北京大学出版社1998年版，第50—51页。

文化生命精神的现代转化和马克思主义结合必须要建立在社会具体实际这一基础之上或其深层次的社会历史根源，即不理解二者的结合也是理论与实际的结合。其次，认为中国传统文化和马克思主义有根本不同的生长土壤、语境和旨趣，前者是前现代的，后者则是现代性的，马克思主义是在批判传统哲学以及批判资本主义的语境中建构起来的，而中国传统文化则是在长期的封建制中形成的，因而不能融合。这一观点过分强调了文化形态与社会制度之间的对应性，因而也是机械的，而且不能看到这样一个社会事实：由于文化思想意识的相对独立性，在中国无论是过去还是现在都存在一个反封建主义的任务，就此而言，马克思主义中的反封建主义内容与传统文化中反封建主义价值因素的结合是可能的，这是二者结合的相通机制。另外，基于思想文化形态的相对独立性，也可以超越特定的社会存在，因而，中国传统文化即便是在封建社会中形成的，也完全可以通过先进的马克思主义理论融入现代因素，促进其形态的现代转化，在这里所呈现出来的则是二者融合的互补机制。

第四章 传统文化与马克思主义结合的现代性困境及其对策

马克思主义与传统文化的结合问题,一直是理论界的热点,也是马克思主义中国化的题中之义,而两者的结合会不可避免地遇到现代性困境。

一 中西文化传统流变中把握两者结合的困境

"哲学所提供的不仅是关于社会和历史的知识和方法,更应当是一种价值。从其所凝聚的对人生目的、人生意义和人生态度的意义上来看,不同哲学在价值上的互通和共性是值得我们重视的。不同哲学立足于不同的文化及其生活世界和生命经验,是对生活世界和生命价值的理解。"[①]

(一)马克思主义与西方哲学基本价值精神关系考察

1. 马克思主义的基本价值精神。一方面,马克思主义强调价值的主体性。有的学者认为,马克思对价值现象的分析是以主体尺度为视角的,换句话说,在价值关系和价值评价中,马克思是强调人的主体性的。他认为,物的价值不仅仅在于其固有的属性,而主要在于其对于人的有用

---

① 贺来:《中国哲学、西方哲学、马克思主义哲学:价值信念层面的对话》,《中国社会科学》2008年第5期。

属性。可以说，人的主体性是揭开一切价值和评价之谜的关键。[①] 应当说，这一观点揭示了价值主体性的一个维度。马克思主义认为，人在对社会贡献中实现自身价值，实现自身的自由全面发展。自由是关于人的充分发展和自我实现的状态，即根据自身以及环境的必然规律来支配自己和外在对象，使得自身能力和自我完善方面达到一种高度的一致与和谐。这里的自由指出了人的发展一种理想状态和境界，也意味着这种发展是对人自身的超越和发展，而非现有的状态和水平。[②] 而马克思主义中人的全面发展，首先，指人与自然、个人与社会、个人与自我关系合理、全面的发展；其次，指全面性不断生成的历史性。也就是说，全面发展不能仅仅停留在对生产力、生产关系和价值观念以及个体需要和能力的现有水平，更应当根据客观世界的发展和相应要求，对个体的提升和完善。另一方面，马克思主义强调实践是发挥人的主观性和能动性的基本前提，也是实现人的自由全面发展的基础。"劳动过程……是制造使用价值的有目的的活动，是为了人类的需要而占有自然物，是人和自然之间的物质变换的一般条件，是人类生活的永恒的自然条件。"[③] 人与自然界其他物种相联系的共同本性，在于人有自己的需要，首先要按照自己的需要和尺度进行活动。其次，人与自然界其他物种有着本质的区别，那就是人还能按照客观对象本身的规律进行活动；进一步而言，人能够把两个尺度结合，使得主体尺度和客体尺度通过有机转化，融合在人的活动中。一方面是通过改造客观世界，以客观规律的相关知识武装自己，指导行动，这是客体尺度向主体尺度的转化；另一方面，就是人类按照自己的需要和认知去改变对象，使其为自身服务，而人类所创造的一切都显示了自身的需要和能力，同时也是把自身内在尺度运用到对象上的结果。[④]

[①] 李德顺、孙美堂：《马克思主义价值论发展探析》，《中国特色社会主义研究》2013年第6期。
[②] 李德顺：《新价值论》，云南人民出版社2004年版，第209页。
[③] 《马克思恩格斯全集》第23卷，人民出版社1972年版，第208页。
[④] 李德顺：《新价值论》，云南人民出版社2004年版，第45页。

第四章 传统文化与马克思主义结合的现代性困境及其对策

2. 西方哲学的基本价值精神。首先，追求"凡人的幸福"。中世纪，在封建专制和教会神权统治下，在精神文化领域，主要是禁欲主义和神学蒙昧主义占据绝对主导地位，其核心内容是以神学为中心，以追求来世的幸福为目标，强调禁欲主义，否定人的存在与价值，贬低现世生活和幸福的意义。随着力量的强大和地位的上升，新兴的资产阶级在思想和行动上都与封建专制和神学禁欲主义产生了冲突，开始无法忍受封建专制和神学禁欲主义的道德束缚；继而开始强烈地感受到自己的选择自己生活方式的意愿，要听从内心对个性自由的呼唤。随着后来成为近代欧洲全民思想启蒙的文艺复兴运动的产生，人们开始发现人的存在与价值，认识到人的中心地位，追求人的现世生活和幸福。作为一种承载文艺复兴的精神支柱，其主要体现在以人道主义为核心的思想内涵中，具体而言，（1）以人性否定神性，强调人自身的幸福。意大利人文主义者彼特拉克极力反对神学家们所倡导的神爱和来世的追求，强调现世的幸福与爱情。正如他所说，不想成为上帝，也不想成为永恒，把天地抱在怀中，而只要求属于人的光荣就够了，"这是我祈求的一切，我自己是凡人，我只要求凡人的幸福"。它表明了当时走出禁欲主义神龛的人们内心的真实想法，那就是不再相信禁欲主义和神学道德的倡导：上帝是人及其活动的最高目的，人只能是附属上帝的；人的现世活动只能是为了上帝的荣耀，而非自己；人的真正幸福在上帝那里，而非现实生活；人选择去追求内心的真实想法，而非现实的物质满足。（2）崇尚人的价值，强调人的尊严。中世纪神学道德认为，人只能是上帝的奴仆与工具，人除了爱、信仰上帝，不断地荣耀上帝之外，无任何自身的存在价值可言。文艺复兴时期的思想家们则极力赞扬人的价值，歌颂人的伟大，甚至把人提升到宇宙中心的地位。正如莎士比亚在戏剧《哈姆雷特》中所描述的，"人类是多么美妙的杰作，它拥有崇高的理智，也有无限的能力和优美可钦的仪表。其举止如同天使，灵性可媲神仙。它是天之骄子，也是万物之灵。"与中世纪相比，这是多么令人振奋的表达和呼唤。在文艺复兴的思想家那里，人已经被抬高到高于万物，位于宇宙中心，而上帝无法匹敌的地位。①

其次，它强调理性的价值。关于理性，我们可以上溯至古希腊时期的柏拉图、亚里士多德等思想家那里去寻找较早的形态。但是，作为近代西方哲学的思想形态，学界往往是在对中世纪神学的批判中，在反对信仰主义的基础上，以及与经验主义相对应的意义上理解与探讨的。我们应当看到，启蒙运动后的理性主义兴起的社会历史背景可归纳为两个方面：一方面，为新兴资产阶级寻找自身存在的价值合理性根据或证明。这主要是当人文主义运动带领人们对自身理性能力的发现，以及对超验的神圣权威的怀疑后，人们开始试着运用理性从世俗生活中，从人的理性能力中寻找自身存在的价值合理性根据。另一方面，为建立一种不同于宗法等级制的新兴关系和新兴社会秩序寻找合法基础。就是说，当新兴资产阶级在倡导个人主义的同时，还会因为个人主义的极端利己化带来的社会秩序的混乱的问题，而此时，上帝不能再为人立法，只能是人为自身立法，这就需要理性精神去协调个人欲望与需要的关系，以及个人与社会的关系，建立一种普遍的社会道德秩序。② 正是这样的历史背景和时代任务决定了它事实上成为欧洲启蒙运动的一切思想与行为的出发点和基础。

在中世纪结束后的思想启蒙中，理性成为启蒙的应有之义，"启蒙的纲领是要唤醒世界，祛除神话，并用知识替代幻想。"③ "启蒙运动就是人类脱离自己加之于自己的不成熟状态，不成熟状态就是不经别人的引导，就对运用自己的理智无能为力，当其原因不在于缺乏理智，而在于不经别人的引导就缺乏勇气与决心去加以运用时，那么这种不成熟状态就是自己加之于自己的了。……要有勇气运用你自己的理智！"④ 理性是时代精神的标志，是评判事物的标准。

---

① 宋希仁：《西方伦理思想史》，中国人民大学出版社2010年版，第155页。
② 高兆明：《伦理学理论与方法》，人民出版社2005年版，第175—176页。
③ ［德］霍克海默、阿多诺：《启蒙辩证法》，曹卫东译，上海人民出版社2006年版，第1页。
④ ［德］康德：《历史理性批判文集》，何兆武译，商务印书馆1990年版，第22页。

第四章 传统文化与马克思主义结合的现代性困境及其对策

再次,它重视个性自由的追求。在封建专制和神学道德的统治下,人是上帝的附属品,只能是工具,是一种完全被动的存在,所以无个性自由可言。而在文艺复兴时期,人道主义从新兴资产阶级的利益要求出发,坚决反对神学对个体人性的摧残和自由的束缚,而极力主张个人的解放和自由,强调要按照人自身意愿去选择自己的生活。正如"新时代的最初一位诗人"(恩格斯语)但丁所论述的,"当人类最自由的时候,就是它被安排得最好的时候"。当然,在这里,人类的自由就是意志自由,就是讲人们的判断不再借助上帝的信仰,也不受欲望的控制,而完全是根据个体的理智作出的决定,所以是最自由的。同时,但丁还将"行动"纳入到了自由的理解中,即"先思后行",这种观念在当时是非常进步的。而按照柏拉雷的理解,人性是天然向善的,越是顺从引导越能激发人向善的意识,所以给其自由不会导致其作恶;相反,对人性的压制,则会导致向善的热情受到压抑从而使人转向作奸犯科。[①]

3. 马克思主义与西方哲学基本价值精神关系。马克思主义强调的价值的主体性中包含了对人的主观能动性的重视,对人的自由全面发展的价值旨归。而西方哲学中对人的地位的重视,对人的价值的发现,对人的自由崇尚,在一定意义上,也是促进个体的自由全面的发展。从价值关系的区别来看,二者所产生的历史背景不同,西方哲学主要是指近代西方哲学的价值精神,更多是为从神权至上和禁欲主义中解放而提出的人的价值和人的理性与自由;是新兴资产阶级从自身利益出发,为自身的存在以及建立合理新秩序出发而提出的历史任务。而马克思主义的价值精神则主要是在资本主义社会出现危机,为了实现无产阶级的历史任务的背景下提出的。"从阶级属性讲,马克思主义哲学的根本目标就是为无产阶级服务,所以其哲学是无产阶级的指南,最终实现全人类的解放,实现每个个体的自由全面的发展,而西方哲学家无法摆脱固有政治

[①] 宋希仁:《西方伦理思想史》,中国人民大学出版社2010年版,第155—156页。

形态和意识形态等偏见,无法自觉选择走向现实生活和实践的道路。"①二者价值内涵的不同。西方哲学中所论述的人的自由,就是人从蒙昧的状态摆脱出来,从对神权的信仰摆脱出来,强调人的物质欲望的满足和理性意志的自由。而马克思主义的自由则是在实践的基础上,是在对必然的客观规律的认识基础上所实现的个体能力的提升、素质的完善以及达到的境界,是人的解放与自然解放的统一。

(二) 西方马克思主义对马克思话语逻辑的发展与偏离

1. 西方马克思主义及其对马克思主义话语逻辑的发展。福柯强调话语与权力结构之间的关联,因而,不同时代,话语权力的运作及其发挥作用的方式都有其特殊性。马克思主义作为一种指导中国革命实践不断走向成功的科学理论,体现了主流价值或意识形态的选择以及中华民族的历史选择和中国人民的理想追求。

西方马克思主义的最初产生与20世纪初的共产主义运动紧密相连,第一次世界大战后,俄国十月革命胜利,中西欧革命失败。当时面临的一个突出问题就是:为什么在资本主义的内在矛盾如此突出的情况下,无产阶级革命不能在全世界取得胜利?为什么革命在落后的俄国取得胜利,而在先进的国家反而陷入低潮?在回答这些问题的过程中,卢卡奇等人认为,如果经济条件成熟,革命自然会胜利。在他们看来,这完全是陷入了机械唯物主义的困境,是违背马克思的辩证法的,是歪曲了马克思的哲学。而第三国际在哲学上与第二国际没有不同。基于此,卢卡奇等人提出了"重建马克思主义哲学",就是重新将马克思主义理解为人道主义的、与黑格尔思想相连续的思想,强调重新研究马克思的以主客体互动为对象的历史辩证法。②卢卡奇、柯尔施等人总结革命的经验教训并寻找新道路的过程中,反对列宁主义及其指导下的俄国十月革命,

---

① 刘放桐:《当代哲学走向:马克思主义与现代西方哲学的比较研究》,《天津社会科学》1999年第6期。

② 陈学明:《西方马克思主义论》,辽宁教育出版社1991年版,第43页。

第四章 传统文化与马克思主义结合的现代性困境及其对策

反对共产国际对马克思主义的理解。

从形态演变的过程来看,我们无法将西方马克思主义排斥在马克思主义传统的谱系之外。但相较于传统马克思主义对政治性的重视,西方马克思主义增加了对马克思主义哲学前提的思考。1932年,马克思的《1844年经济学哲学手稿》全文首次公开发表,被马尔库塞、列斐伏尔、卢卡奇等人视为"划时代"的事件,并企图按照手稿进行马克思主义重建。这种重视表明了西方马克思主义者对马克思主义哲学以及马克思同黑格尔、费尔巴哈联系的重视与挖掘,同时,也反映了西方马克思主义者们对人的主观性及人本身的研究的重视。由此可见,西方马克思主义是马克思主义传统的延伸。而且这种思考模式将其探讨视域不断扩大,"比如葛兰西的领导权概念及其对文化的重要意义,马尔库塞对弗洛伊德理论的运用,霍克海默和阿多诺对启蒙的批判……"[1] 都是对经典马克思主义传统话语的补充。

西方马克思主义自然观,联系其提出的历史背景,我们可以看到其在某种意义上,是第二国际和第三国际在倒退回费尔巴哈的机械自然观的背景下,为了反对形而上学倾向提出的,尽管其有着片面性,但是我们也要看到其积极意义。在历史观方面,力图建立一种以人为中心的历史观,这种历史观是对机械的形而上学的历史观的反动;在认识论方面,西方马克思主义学者反对实证主义的经验主义原则和科学主义,推崇理性和"形而上学",主张把黑格尔的理性概念引入到马克思主义认识论中。[2]

在20世纪30年代中期至40年代中期,对法西斯主义产生的心理根源的分析,20世纪50年代中期至60年代中期对现代资本主义社会的批判。如,资本主义社会已经进入了"工业社会",工人阶级的生存、生活条件都有了很大的改善,而社会的病态并未克服,依然是危机四伏,那如何在新的时期,实现马克思主义的"现代化"?20世纪60年代中期

---

[1] 刘文旋:《作为哲学的西方马克思主义》,《哲学研究》2015年第7期。
[2] 陈学明:《西方马克思主义论》,辽宁教育出版社1991年版,第88页。

至70年代初对西欧和北美"造反运动"的指导。20世纪70年代后，对现代科技革命的社会效应的研究等，都是对资本主义社会进行批判，并试图修正、丰富和发展马克思主义。同时，西方马克思主义在促进不同时代及不同流派的思想成果与马克思主义理论之间的相互交流和借鉴，促进了马克思主义话语逻辑的发展。

2. 西方马克思主义对马克思话语逻辑的偏离。卢卡奇等人对无产阶级革命道路探索过程中，提出总体革命的道路，但是，他们的"黑格尔式的同一"，则把"总体革命"变成了主观革命，因为在他们那里，思想批判就是一种革命行动。实事求是地讲，西方马克思主义的确是在"一战"后，欧洲先进国家无产阶级革命失败的产物，而其在检验和发展马克思主义、探索革命新道路的过程中表达了"人们对新形势的判断和新问题的探索，但是他们确实又从一个极端走向了另一个极端，那就是从第二国际对人的主观能动性的抹煞到对人的主观能动性的过分夸大。"[1]

而马克思主义的本意应当首先是实践，是政治行动指南。西方马克思主义者之所以偏离政治行动而沦为学术慰藉，与西方马克思主义学者不能参与到实际政治实践有关，这直接导致了无法客观把握政治问题，而被迫转向了哲学这一远离政治的维度。而真正的马克思主义则始终自觉将理论落脚于实践，依据现实实践，通过对现实实践的理性分析上升为理论，发挥行动指南的作用。

在自然观方面，西方马克思主义在普遍地接受了马克思"人化自然"的思想基础上，提出了自己的自然观，就是强调"自然物质"是"通过历史的劳动占有的"，是历史的产物。[2] 而在接受马克思的观点的同时，他们又进行了修正。我们应当看到，这种修正的自然观的片面性，他们努力将自然论证为社会范畴，强调自然相对于实践的第二性。他们的主客体辩证法强调突出主体的"纯粹活动"的作用，把整体社会与普

---

[1] 陈学明：《西方马克思主义论》，辽宁教育出版社1991年版，第44页。
[2] 同上书，第71页。

遍人性间的对立当作社会的主要矛盾。这些显然都是有失偏颇的。在认识论上，反对对立统一观念和矛盾分析方法，强调用总体性观念和综合方法去分析解决问题，与列宁的反映论对立，崇尚实践和创造，凸显人的实践活动的主体性作用，实践被解读为人的主体性活动，反对实证主义，崇尚理性和形而上学；在政治经济方面，西方马克思主义在中心界定国家学说、意识形态基础上，强调市民社会的作用，削弱了国家机器的作用，突出意识形态和上层建筑的文化霸权[①]。这都是对马克思主义话语的偏离。

（三）儒学复兴与马克思主义中国化的困境

1. 儒学的复兴及其与马克思主义融合的必要性。当代的儒学复兴，本质上主要是文化上和学术上的复兴，一直在不断地回应时代提出的问题从而体现自己的生命力。"经过自我变革，儒学作为一个学派有可能复兴，成为社会主义多元文化中的重要一元而继续存在和发展"[②]。社会主义革命、建设和改革实践证明，马克思主义才是指导我们革命和建设的正确思想，马克思主义的指导地位是历史和人民的选择，同时也证明，儒学不能成为文化领域的主导。中国化的马克思主义特别重视挖掘传统文化的精华，正如毛泽东所说："今天的中国是历史的中国的一个发展；我们是马克思主义的历史主义者，我们不应当割断历史。从孔夫子到孙中山，我们应当给以总结，承继这一份珍贵的遗产"，"把国际主义的内容和民族形式分离起来，是一点也不懂国际主义的人们的做法，我们则要把二者紧密地结合起来"。[③] 儒学为马克思主义中国化提供一种文化的认同，建设中华民族共有的精神家园。当前的"儒学复兴"就是现代社会转型时期民族性与现代性相交融的结果。这要从传统中寻找价值和文

[①] 李茹娴：《试析西方马克思主义与马克思主义的关系》，《山西师大学报》（社会科学版）2015年第5期。

[②] 许全兴：《"儒学复兴"之管见》，《社会科学》2010年第4期。

[③] 《毛泽东选集》第2卷，人民出版社1991年版，第534页。

化的双重认同,而不可一味地强调现代性和民族性的二元对立。当然,"文化认同并非单纯地指对本己文化的认同,也包括对他文化或异己文化的认同。""实现自觉的文化认同,要避免民族虚无主义,也要避免狭隘的民族主义。"①

2. 关于儒学与马克思主义融合的可能性。学界目前主要存在两种观点:一种观点是,儒学传统已经远离中国现实的发展过程,而中国马克思主义就是其掘墓人和取代者,或者认为儒学是"封建残余",容易影响马克思主义的纯洁性;另一种观点认为,儒学与马克思主义是同源同宗,无所谓融合问题。第一种观点看到了儒学与马克思主义的异质性,但是没有看到二者的内在关联。第二种观点则通过引用马克思经典作家的某些只言片语,将中国传统文化对西方文化产生的一些影响夸大为儒学是马克思主义的思想来源,这是不客观的。从源流上看,世界各民族文化可分为三大系统:东方文化、西方文化和印度文化。而梁漱溟对三者的路向和特点概括为:西方文化向前要求,印度文化向后要求,中国文化调和持中。其后,也有许多学者对不同文化进行了比较。应当说,各个系统中的文化都有其共性和个性。正如有的学者所认为的,儒学与马克思主义的融合有着内在基础和依据。对文化的共性的认识就是说明儒学与马克思主义融合的基础和依据。社会实践的最根本的共性就在于人自觉地改造自然、社会和自我的活动。作为一个开放的、科学的、发展的思想文化体系,马克思主义有其客观真理性,尽管其个别结论和观点会过时,但是其立场、基本观点和方法是不会过时的,是超时代、超民族性价值的。而儒学作为反映农业文明色彩的思想文化体系,尽管其科学性不高,但是其在对人类社会共性问题的处理中所提出的思想理念,如天人合一、仁爱、知行合一、大同世界等,却包含着超越性价值。这些共性的东西,就是儒学与马克思主义融合的内在基础。②应当说,这

---

① 陈世联:《文化认同、文化和谐与社会和谐》,《西南民族大学学报》(人文社科版) 2006 年第 3 期。
② 张建新:《儒学与马克思主义》,陕西人民出版社 2003 年版,第 99 页。

第四章 传统文化与马克思主义结合的现代性困境及其对策

种观点看到了儒学与马克思主义之间的内在联系,看到了二者融通的内在基础和依据。这是根本,是从人类社会的实践基础上的认识。同时,我们也应当看到,由于两种文化系统中的个性,所以二者的融合还有一些困难。

3. 儒学复兴与马克思主义融合的直接依据。儒学与马克思主义不仅在文化融合上具有内在的基础,同时,还具有实现的外在功能条件。正如有的学者所提出的,一种文化的离析性与整合性是文化融合的条件。所谓离析性是指文化体系的分解性,这是此文化与其他文化交流、融合的基础。所谓整合性是指文化系统能够按照社会实践的需要重新整合的功能和机制,这是保证文化系统结构的有序完整的前提。文化的离析性表现为:从文化的共时性而言,一定时代、民族的文化,总是可以分解成在文化精神上不同甚至相异的部分。在某种社会形态内部,无论是统治阶级与被统治阶级之间,还是统治阶级内部,都包含着与整体文化功能不协调的部分。从文化的历时性而言,文化发展可以分为不同的阶段,而每个阶段都会有新的发展和对传统观点的突破,这个发展过程往往与学派分化相联系。而分化的学派间的争论,在一定时期又会出现合流。儒家的孔子死后,"儒分为八",秦汉时期的文化合流,以至于宋明时期的"儒学复兴"。而马克思主义从纵向看,经历了不同的发展阶段;从横向看,在不同国家,有内容创新和形式的创新。在中国,与中国革命和建设实际相结合,产生了毛泽东思想与邓小平理论。可见,无论是儒学内部的思想发展历史,还是马克思主义思想发展历史都充分证明了这一特点。而关于文化的整合性,就是根据时代要求和社会实践需要,不同的文化要素和成分重新整合为一个有机整体。这种整合是以一定的经济、政治为客观基础的,同时,遵循文化要与经济政治相适应的规律的。从儒学与马克思主义融合的历程来看,就经历了从教条主义到实事求是的过程。[①] 可见,儒学与马克思主义不仅有内在的融通基础,而且还遵

[①] 张建新:《儒学与马克思主义》,陕西人民出版社2003年版,第105页。

循了文化本身的离析（分解）与整合的规律，这构成了二者融通的直接依据。

4. 儒学复兴与马克思主义融合的困难。有的学者指出，二者在时代性和阶级性、科学性和民族性等方面存在冲突。首先，在时代性和阶级性方面，马克思主义属于先进的现代文化，是工人阶级认识改造世界的思想武器。儒学则是反映中国封建社会物质生产关系和封建制度的思想文化，其中既包含占主导的体现封建统治阶级利益要求的意识，也有超时代局限的普遍性意义的思想。马克思主义是工人阶级的斗争武器，以共产主义为目标。儒学则是为维护封建宗法制度和封建秩序。其次，在科学性方面，马克思主义具有科学性和实证性，是严密的思想体系。儒学是古代科学的产物，呈现朴素直观的特征。马克思主义理论体系中基本观点是生产力论，儒学的核心思想是道德论，存在重道德、轻经济的倾向。再次，从民族性方面，马克思主义是在欧洲文化土壤中发展起来的理论，其文化形态与作为中国文化主流的儒学是不同的。儒学与马克思主义之间的民族性冲突主要表现在显性对立和隐性对立。[1] 这一观点看到了二者因社会背景和文化土壤不同，所带来的理论内涵的冲突，同时，二者的内核无法完全一致，发展轨迹也完全不同，"以梁漱溟、熊十力为代表的第一代现代新儒家的抵触，到以牟宗三、徐复观为代表的第二代现代新儒家的不认同……再到以杜维明、刘述先为代表的第三代现代新儒家态度相对理性，在意识到儒学复兴不可能避开马克思主义的情况下，开始主动接受马克思主义，并主张开展儒学与马克思主义之间的对话。以蒋庆为代表的大陆新儒家则认为儒学和马克思主义不可兼容，并提出了'政治儒学'的建构方向。"[2] 可见，儒学与马克思主义的融合是存在困难的，具体而言，"二者的融合的困难之一在于思维方式不同。儒学的思维方式是一种推己及人的外推式思维方式，而马克思强调的是

---

[1] 张建新：《儒学与马克思主义》，陕西人民出版社2003年版，第91页。
[2] 马云志、张江波：《当代儒学复兴何以可能——儒学复兴之困境分析》，《甘肃社会科学》2016年第2期。

辩证逻辑推理思维方式。困难之二在于价值观的差异，马克思主义强调实践基础上的生产和政治革命，而儒学更多的是注重稳定后的修养思想。"[1] 这些都为两者的融合提出了挑战。

二 社会主体的文化心理对于两者结合的影响

（一）社会转型期的社会思潮与文化价值的多元化

1. 社会转型与文化。"社会转型"（social Transformation）一词源于西方社会学理论，主要指社会发生的深刻的转折与变革，与历史转折和社会革命等词语意思相近。社会转型是一个复杂的现象，人们可以从不同的角度和层面去理解它。广义的社会转型不仅涉及社会结构、政治制度和生产方式的变革，还包括生活方式，价值观念以及社会习俗的变迁。[2] 学界对于社会转型的理解也涉及经济、政治和文化等方面。关于文化，"广义指人类在社会实践过程中所获得的物质的、精神的生产能力和创造的物质、精神财富的总和。狭义指精神生产能力和精神产品，包括一切社会意识形式：自然科学、技术科学、社会意识形态。作为一种历史现象，文化的发展有历史的继承性；在阶级社会中，又具有阶级性，同时也具有民族性、地域性。不同民族、不同地域的文化又形成了人类文化的多样性。作为社会意识形态的文化，是一定社会的政治和经济的反映，同时，又给予一定的社会的政治和经济以巨大的影响。"[3] 我们更多从狭义层面来理解。

关于文化与社会历史进程，许多学者都有研究。比如意大利思想家维柯在《论民族共同性的新科学原理》一书中，就把风俗习惯、生活方式等作为考察社会的重要尺度，由此把对社会的考察由经济和政治的维

---

[1] 曹明：《传统文化与马克思主义结合的现代性困境探析》，《盐城师范学院学报》2018年第1期。
[2] 李庆霞：《社会转型中的文化冲突》，黑龙江人民出版社2004年版，第6页。
[3] 夏征农、陈至立主编：《辞海：第六版彩图本》，上海辞书出版社2009年版，第2379页。

度转向了文化的维度。在此基础上，汤因比等人更加系统地论述了文化与社会发展的关系，他选择文明作为历史研究的基本单位，而非民族国家，他明确提出，"历史研究的可以自行说明问题的单位既不是一个民族国家，也不是另一极端上的人类全体，而是我们称之为社会的某一群人类。"① 从此，人们对社会转型的研究已经深入到了社会的内部，即文化结构中去理解。关于社会转型与文化的关系，在雅斯贝尔斯的历史哲学中也有所体现，他把人类历史分为史前时代、古代文明、轴心时期和科技时代等四个阶段，他选用的标准就是文化和人。正如他本人所说："人类整体是一个生命发展进程。它成长、旺盛、衰老、死亡。我们不仅把它描绘成人类独一无二的发展进程，而且也把它描绘成人类文化相互接替和彼此共存的重复而多样的发展进程。文化是历史的躯体，它从蒙昧的人类杂乱无章的原材料中生长出来，其进程服从于各项法则，有生命的各阶段，有开端和终始。"② 而文化精神与社会转型的关系问题，不仅在历史哲学中有关注，在社会学中也有体现，韦伯在《新教伦理与资本主义精神》中透过西方社会从中世纪向资本主义的转变研究，揭示了文化精神与社会转型的内在联系。应当说，这些学者对于文化的界定都是广义上的，即在自然的人化这一意义上来使用的。而我们所要分析的社会转型与文化的关系则主要是作为社会结构、政治制度、生产方式的变革与精神生产能力。

2. 当代中国的社会转型与文化冲突。当代中国的社会转型首先是一个漫长的历史过程，从鸦片战争就已经开始了，在此之前，中国是一个以自给自足为特点的小农自然经济，而且是一个高度稳定的保守的社会，它抵制任何促使它改变的因素。直到鸦片战争，这个社会才开始了转型历程。其次，这个转型是一个非连续性的过程，其中洋务运动到戊戌变法之间、国共内战期间等，都是停滞期。再次，中国的现代化转型具有

---

① [英]汤因比：《历史研究》（上），曹未风等译，上海人民出版社1997年版，第14页。
② [德]卡尔·雅斯贝尔斯：《历史的起源与目标》，魏楚雄、俞新天译，华夏出版社1989年版，第270页。

第四章 传统文化与马克思主义结合的现代性困境及其对策

不平衡性。主要反映在不同区域的现代化程度的高低上。① 当前的社会转型仍然是这一过程的延续,只不过转型的内容已经由救亡图存转向了现代发展。现代发展的内容则是全面的,包括经济体制、政治体制和思想观念等全方位的转型。

正如有的学者所指出的,当代中国在社会转型过程中,遇到的文化冲突是前所未有的,主要表现在农业文明和工业文明这两种文化模式的对抗,或者是经验主义文化模式与理性主义文化模式的碰撞。这种文化冲突是极为复杂的。一方面,由于其是在西方文化的入侵中被动转型的,所以,它对西方文化的态度是纠结的,从理性上,是承认其合理性,准备接受;从感情上,又对其充满抵触。另一方面,这种文化冲突不是在西方文明上升时期,而是在西方文化出现弊端、遇到危机时出现的,或者说,两种文化是有着一定时代落差的。所以,就表现得更为复杂。甚至可以说,中国处在前现代、现代和后现代夹击中,陷入了多重文化抗衡冲突的时期。② 这种文化冲突是非常尖锐的。西方现代文化开始于资本的原始积累,这一进程主要是通过海外扩张和殖民掠夺完成的,所以并没有引起农民的反抗。而中国的资本主义的发展,却只能来源于对农民的盘剥,所以导致了其原始积累和产业革命与广大农民产生对抗,以至于"广大农民对于资本主义的发生和发展,由此进而对于商品——市场经济的发展与扩大,对于现代城市的兴起,对于世界性联系的发展,都抱有极端怀疑和极端不信任的态度;反过来,又使他们对传统的自然经济体系、传统的农业社会及乡村文明,传统的封闭性生活分外留恋,增加了传统社会、经济、政治与文化结构自身的凝聚力。"③ 同时,在全球化的背景下,尤其是 20 世纪以来,随着现代交通和信息网络技术的发展,各个民族、各个国家之间的相互影响、相互制约的程度大大增强,尤其是发达国家对发展中国家的冲击和影响更为明显,所以,中西方文

---

① 李庆霞:《社会转型中的文化冲突》,黑龙江人民出版社 2004 年版,第 220 页。
② 同上书,第 223 页。
③ 姜义华:《理性缺位的启蒙》,生活·读书·新知三联书店 2000 年版,第 52 页。

化价值之间的冲突更加多元,更加复杂。

3. 社会转型带来的社会思潮和文化价值的多元。"所谓社会思潮,一般是指在一定时期内、反映某一阶级或阶层利益和要求的、得到广泛传播并对社会生活产生某种影响的思想趋势或思想潮流。"① 在当前我国,利益主体多样化,利益内容具体化,作为主体的个人或群体追求具体的政治、经济和文化利益。

无论是就业、人口还是区域,都必然地影响着人们的社会心理、思想观念及价值观念。"广大民众必然从自身的利益、需要出发表达自己的意见和态度,发表评价意见。各社会群体主体从'为我关系'出发,揭示这些带有普遍性的社会问题对于自身的意义,对自身与这些基本问题、基本矛盾之间的价值关系表达自己的观点、态度、诉求。由此,代表不同社会群体主体的利益和要求的社会思潮大量产生,并随着这些社会问题和时代课题的复杂化和尖锐化而相互冲击、碰撞、交流、融合。"② 总之,分化出的社会阶层越多,相对应的反映利益要求的社会思潮越多。

利益格局的调整带来的利益差别,直接导致利益冲突和社会矛盾,"在利益格局深刻调整的过程中,社会大众的思想观念、价值观念、价值取向、道德观念发生变化并呈现出多样化形式,广大民众的情感、态度、诉求、动机、信念、风俗、习惯等社会心理因素更呈现出反传统性和变异性,社会心理时时处在流变之中。"③

(二) 马克思主义研究对生活与文化的影响力

我们党在总结历史经验教训,在加强马克思主义在意识形态领域指导地位的要求时,要使产生于西方的马克思主义实现中国化,就要与时代发展、时代特征结合,实现时代化;就要贴近人民群众及其实践,实

---

① 赵曜:《当代中国社会思潮透视》,《中国特色社会主义研究》2002 年第 1 期。
② 丁祥艳:《论社会思潮的多样化是社会转型的必然》,《求实》2012 年第 8 期。
③ 同上。

第四章 传统文化与马克思主义结合的现代性困境及其对策

现大众化。这从本质上来讲,就是马克思主义回归生活的群众性社会实践。生活是马克思哲学的重要基础。马克思以回归现实生活的姿态,批判和超越了传统形而上学,指出生活世界是具体的,人们的存在就是他们的现实生活过程。

马克思主义生活化顺应了现实社会文化生活急剧变化的趋势。改革开放以来,社会转型加快,社会面貌发生巨大变化,日常生活繁荣,社会生活的世俗化倾向明显。同时出现了与传统社会不同的市民社会。而且,随着经济发展,人们的物质财富丰富,外在力量增强,精神世界却空虚,无法理解生活的最终意义,影响了个体和社会发展,需要精神观照。

从时代变化看,在全球化背景下,"大众传媒、网上交往和网络文化对大众的文化生活及其生活方式产生极大的冲击和摇撼,图像文化、生活文化、消费文化和快餐文化等急剧膨胀,以日趋强势的文化影响力挤占了主体的各个日常生活空间,从不同方面对大众产生影响,使得建立在理性主义传统之上的马克思主义很难真正深入到社会民众之中,破坏了人们对马克思主义的情感和认知。文化语境的生活化,迫切需要马克思主义大众化这类以政治动员为内容的精神文化教育要适应语境的变迁,增加生活化的内容,使当代马克思主义从不同的层面以不同的方式深入社会生活的各个领域,积极参与民众的社会生活,对社会发展的价值取向、终极关怀进行直接的引导和确证,以其科学性为我们提供一个真正科学意义上的指导,以应对全球化、信息化、网络化对大众生活的挑战。"[1] 这些都需要马克思主义生活化。

1. 马克思主义研究对生活和文化的疏离。在当代,马克思主义研究话语的教条性、命令性特点明显,沟通与平等缺乏,"在理论宣传教育中存在政治化倾向的教条主义和知识化倾向的形式主义病症,要么是独

---

[1] 刘维兰、吴远:《马克思主义大众化之"生活化"问题思考》,《甘肃社会科学》2011年第3期。

断的政治说教，要么仅仅是知识体系，严重脱离群众而被排斥"①。同时，作为对生活的概括与总结，话语过于抽象性。当代，马克思主义的主要任务是指导中国特色社会主义现代化建设，所以，其话语表达方式更应当注重与大众实际的贴近与契合。

　　从话语逻辑来看，马克思主义的通俗性和日常化的工作还有待加强。应当说，马克思主义本身是近代欧洲历史条件的产物，其思维方式和话语逻辑与中国实际是有差距的，所以，从其被引入中国的那一刻，就面临着与中国革命实际相融合，即马克思主义中国化的问题。当前也是这样，从理论层面来讲，一种理论能否发挥其指导实践的功能，一方面是理论本身的彻底性；另一方面是这种理论与现实生活相结合的程度。从话语内容来看，"'思想淡出，学术凸显'成为当前马克思主义研究中的流行特点，学术凸显使得当前的研究更加精致，口号式的东西少了。但是，另外一种偏向就是对现实问题的回应少了，不能把握时代精神，游离在生活现实之外，这也就导致了自身的贫乏以至被生活抛弃，'边缘化'就是其中重要的表现。从民众诉求来看，随着社会转型加快，利益主体多元，利益诉求多样，意识形态领域的话语多元与交锋的现象愈演愈烈。但是，传统的研究过于关注宏大叙事和纯文本的探索，对日常生活的民众诉求缺乏话语引导，对出现的问题缺乏及时的回应，如社会分层分化、贫富分化等严峻问题，许多人认为，马克思主义意识形态理论是无用的，在现实生活中是空场的，理论与现实脱节严重。"② 马克思主义哲学区别于以往哲学的根本的特点就在于其实践性，"哲学家们只是用不同的方式解释世界，而问题在于改变世界。"而现在的教条主义和经验主义都是缺乏实践态度的表现。艾思奇就曾经批评过此种现象，"我们许多同志，对于书本的研究曾用了相当大的力量，然而在处理实际问题时，却表现出没有能力。尽管有人读过《资本论》，或者熟读经

---

① 刘维兰、吴远：《马克思主义大众化之"生活化"问题思考》，《甘肃社会科学》2011年第3期。

② 朱斌：《马克思主义意识形态话语权建构的日常生活向度》，《理论探索》2013年第6期。

第四章 传统文化与马克思主义结合的现代性困境及其对策

济学的一般理论,然而对于中国的经济发展规律却茫然无知,甚至对于边区、延安的经济变化,也没有能力加以说明;尽管有人把马列主义的战略策略的原则条文背的烂熟,而一谈到中国的政治斗争在一定时候、一定地方应采取的策略问题,却毫无解决的头绪。"① 当前,这种脱离生活、脱离实践的现象更加严重,许多学者无视当代中国的经济政治现状,专注于"书斋"学问,这种研究没有实践根基,更是无法指导现实实践,只能是纸上谈兵。

2. 马克思主义研究脱离了现实生活,忽视了文化维度。首先,马克思主义研究过分沉迷对文本的解读却严重脱离人们的现实生活。马克思早就说过:"生活需要的不是意识形态和空洞的假设,而是我们要能够过恬静的生活。"②"我们的出发点是从事实际活动的人,而且从他们的现实生活过程中我们还可以揭示出这一生活过程在意识形态上的反射和回声的发展。甚至人们头脑中模糊的东西也是他们的可以通过经验来确定的、与物质前提相联系的物质生活过程的必然升华物。因此,道德、宗教、形而上学和其他意识形态,以及与它们相适应的意识形式便失去独立性的外观。它们没有历史,没有发展,那些发展着自己的物质生产和物质交往的人们,在改变自己的这个现实的同时也改变着自己的思维和思维的产物。不是意识决定生活,而是生活决定意识。"③ 随着"回到马克思"思潮的兴起,强调对经典作家文本的研究过程中却"沉迷于某些词句的翻译,某些段落的顺序……甚至有些人热衷于一些经典作家的草稿、未发表的手稿以及弃之未用的篇章,来达到所谓占有文本、文献,填补空白,实现创新"④。这就脱离了理论研究的核心宗旨了。

其次,马克思主义研究缺乏对现实问题转变的自觉意识。我们在谈到马克思主义研究中的教条化问题时,往往自觉不自觉地用一种标准来

---

① 《艾思奇文集》第1卷,人民出版社1981年版,第587页。
② 《马克思恩格斯全集》第40卷,人民出版社1982年版,第236页。
③ 《马克思恩格斯全集》第3卷,人民出版社1960年版,第30页。
④ 沈江平:《关注马克思主义研究中的四个疏离》,《马克思主义研究》2014年第10期。

界定，这种标准就是一种实践标准。就是针对现实和实践已经发生变化，我们的理论认识就应当适应，而非死守原有的理论和概念，否则，这就是形而上学，就是理论僵化。就中国现实而言，中国共产党现在已经实现了从领导革命到领导现代化建设的转变，所以我们的无产阶级革命和无产阶级专政、阶级斗争等话语也要进行转变，要让"以人为本"和"人的全面发展"等话语充分凸显。① 同时，在当今全球化背景下，传统理论中的帝国主义和依附时代已经接近终点。正如有的学者总结的，"这种终结不是由于发达国家的善心，也不是弱国的强大，而是全球化的特征所导致。各国之间的相互联系依赖的程度加深，出现了'一荣俱荣，一损俱损'的局面等，这种情况的出现都需要马克思主义研究认真思考，积极应对。"②

最后，马克思主义研究过分凸显意识形态的政治维度，却忽视其文化维度。"意识形态源于每个人现实生活的生产方式与生活方式，因此，在每一个体和群体中都存在一种普遍的意识形态。这一由人所创造又使人从动物中超拔出来的意识形态即文化意识形态，是组成人的现实生活的必要元素。"而政治意识形态则是指"统治阶级为维护自身的长治久安，而将符合其利益的特殊思想观念和幻想演绎成一种象征普遍化的意识形态，并使得全体民众接受。"③ 现阶段，在经济全球化的背景下，意识形态理论也越来越呈现出虚无化和边缘化的倾向。

（三）文化的价值工具主义理解与文化的理性认同

1. 文化价值日益工具化。丹尼尔·贝尔把文化的本质理解为人们应对生存困境的一种努力及其相应的解释系统。然而，现实中，文化与人的生存状况却可能出现背离，即人的自主性和创造性的消失和人的存在

---

① 李惠斌、叶汝贤：《马克思主义研究的基本问题》，社会科学文献出版社 2006 年版，第 113 页。
② 同上书，第 114 页。
③ 梅景辉：《意识形态向生活世界的回归——马克思主义理论发展的现代性之维》，《北方论丛》2012 年第 1 期。

第四章　传统文化与马克思主义结合的现代性困境及其对策

价值的消解。

文化价值工具化，一方面，促进了文化产业的发展；另一方面，由于过于重视知识化、效率化、物质化，而导致文化的精神形态受到挤压，日常生活中的精神生活质量不再受到重视，对于情感需求的关注越来越低。比如，在激烈的市场竞争中，大家都忙于经济利益，注重效益，而忽视了精神追求、人格完善和理想信仰。而在精神领域里，重视感官刺激，忽视道德修养和理论水平。

针对马克思主义工具化、政治化倾向，许多西方马克思主义者也开始了"文化转向"，"把它从反资本主义的政治纲领转化成一般的反权力文化实践，从生产方式变革理论转化为生活方式选择理论，从历史理论转化为文本（话语）理论。"① 在反思自身文化建设中，中国共产党发现了马克思主义工具化的问题，将马克思主义理解为指导革命和建设的理论指南。当然，这符合马克思要改变世界的本意，然而，问题的关键是我们不仅需要指南，更需要信仰。对于马克思主义，我们要将其变成一种信仰，让其走进我们的心里，并提升到一种追求人类发展解放的信仰中。"对于马克思主义为劳苦大众的解放和自由形成的教义，没有信仰，是很难持久的，如同儒教的心学、佛教的禅宗、道教的修行等，坚持对马克思主义的信仰就是一种文化自觉。要坚定的相信，共产主义作为一种社会运动，已经包含在我们的日常生活当中，而不能仅仅当作一种渺茫的理想。"②

2. 文化价值精神的理性认同。我们提到马克思主义的信仰，不是对马克思主义的理性认同的否定，而恰恰是对其更高层次的理解。一般而言，所谓信仰，通常被认为是一种宗教式的信仰，当然，这是受历史上信仰与真理之间对立事实的影响，尤其是在西方中世纪。但是随着近代

---

① 胡大平：《马克思主义能否通过文化理论走向日常生活？——试析20世纪70年代之后国外马克思主义的"文化转向"》，《南京大学学报》2006年第5期。
② 陈红太：《中国特色社会主义新文化建设任重而道远——防止马克思主义工具化》，《中国特色社会主义研究》2011年第6期。

人类信仰的世俗化，传统的宗教信仰逐渐衰落，新的世俗信仰兴起并朝着科学化方向发展，对信仰的内涵理解应当需要更新了。我们这里谈到的信仰与信念没有本质的不同，只有层次上的不同。"一般来说，信念常用来表示对一些具体的观念的相信和信奉，而信仰则用来表示对最高层次和最核心的观念的相信与信奉。信仰即是最高层次的信念。"[1] 对于人类心灵来讲，并非虚幻的东西才配信仰，正确科学的东西也值得我们去信仰，信仰不仅与理性不再对立，而且是更高层次的理性。当然，我们并不否认信仰与理性的区别，只是要把这种差异性保留在人类活动和社会实践的辩证统一过程中[2]。那我们如何理解马克思主义信仰呢？首先，马克思主义信仰者使其不仅是一种理论的形态，还是一种信仰的形态；其次，涉及的是马克思主义理论体系的价值性问题，马克思主义要真正发挥其改造世界的功能，就需要有实践者对其接受并信奉，否则马克思主义作为世界观理论就失去了其产生与存在的意义。

三 以特定的社会结构背景理解两者结合的困境

（一）资本主义社会结构变迁与马克思主义现实解释力

1. 当今资本主义社会结构变迁。"当代资本主义社会是一个由个人与集团之间的各种联系和关系组成的复杂体系，阶级就是这个复杂体系中最基本、最核心的组成。科技革命的发展、产业结构的变化以及由此产生的消费水平的提高和职业结构的变化，使当代资本主义社会阶级关系的表现形式、阶级结构发生了变化。这些特点和变化使资本主义国家劳资关系由紧张趋于缓和，劳动反对资本的斗争进入低潮，阶级斗争呈现出长期、复杂和曲折的特点。"[3] 资本家阶级作为当代资本主义社会中的基本阶级，其构成也呈现内部结构多层次化和复杂化、内部流动性增

---

[1] 刘建军：《马克思主义信仰论》，中国人民大学出版社1998年版，第20页。
[2] 同上书，第23页。
[3] 张雷声：《资本主义的社会矛盾及其历史走向》，安徽人民出版社2000年版，第114页。

第四章 传统文化与马克思主义结合的现代性困境及其对策

强等特点。有些学者断言,现代企业控制权由资本家手中转移到经理手中,企图用经理阶级代替资本家阶级。而实际上,经理人附属于资本家阶级,是其代言人而已。现代雇佣劳动者阶级在生产力推动下,劳动条件、生活条件和社会福利条件得到极大改善。在产业构成、技术构成和就业构成上发生了很大变化。阶级构成包括:体力劳动工人、脑力劳动工人和脑体双重劳动工人、普通工程师和技术员、普通职员和低级行政管理人员等。中间阶层是处于资产阶级和无产阶级之间的社会中间阶层,主要包括手工业者、自由职业者、小企业主、小商人、小农场主和小食利者。它们既是私有者,又是劳动者,具有摇摆性、不彻底性与易分化的特点。一些西方学者认为,当代资本主义社会成为中产阶级社会,并且随着其发展,雇佣劳动者阶级将减少甚至消失,资本家阶级的作用和地位将改变。这种以雇佣关系为表征而提出的中产阶级,是以现代资本家阶级和现代雇佣劳动者阶级的缩小为前提的,实际上是无视当代资本主义社会阶级结构变动的现实,掩盖资本主义剥削实质,模糊阶级视野。[①]

2. 马克思主义现实解释力遇到挑战。马克思主义产生以来,国内外关于其解释力的问题不绝于耳,各种反马克思主义的论调层出不穷,其中,"过时论""终结论""无用论"是具有代表性的三种论调。

关于"过时论",他们所强调的是马克思主义产生于资本主义自由竞争时期,是在第二次科技革命的历史条件下,而现在的资本主义发展到国际垄断资本主义时期,而且人类已经在经历第三次科技革命,时代条件发生了巨大的变化。"古典马克思主义已不再能确切地说明先进资本主义的现实状况";从马克思主义理论本身来讲,是一种相对真理,离开所形成的时代条件和发展环境后,就是过时的了。关于"终结论",持此论调的学者主要是借口苏联解体、东欧剧变和社会主义国家发展中的困难挫折来否定马克思主义,他们认为,既然这些国家是以马克思主

[①] 张雷声:《资本主义的社会矛盾及其历史走向》,安徽人民出版社2000年版,第130、142页。

义为指导思想建立的,那这些国家遭遇的所有挫折和困难,出现的所有失误都是这一指导思想导致的。如,苏联解体了,那马克思主义就失败了;中国现实生活中出现的贪污腐败和分配不公等现象,也是马克思主义造成的。而关于"无用论",则主要是认为马克思主义并不能真正解决中国实际存在的问题,在有些官员看来,马克思主义只是指导革命的理论,在建设中是无用的;有的群众认为,马克思主义是宏观的理论,对于微观的基层群众工作是无用的。也有人主张马克思主义不是中国本土文化,不能以它来指导中国建设实际。可以说,"过时论"和"无用论"分别从时间变化和地域不同来否定马克思主义的科学真理性。[①] 这些论调不仅与马克思主义的理论和实践有关,也与资本主义发展情况密切相关。

"过时论"的实质就是彻底否定和取消马克思主义,尤其是在中国的意识形态的指导地位。而对于马克思主义"终结论",我们在看到马克思主义出现挫折的同时,也要看到马克思主义指导社会主义国家,尤其是指导中国革命和建设所取得的巨大成功。而对于"无用论",事实上,我们应当看到,马克思主义的某些具体原理和结论是产生于近代欧洲思想文化土壤中,正如邓小平所说:"绝不能要求马克思为解决他去世后之后上百年、几百年所产生的问题提供现成答案。"[②] 这些原理的价值和意义就在其精神实质中。这就是他具有超越民族和地域限制的普遍性。

当然,我们坚持马克思主义,保持其科学的解释力,不是要照搬经典,而是要把基本原理与中国实际相结合,实现马克思主义中国化,正是在这个意义上,我们说马克思主义是放之四海而皆准的真理。同时,要"整体上理解这个理论,要注重对现实问题的回应,要在实践中,结合具体的实际进行理论的升华。如:对当代资本主义国家社会多样性现

[①] 秦宣:《对马克思主义几种诘难的回应》,《江西师范大学学报》(哲学社会科学版) 2010 年第 5 期。

[②] 《邓小平文选》第 3 卷,人民出版社 1993 年版,第 291 页。

象。在坚持基本理论，可以解释其基本的生产关系上的同质性，运用其生产关系和生产力的关系的理论，科学解释发达资本主义国家生产关系形式多样性、差异性及由此形成的经济模式的多样性。"①

（二）资本逻辑与文化逻辑的现实矛盾与价值背离

1. 什么是资本逻辑与文化逻辑。资本的本质就是一种社会关系。它表现为二重性：一方面，它作为投入到生产过程中追求自身增值的剩余价值，体现为雇佣、交换的社会关系；另一方面，它作为生产要素的使用价值形式，包括生产资料与劳动力。何谓逻辑？本体论意义上，指事物发展变化的客观规律和内在联系；认识论意义上，指人的思维和语言的规则。② 资本逻辑就是作为现代生产关系的资本，在劳动过程中所包含的必然的不以人的意志为转移的内在联系、运动轨迹和发展规律。

资本逻辑推动着资本主义的生成发展、矛盾困境与内在超越。在资本主义发展的历史和现实中，"资本逻辑表现为作为表现形态的资本本性的逻辑展开、作为本质形态的资本主义私有制的逻辑发展和作为发展形态的资本主义基本矛盾的逻辑运动三者之间的辩证关系。这三种形态的辩证合成，反映了资本主义的生成历史、矛盾困境和发展趋势，决定着资本主义的历史走向。"③ "文化逻辑是指文化生产，主要指精神文化生产的内在规律，他关涉文化生活的秩序和法则等，是文化生活的核心，制约着文化的生产与发展，规范着文化现象及人们对它们的理解。"④

2. 资本逻辑和文化逻辑的现实矛盾与价值背离。"资本逻辑以价值规律和剩余价值规律为基础，制约市场经济的各个环节。而文化逻辑作为精神文化生产的内在规律，其主要是受制于社会存在与社会意识的关系规律。但是当它进入市场为生产剩余价值服务时，则直接受资本逻辑

---

① 邱海平、吴俊：《资本主义多样性：马克思主义的解释》，《当代经济研究》2014年第6期。
② 胡潇：《马克思视野中的文化逻辑与资本逻辑》，《教学与研究》2015年第9期。
③ 张雷声：《论资本逻辑》，《新视野》2015年第2期。
④ 胡潇：《马克思视野中的文化逻辑与资本逻辑》，《教学与研究》2015年第9期。

规定。"① 正如马克思所说："在我们这个时代，每一种事物好像都包含有自己的反面。随着人类愈益控制自然，个人却似乎愈益成为别人的奴隶或自身的卑劣行为的奴隶。甚至科学的纯洁光辉仿佛也只能在愚昧无知的黑暗背景上闪耀。我们的一切发现和进步，似乎结果是使物质力量成为有智慧的生命，而人的生命则化为愚钝的物质力量。"② 当然，在马克思生活的时代，文化生产的资本化现象虽然已经存在，但受制于资本逻辑的程度比较低。

而随着市场经济不断发展并日益走向成熟的今天，资本逻辑与文化逻辑的现实矛盾不断凸显，价值冲突也日益明显。首先，货币交易造成的主体需求与货币支持力之间的矛盾显示为主客观矛盾，由于文化生产受到资本逻辑压制，那些观念性、精神性的情感、心智成果，却因无法外化而不能直接进行货币交换而得到社会肯定，从而呈现出客观压制主观，导致文化生产的价值秩序被打乱。其次，当现代信息技术介入文化生产及其产品传播，社会文化生活脱离原来的文化生产基础上的逻辑轨迹和价值秩序，使得文化生产主体的价值理性被挤压。最后，市场经济及其运行的资本逻辑极大地扭曲文化生产本有的、应然的价值逻辑，知识的资本化逐渐背离文化自身的价值，知识生产主体的行为取向也随着资本逻辑的运行得到改变，整个文化生产的社会价值取向被扭曲。要主动克服市场机制与资本逻辑自发调节给文化生产可能带来的价值偏颇与逻辑扭曲，才能保证精神文化生产的正确方向、社会价值与有效发展。③

（三）社会结构的总体性特征对二者结合的影响

1. 社会结构及其总体性特征。根据马克思对"社会结构"的认识，"社会结构是人们在持续的社会活动过程中结成的人与自然以及人们之

---

① 胡潇：《马克思视野中的文化逻辑与资本逻辑》，《教学与研究》2015 年第 9 期。
② 《马克思恩格斯选集》第 1 卷，人民出版社 1995 年版，第 775 页。
③ 胡潇：《论资本逻辑与文化逻辑的价值冲突》，《江海学刊》2014 年第 4 期。

第四章 传统文化与马克思主义结合的现代性困境及其对策

间的比较持久的、稳定的、模式化的社会关系,是各种社会要素结构组成的整体。社会结构是对现实社会的整体结构性的一种科学抽象,它是社会系统运行和发展的客观产物。"① 具有复杂性、整体性、层次性、相对稳定性等重要特点。

改革开放以来,中国社会转型加速,社会结构中传统性因素和现代化因素的比例发生了变化。这实际上也是社会结构逐渐优化的内容。当然,问题也存在,首先是身份体系减弱,结构弹性增强;其次是资源配置方式转变,体制外力量增强;最后是价值观念呈现多样化。同时,人们的价值观念又有一定的指向性,就职业价值观而言,人们越来越倾向于自我实现和经济利益并重。这些变化促进了个人的自主创造能力和选择能力,同时,在一定程度上,也导致了社会结构失衡,社会整合度不高。② 这主要是从国家与社会的关系中去理解社会结构的特征。我们也可以从社会阶层关系理解当代中国的社会结构的特征,与"改革开放初期相比,中国社会阶层结构发生了巨大变化,呈现出如下特征:除了政治利益集团外,还形成了其他利益集团;宪法上规定的处于领导阶级地位的工人阶级、农民阶级事实上处于边缘地位;社会中间组织的发展处于'爆发式增长'状态,导致了国家、社会、个人的关系发生变化,各利益集团多元,关系微妙变化"③。

2. 社会结构的总体性特征对二者结合提出了挑战。在亚细亚社会的经济基础上,产生了包括士、农、工、商的阶级结构。在这个结构中,主要是以皇帝为首的统治阶级和以农民为主的被统治阶级。在传统的社会结构中,产生了以儒家为主的传统文化。当前社会结构的总体性特征,是指当前社会结构中的内部各要素的有机联系,系统性与层次性相结合。社会结构的总体性特征为传统文化和马克思主义的结合提出了挑战,一

---

① 叶克林:《社会结构的基本特征——马克思主义社会结构理论再探》,《学海》1992年第2期。
② 郑杭生:《当代中国社会结构和社会关系研究》,首都师范大学出版社1997年版,第23—24页。
③ 何清涟:《中国社会结构演变的总体性分析》,《书屋》2000年第3期。

是由于中国走上现代化的道路是"后发外生型",所以在现代化的引进过程中,社会存在的现代化优先实现,而以效益和竞争为主的现代化原则对传统文化中的仁义、和谐等产生了巨大的冲击,对二者的结合也提出了挑战;二是当前的经济形式多样性,既不是纯粹的社会化生产,也不是完全的自然经济,所以要沟通文化属性和形态的差异,也为当代的结合提出了挑战;三是社会基础的不同。"马克思主义的源头是西方文化传统,是在西方社会历史实践基础上形成的理论。而无论是将外来的马克思主义中国化,还是将传统文化现代化,都是在当前的社会实践基础上开展,面临着当代的实践问题。"①

(四) 国际共产主义运动与"古今中西"的再论争

1. 国际共产主义运动的发展变化。国际共产主义运动是世界范围内马克思主义理论指导下的无产阶级争取解放的斗争。随着时代条件的变化,当前的国际共产主义运动的历史进程中出现的是挑战与机遇并存,正如有的学者概括的,共产党执政的国家的主要任务是不断加强自身建设和政权建设,增强治国理政能力,巩固执政地位;非执政的共产党组织要捍卫生存,巩固在国内政治舞台上的地位,推进适合形势发展和本国人民需求的理论和实践创新,争取群众支持,扩大社会基础。②除了这些挑战外,还面临机遇,呈现出以下特点:国际共产主义运动仍然在继续并逐渐走出低谷;各共产党的国际联合在加强,交流频繁;各共产党组织形式多元,民族特色比较鲜明,各党都在自主探索、独立发展、积极改革,寻找符合自己民族、自己国家特色的发展道路。

正如哈萨克斯坦社会党主席叶尔蒂斯巴耶夫所指出的,中国实行"四项基本原则+改革开放"是对马克思主义的创造性发展,是20世纪

---

① 曹明:《传统文化与马克思主义结合的现代性困境探析》,《盐城师范学院学报》2018年第1期。
② 孟鑫:《当前国际共产主义运动发展状况和趋势分析》,《当代世界与社会主义》2010年第6期。

第四章 传统文化与马克思主义结合的现代性困境及其对策

国际共产主义运动的最重大贡献。中国特色社会主义成为发展中国家寻求社会发展模式的重要借鉴。俄罗斯著名学者布坚科俄在《真理报》上说：中国是创造性地、最少痛苦地从停滞的、非市场的管制经济转向"有中国特色社会主义"的稳步发展的市场经济的一个范例。他的经验对于面临类似任务的国家来说，有难以估量的历史意义。邓小平在苏东动荡时明确指出："只要中国不垮，世界上就有五分之一的人口在坚持社会主义。""只要中国社会主义不倒，社会主义在世界将始终站得住。"[①]"中国特色社会主义成就是对世界社会主义事业和人类进步事业做出的贡献。"[②] 随着全球化的发展趋势，国际共产主义运动也出现了新的挑战和契机，尽管没有统一的世界性的共产主义领导组织，但是各个共产党组织之间的交流互动频繁，各个国家的政治经济文化出现的新变化、取得的新成果、遇到的新问题能够得到及时交流，形成更新认识，包括各国共产党代表的国际会议也以年会的形式召开。中国特色社会主义事业与人类进步事业相联系，与国际共产主义运动相联系。

2. "古今中西"的再论争。作为马克思主义理论的实践，国际共产主义运动出现的新变化，为马克思主义理论的当代解释力提出了挑战，同时，也引发了"古今中西"的再论争。关于"古今中西"的论争，是近代以后中国文化领域出现的一种现象，随着强势的西方经济和军事入侵，中国的文化也面临着严峻挑战，围绕如何对待西方文化和中国传统文化的"体""用"之争、"新""旧"之争等辩论，在争论中促进了中西文化的融合，促成了新文化的建构。[③] 而随着国际共产主义运动的发展，马克思主义作为一种意识形态也受到了挑战。当前，利益多样化，人类意识形态呈现多元态势。马克思主义作为一种意识形态，主要受到

[①] 《邓小平文选》第3卷，人民出版社1993年版，第321、346页。
[②] 张中云：《国际共产主义运动史》，中共中央党校出版社1999年版，第299、300、301页。
[③] 李喜所：《古今中西：近代中国文化的两大轴心》，《社会科学研究》2011年第4期。

来自西方资本主义意识形态和中国传统意识形态的挑战。在"古今中西"的再论争中，首先要保持马克思主义的主导地位，我们相信，尽管国际共产主义和世界社会主义中的一些新问题已经不能在马克思主义理论的既定框架内得到解释，但是，作为一种开放性的理论，作为具有历史普遍性意义的理论，它揭示了社会发展的客观规律，与人类历史呈现的客观事实是一致的，与其他意识形态相比，只有马克思主义理论，尤其是唯物辩证法，才能不断吸收人类社会新的思想成果，与时俱进，保持生机和活力。

其次，对于国际共产主义运动在各个国家的发展，逐渐形成自己的特色。要尊重民族文化传统，不能简单地否定，或一味批判或摒弃不用，要以唯物辩证法的方法，批判继承，综合创新。马克思说："人们自己创造自己的历史，但是他们并不是随心所欲地创造，并不是在他们自己选定的条件下创造，而是在直接碰到的、既定的、从过去承继下来的条件下创造。"[①] 社会主义经济基础上建设的文化是市场经济的文化，是工业文明的产物。而中国传统文化则是由中国农业文明孕育的，民族心理积淀深厚，两者之间存在着明显的冲突。例如：中国传统文化重义务轻权利，重社会轻个体，目的在于维护封建等级制，而商品经济讲功利，重个体，重权利，旨在促进经济发展；中国传统文化讲中庸，重和谐，目的在于维持社会稳定，而商品经济讲竞争，旨在促进个体和社会的充分发展。因此，建设中国特色社会主义先进文化要注重改造传统文化，打造文化建设的社会心理基础和民族土壤。

最后，国际共产主义运动逐渐融入全球化进程中，交流融合趋势日益明显。在面对西方资本主义异质文化时，要保持开放的姿态，要对人类一切进步的文明加以吸取，融入自身的理论创新中。西方的文化固然有其为资本主义经济服务的一面，同时，作为现实存在，也有其现实合理性，具有一切包含人类普遍性意义的文明成果。尤其是随着中国特色

---

① 《马克思恩格斯选集》第 1 卷，人民出版社 1995 年版，第 14 页。

社会主义发展，中国的国际地位日益提高，中国全球化程度提高，中国面临的问题越来越成为全人类关注的问题，西方资本主义的反映此类问题的文化成果完全可以为我所用，我们要立足实践，取其精华，弃其糟粕。

（五）中国社会的当下实践与马克思主义的传统理解

中国社会走的是一条符合自身国情的发展道路，即中国特色社会主义发展道路，我们所面临的是前人没有经历的发展模式，没有现成的经验可以参照，属于"摸着石头过河"。中国特色社会主义的命题丰富了社会主义多样性的理论。它包括两个方面的含义：社会主义与中国特色社会主义。

1. 关于中国社会的发展阶段。马克思、恩格斯和列宁都没有提出社会主义初级阶段的概念，在这方面，改革开放的总设计师邓小平给我们提供了科学的判断。他指出中国社会主义尚"处在初级阶段，是初级阶段的社会主义。社会主义本身是共产主义的初级阶段，而我们中国又处在社会主义的初级阶段，就是不发达的阶段"，这一判断是对当代中国社会发展问题上的科学的具体的马克思主义的阐释，有力指导了中国社会发展阶段问题。从理论上讲，不仅坚持了马克思主义未来社会发展阶段理论，而且创新性地发展了这一科学理论；从实践上来说，社会主义初级阶段理论是针对中国现有的国情所提出的，又对其他经济文化发展落后的国家建设具有借鉴意义。

2. 关于中国特色社会主义"五位一体"总体布局。"五位一体"是党的十八大报告中的提法，将经济建设、政治建设、文化建设、社会建设和生态文明建设作为建设中国特色社会主义的总体布局。

关于中国特色社会主义经济。在马克思生活的时代乃至于社会主义运动的很长一段时间里，都把市场经济看作是资本主义社会的标志性特征。但邓小平指出："计划多一点还是市场多一点，不是社会主义与资本主义的本质区别。计划经济不等于社会主义，资本主义也有计划；市场经济不等于资本主义，社会主义也有市场。计划和市场都是经济手段。社会主义的本质，是解放生产力，发展生产力，消灭剥削，消除两极分化，最终达到共同富裕。"① 这一判断，从根本上摆脱了把计划经济和市场经济视为属于社会基本制度范畴的思想束缚。中国特色社会主义市场经济以最终实现人民共同富裕为目的。从实践效果看，中国特色社会主义市场经济可以充分调动各方面积极性，从而可以有效地解决因市场自发调节所产生的市场盲目的无政府状态的问题。这一体制，不仅符合马克思主义关于社会主义高度发展生产力的科学判断，而且发展了马克思主义关于社会主义以最大多数人民群众利益的价值旨归。

关于中国特色社会主义政治。中国的政治是中国特色社会主义民主政治。它包括人民代表大会制度的根本政治制度，中国共产党领导的多党合作和政治协商制度、民族区域自治制度以及基层群众自治制度等构成的基本政治制度。根本政治制度都是建立在国体之上的。中华人民共和国的国体是人民民主专政，它体现了"民主具有阶级性。作为一种制度，民主与特定的阶级相联系，抽象地谈'一般民主''纯粹民主'没有任何意义。民主具有相对性。在历史和现实中，每个国家的政体一方面受国体所制约，另一方面又由各自的实际条件所制约。当民主政治与生产力、生产关系的发展要求相适应，它就能产生积极的促进作用；在不适合的时候，就会产生消极的阻滞作用。因此，民主从来都是相对的、具体的，而不是单一的、僵化的。由上可见，马克思主义对中国特色社会主义民主政治建设的继续发展提供了应遵循的重要指导方法和评价标准。"② 除此之外，中国社会的先进文化建设中加强社会主义核心价值观教育，提高整个国家的公民素养，努力打造一个文化强国；社会建设中以改善民生为重点，加强社会治理，推动和谐社会建设；生态文明建设中注重实现绿色发展，建设美丽中国等理论和实践都是对马克思主义的继承和发展。同时，马克思主义对当代中国社会实践提供的不是现成的

---

① 《邓小平文选》第 3 卷，人民出版社 1993 年版，第 373 页。
② 李芳云、李安增：《马克思主义的当代解释力》，《当代世界与社会主义》2013 年第 1 期。

第四章　传统文化与马克思主义结合的现代性困境及其对策

答案,而是理论启示与思路。

3. 关于"五大发展理念"。理念是行动的先导,并从根本上决定着发展的成效。"五大发展理念"针对的是我国发展中的突出矛盾和问题,其中,创新发展着力解决发展动力的问题,协调发展着力解决发展不平衡的问题,绿色发展着力解决人与自然的和谐问题,开放发展着力解决内外联动的问题,共享发展着力解决社会公平正义的问题。

"五大发展理念"是马克思主义发展观基本原理与当代中国的发展实际相结合的理论成果,是以习近平为总书记的中国共产党在新的历史时期,对马克思主义发展观的中国化,是指导中国发展问题的行动指南。其中,社会发展就是人类社会及其历史的发展,而经典马克思主义唯物史观科学说明了社会基本矛盾运动规律、人民群众历史地位、社会发展客观历史进程等基本问题,成为指导人类发展的世界观和方法论。

但是,这些基本原理的运用要随着历史条件的变化而变化。以习近平总书记为核心的中国共产党,在中国经济社会发展进入转型期、全球化进程加快、各种矛盾不断出现的国际背景下提出了"五大发展理念",是马克思主义发展观在中国的最新理论成果。正如有的学者指出的,"它是在中国发展实践中提出,运用基本原理和方法认识解决问题的理论创新,是实现全面建成小康社会和中华民族伟大复兴'两个百年梦想'伟大目标的行动指南。'五大发展理念'是合规律性与合目的性的统一。既强调对自然规律、人类社会发展规律和中国特色社会主义建设规律的尊重,又突出人民主体地位;既强调经济发展的基础地位,又突出追求社会的全面发展和人的全面发展。'五大发展理念'立足现阶段中国发展的问题,发挥马克思主义发展观的实践指导作用。"[①]

4. 关于"四个全面"的战略布局。"四个全面"是以习近平为核心的中国共产党中央在不同的场合逐步总结提出的。作为相互联系的统一的有机整体,"四个全面"是在中华民族伟大复兴的实践中凝练和提升

---

①　王仕国:《五大发展理念与马克思主义发展观的新发展》,《求实》2016年第11期。

的理论创新成果。其中，全面建成小康社会是总的战略目标，它也是实现伟大中国梦的关键一步，全面改革开放和全面依法治国是动力保障，全面从严治党是根本保证。"四个全面"体现了矛盾普遍性和特殊性的原理在中国实践的统一，是中国共产党针对世情、国情、党情提出的治国理政的总体战略布局。

当前中国建设中矛盾复杂，"四个全面"体现了矛盾的普遍性与特殊性的统一。其中，"四个全面"是普遍，四个当中的每个全面是特殊。每个全面是独具特色的系统的战略思想，是普遍，而每个全面中的各个方面又是特殊。同时，"四个全面"体现了辩证唯物主义方法论的精神实质，即一切从实际出发，实事求是，从事物本身的联系出发来把握事物。"四个全面"就是根据中国具体国情以及建设实践中遇到实际问题分析的基础上，所提出的战略布局和战略决策。当前面临中国经济总量与国民收入总量高而人均占有量低，城乡区域发展不平衡，创新能力与发展需求脱节，资源环境约束与经济转型压力等问题。这些问题就是事物内在的联系，就是实际。"'四个全面'正是因为符合当代中国国情的具体实际，从事物的内在联系出发，通过联系发现矛盾和问题，探索事物的规律，所以，它就是符合唯物主义辩证法的。"[1]

---

[1] 谭培文：《"四个全面"是唯物辩证法在当代中国实践的具体化》，《当代广西》2015年第10期。

第五章 中国文化价值形态转型的精神自觉与现代形态建构

中国传统文化和马克思主义融合的主题内容,"无论是因自身的政治性与中国社会历史的变迁及社会实践主题的更替而造成的儒学重构之困境,还是理解马克思主义与儒学的关系所需要的学理论证及其主要论争,"[①] 都必然进一步涉及这样的问题:中国传统文化形态的现代转化,以及马克思主义文化理论在这一转化过程中的可能作用。而正是在这一过程中,在西化、传统与现代的复杂纠缠中渗透着文化民族主义与历史虚无主义的复杂文化心态,以及中国在近代选择了马克思主义这一西方政治文化中最为激烈的批判思想,何以在文化层面上"契合以'实质合理性'为内容的儒学社会主义的精神传统,又能使受到强力压迫的文化民族主义得到满足",并在与西方文化的深度接触与碰撞中保持民族自身"文化的主体性"。[②] 这里凸显的正是当代世界各民族精神文化生活中传统与创新这一共通文化主题。与此相对应,即敞开了一个现代性的基本论域及其蕴涵的内在矛盾特征与人的存在结构特征的审视境域。那么,如何把握传统文化精神"范型"所遭致的现代解构以及与之相关的生命存在状况?如何辨析传统文化结构中的价值悖论及其现代形态转换的困境?而如果说现代社会发展的重要趋向是多元化,那么,基于多元性文

[①] 张舜清:《当代儒学的重构及其与马克思主义的关系问题》,《马克思主义与现实》2009年第6期。

[②] 陈来:《传统与现代:人文主义的视界》,北京大学出版社2006年版,第15页。

化立场的文化重建如何能够获得文化元素的合理配置乃至合成，从而形成一个良性结构形态，并真正地参与到中国社会秩序和民族精神家园的现代建构中？这些问题构成了本章内容予以探讨的主要论域。

一 现代性的基本论域与传统文化形态的现代转化

现代性有其跨越时代和民族地域界限的特点并成为人们存在和经验的一种历史条件。在某种意义上，现代性是一种观念与文化分化的理性进程，"现代性构成了以城市为中心的工业资本主义的文化逻辑，其中高度分化的诸结构——政治、经济、文化——正日益把自己从中心化的机制中分离出来。这种中心化的机制就是葛兰西的市民社会的概念和法兰克福的公共领域的思想所表述的一种进程"，"现代性意味着一种创新的文化，一种以批判性思维、经验知识和人文主义的名义挑战传统和礼仪的理性精神特质"①。卡尔·曼海姆从传统的转化这一侧面提出这样的警示："在稳定和高度分化的社会，作者与公众在其制度的固定性和传统的独立性上变得如此根深蒂固，以致他们往往没有领悟到我们今天全都正在经历的大震荡的真正意义。"② 因而，现代性类似于雷蒙德·威廉斯所说的发生在18世纪末的那场改变了文化范式并表达一种新的体验形式和社会关系的"重心转移"。基于此，中国文化结构形态的重建问题，逻辑地蕴涵着正确理解传统文化现代转型与文化现代性的结构关系问题。

（一）新儒学的思想资源及其考察中国现代化的基点

"传统与现代化"的讨论中存在着两种基本倾向。一是认为传统文化是现代化的障碍，这一思想观点，国内一些学者直接或间接地予以认同。二是试图"为儒学的传统存续于现代社会进行辩护，并可分为三种

---

① ［英］艾伦·斯温伍德：《现代性与文化》，中国人民大学出版社2006年版，第55—56页。
② ［德］卡尔·曼海姆：《重建时代的人与社会》，张旅平译，生活·读书·新知三联书店2002年版，第69页。

第五章 中国文化价值形态转型的精神自觉与现代形态建构

论式:第一,儒学的基本价值精神并不违背现代社会的性质(如民主、科学、自由等)与发展,认为儒学所强调的伦理道德实践仍是现代社会所必需的,然而这一辩护中的儒学精神最多只能成为现代化发展过程中的调节因素;第二,儒学对现代社会的现代性具有增进及强化的积极功能,然而,由于整个历史观转向传统与现代的断裂关系,这种增进的直接性颇受质疑;第三,儒学可以直接作用于现代社会,可有效增进强化其现代性。"[1]

可见,一个基本事实是:尽管近代以来经过辛亥革命的儒学已从整体上退出了政治和教育领域,"儒学在现代中国文化的格局中遭到较为全面的放逐并从中心退缩到了边缘,然而传统文化中的儒学思想与价值精神或者说儒学的价值世界与现代世界的相关性并未因为传统社会的巨变而消失为无",[2]但在当代中国的社会文化变迁中,"儒学仍然是一个不断受到关注的问题。而社会每处于道德危机时对传统价值的呼声愈高"。杜维明就此指出,"虽然从发生学上来看,儒家与农业经济、官僚制度、家族社会有密切关联,深深扎根于传统中国的经济、政治和社会,但既不能把儒学简单还原为家族主义、官僚主义、反商主义,而且也不能认为社会根基被摧毁,儒家思想就因此丧失了它作为人文关怀和伦理宗教的意义,这些关切和意义与现代世界仍然相关。"[3] 列文森不得不修正其早期的所谓"儒家遗产已经被贬入古代博物馆"的论断,认为,儒家的象征意义即便在当代中国的政治文化中也并未过时。儒家思想文化的价值精神具有"超越特定政治制度和社会组织的普遍性。"[4] 因此,对所谓的"文化保守主义"以及"五四"的反传统的文化批判激进性及其影响应该予以辩证的、全面的分析。

基于现代性以及传统文化的形态转换视阈,这里涉及:新儒学的思

---

[1] 龚鹏程:《儒学新思》,北京大学出版社2009年版,第340—341页。
[2] 陈来:《传统与现代:人文主义的视界》,北京大学出版社2006年版,第92页。
[3] 杜维明:《儒家传统的现代转化》,中国广播电视出版社1993年版。
[4] 陈来:《传统与现代:人文主义的视界》,北京大学出版社2006年版,第89页。

想资源及其考察中国现代化的基点,以及"五四"前后的新文化运动及其影响。首先,新儒学的兴起及其理论与实践困境。儒学作为传统文化的主流,其在现代条件下的形态转化遭遇一定的困境,"新儒学面临现代化强大的压力,采取了附从现代化的策略",这不仅把儒学与现代社会结构整体变迁之间的矛盾显现出来,而且也与当代新儒学内在的文化因素密切相关。有学者就此作了如下分析,认为,"一是新儒学面临现代化强大的压力,采取了附从现代化的策略……对于现代社会及现代性缺乏强力之批判反省,间接增益了现代化的正当性;二是新儒学面对现代社会存在的问题,以'存仁''复性'的方式救之,强调儒学是'生命的学问',希望现代人仍能重视归根复命的重要性。这当然十分重要,但这是弱势的保存,并不敢企望儒学重新回到具体生活中去;三是新儒家偏重于心体活动,因而儒家的实践性,落在个体甚或主体道德实践上者多,落在社会实践者较少,而且新儒家固然延续了宋明以来儒者的社会讲学之风,但其义理及表述方式,却充满了学究气,其语言非一般民众所能理解,如牟宗三'智的直觉''良知的自我坎陷''纵贯系统、横摄系统'等。"[1]这样,一方面,也就与传统特别是先秦儒学通过教化、通过思想的努力而发生其极大影响,而不是通过实际的政权行使从而与由上至下的控制来影响社会的路径产生了隔阂。"它是从教育,从做人的道理,从教化、思想和社会实践来转化政治的。因此,儒家的精神方向是既在这个世界,又不属于这个世界;既和现实社会、政治发生各种不同的、有血有肉的联系,又和现实社会、政治权力结构有相当的距离。"[2]因此,中国传统中的文化精神或价值世界与现实世界是处于不即不离的张力之中,因而这两个世界并非是一般人所能容易分辨的,这可能是导致"五四"以来反传统的人误把全面地抛弃中国文化传统作为现代化的必需前提的一个重要缘由。另一方面,也无助于儒学思想及其价

---

[1] 龚鹏程:《儒学新思》,北京大学出版社2009年版,第344—346页。
[2] 杜维明:《儒学第三期发展的前景》,引自郭沂主编《开新:当代儒学理论创构》,北京大学出版社2013年版,第15页。

第五章　中国文化价值形态转型的精神自觉与现代形态建构

值精神在各个阶层之间的贯通与渗透。然而,儒家是以特殊的生命形态贯穿于整个中国社会的各个阶层。就此,杜维明先生反对这样的观点,即"儒家是属于中国上层社会的意识形态,即官僚制度或士大夫的意识形态。"因而,在中国并不存在一种如西方那样的所谓"大传统"与"小传统"之间的确然分割情形。"儒家是把大、小传统结合在一起,乡村文明和都市文明结合在一起,而且渗透到各个不同阶层的生命形态"。在此意义上,我们也可以审视"五四"前后的新文化运动。应该可以肯定,中国传统文化在经历近代而走向现代化的历程中,"五四"前后的新文化运动可以被看作是在社会文化思想方面带来的广泛解放和深刻震撼乃是中国人走向世界的起点。其间,一些文化精英对儒家传统批判经常运用两个策略:把儒家传统"相对化"和"阶级化"。前者否定儒家传统文化的代表性地位,后者则认为儒家是中国上流社会的意识形态从而和广大人民没有太大关系。杜维明先生对此明确予以否定,指出,"儒家的价值在中国社会中的广泛传播,常常是通过口传和心传","从文化人类学的角度来看,不能够把儒家传统认为只是中国的大传统……从儒家来看就是这样,它的社会基础是广大的人民,甚至可以说是农民。这也是它的意识形态的一个特色。它的传统养分必须来自广大的人民,如果百姓人伦日用之间和它没有关联的话,这个传统就没有什么生命力和现实意义了。"[1]

正是基于把儒家传统文化意识形态化这样的思维,一方面,"五四"时期,儒家传统被作为一种意识形态化并服务于旧的君主政治体系而遭到最为严厉的批判,其着力点正是政治制度和政治伦理领域,进而否定儒家价值体系和整个中国传统文化的价值,把东方文化与西方文化截然两分,把传统与现代割裂并认同了西方的科学与民主等价值观。最终,割裂了韦伯所提出的文化价值评价中的"功用理性"标准和"价值理性"标准。前者是指以某种社会政治、经济的功效为基点,后者则是以

---

[1] 杜维明:《儒学第三期发展的前景》,引自郭沂主编《开新:当代儒学理论创构》,北京大学出版社2013年版,第20页。

伦理、文化的价值本身为尺度。"五四"把西方的科学和民主等文明要素当作西方文明的本质或全部,不仅忽略了西方文明的整体发展与延续的价值源头:基督教经过宗教改革和其他转换形式仍然是西方近现代文明中不可或缺的重要元素,作为超越性价值源头的基督教精神仍然弥漫、渗透在各个文化领域,成为现代性的重要动力或精神之源,而且把民主和科学置于与中国文化传统直接对立的境地。另一方面,以反传统姿态出现的"五四"新文化运动却仍然未能彻底摆脱传统的观念,即文化领域之于政治的从属性,最终使得文化重建运动渐趋卷入政治力量的漩涡之中而"变质太早"。就此,余英时指出,"任何对于中国文化重建的新尝试都不能不从价值观念的基本改变开始,那便是说:我们必须把注意力和活动力从政治领域转移到学术思想的阵地上来。这一观念上的转变不但是现代化的一个先决条件,而且也符合中国传统关于政治与学术之间的理论分野"。这种分野在文化实践中曾经不幸地遭到长期而严重的歪曲。在这种心理惯性之下,即便是所谓的文化"革命",最终还是使得文化的超越意识在中国近代和现代受到一定的压抑,这在中国社会主义建设的历史中也是有深刻教训的。例如,毛泽东把领导权的建立与文化革命看作是中国革命的主要任务,这基本上符合马克思主义的基本原理,不仅体现在毛泽东文化革命作为中国现代性和革命反决定论的不同选择道路,而且体现为他对唯经济论的一贯怀疑。然而,在这一过程中,将文化革命政治化和工具化而最终摈弃了文化领域中的情感性与主体性功能,并在晚年"试图将上层建筑中的文化革命或阶级斗争本体论化,变成绝对的'客观规律'"。"在毛泽东看来,文化革命就是政治革命,因此也是现代性不同选择的有机组成部分。在这方面,佩利·安德森把毛泽东的文化革命看作仅仅是'修辞'或简单的'心理或道德转化',显然是对毛泽东的误读。"① 然而,政治力量所造成的改变仍然可能是表面的形式的,"实际上无论是经济、文化、社会或心理等问题都不是政

---

① [美]刘康:《马克思主义与美学:中国马克思主义美学家和他们的西方同行》,李辉、杨建刚译,北京大学出版社2012年版,第142—143页。

第五章　中国文化价值形态转型的精神自觉与现代形态建构

治所能解决的"①。

事实上，就近现代中国发展危机而言，归根结底是被民族危机这一特殊的历史时代氛围所遮蔽的传统文化和价值信念的危机。"因此新文化运动对孔教的批判哪些是合理的，哪些是不合理的，儒学及其价值传统在近代化社会文化中究竟有无意义，这些问题不解决，儒学就只能存活在少数思想家的头脑之中，不能落实在社会文化的空间与个人的精神人格，而无法改变反传统主义和反儒思潮带来的社会失序与价值混乱，这也正是我们不仅在80年代经历而且在90年代仍然面对的儒学的困境。而这不仅是儒学的困境，也是中国文化的困境。"②而当前儒学对于中国社会文化的影响远不及宋元以来的儒学，除了社会结构与制度性的根基依然不同之外，还因为缺乏社会化、制度化、世俗化的整合的文化形态作为基础。由于现代社会"缺乏稳定的道德权威和统一价值信念认同，无法形成统一整合的国民精神，文化病症与道德危机在市场经济发展和社会转型时期变得越来越严重。"③对于现代性的理解与把握还涉及自身现代性的问题，不仅只是涉及制度维度，而且着力于人的存在的社会形态进行更具涵盖力与动态的分析。现代性的一个观念逻辑正是要"消解原来束缚着个体的传统共同体及其历史文化，正是要凭借自我中的类意识超越并反转来支配自然物。所以，它才成为推动西方人走向现代的观念力量，作为西方现代主流话语的自由主义或个人主义，才会唯名论地看待'社会'"，而"对于个体的原子式抽象化理解也必定使'人类'的概念抽象化和离散化，人类被分解为无数彼此竞争的个体，这固然反映了人类在现代社会的高度分化，却也对此给予了无批判的认同，遗忘了他们在分化中的整合。"事实上，"人的真正的个体化并不意味着他们彼此不需要情感、共同的信念及其共同体，而只是表明他们根据自己不同的需要结成各种类型的共同体"，并"至少在某一方面是私人性的直接

---

① 余英时：《文史传统与文化重建》，生活·读书·新知三联书店2004年版，第506页。
② 陈来：《传统与现代：人文主义的视界》，北京大学出版社2006年版，第94页。
③ 陈来：《二十世纪中国文化中的儒学困境》，《浙江社会科学》1998年第3期。

集合和利益的直接共享，因而最大限度地实现了公与私的统一；社会则是全体公民按照一定规则交往或竞争的场所，因此，它的公共性与私人性之间不能不保持一种张力关系。"① 这不仅为走出文化危机与存在危机的双重困境提供了寻求现代性与传统文化的现代形态转换之间的契合基点，而且是承继与发展传统文化积极精神，并在现代性的历史性视阈中提供探索传统文化与马克思主义融合的基础与前提。由此，不仅把握现代性那种追求"现代"与"传统"不同特质的殊异之处，而且"从实存的意义上去把握，即把握现代社会作为一个实存整体所需要的各种条件"，从而呈现"现代社会之所以可能存在的诸条件中"与"传统相联系的一些质素"。② 在此意义上，我们认为，维护儒学价值的呼声和要求就不仅仅只是归结为民族"文化认同"或李泽厚所说的"文化心理结构"等文化心理问题，而且有其更为客观的社会历史需求。

（二）意识形态及其文化转向：马克思主义话语权困境的文化审视③

马克思主义文化理论与意识形态概念存在复杂的谱系关联，而文化成为当前意识形态得以蔓延乃至渗透其他社会基本结构领域的一个重要载体。正是在这个意义上，有学者指出，一方面，深化与丰富文化的辩证法，乃至理解历史主动性的形成机制需要探讨马克思意识形态的本质及其功能；另一方面，西方马克思主义社会批判理论所实现的"文化转向"与马克思的意识形态批判有着直接的逻辑关联。④ 由此获得审视当前中国马克思主义意识形态话语权的文化视域，这为审视马克思主义话语权以及马克思主义与中国传统文化结合所遭遇的现实困境及其文化机制提供特定的视阈与思路。

---

① 张曙光：《现代性论域及其中国话语》，武汉大学出版社2010年版，第61页。
② 陈来：《传统与现代：人文主义的视界》，北京大学出版社2006年版，第176页。
③ 这部分内容直接引用了课题组成员的研究成果。曹天航、黄明理：《意识形态及其文化转向与马克思主义话语权的文化审视》，《学海》2014年第3期。
④ 欧阳谦：《文化的辩证法——关于"文化主义的马克思主义"的几点思考》，《马克思主义与现实》2008年第4期。

第五章　中国文化价值形态转型的精神自觉与现代形态建构

1. 意识形态的文化转向及其对马克思文化理论的话语转换

马克思文化思想在20世纪发展为两种形态：一是资本主义社会的文化批判理论；二是社会主义国家的意识形态理论。就前者而言，正是当代西方一些左派学者对于马克思意识形态理论所进行的持续解读与重构，呈现出一种明显的"文化的转向"，"文化研究因此更加凸显其理论的和现实的双重意义，逐渐成为诸多西方马克思主义流派的理论工具"。[①] 而问题在于：这一文化转向的特征，作为当代重要意识形态现象的精神实质是什么？在何种意义上构成对马克思文化理论的承继与偏离，从而不仅对马克思主义话语权造成某种确然的影响，而且有其特定的当代价值？

众所周知，马克思主义在其经典作家相继去世之后历史地遭遇了边缘化的境遇。由于在事关文化上层建筑的问题上，马克思只是提供了一些简单粗略的概括性论述，因此，尽管西方马克思主义传统及其发展存在着许多派别，然而就其主流思潮而言，实质上都是基于认可历史唯物主义是构成马克思主义文化理论的一个重要侧面。在这里，由卢卡奇开启的西方马克思主义传统的突出贡献在于：基于对实证主义的批判恢复了意识形态理论在历史唯物主义中的核心地位。卢卡奇的问题意识在于：一是马克思未曾言明的难题，即"如何把作为历史变迁必然阶段的资本主义形式与全球资本主义的实际发展道路区分开来，从而基于后者创造解放的条件"；二是从新的历史条件所造成的资本主义界限变化的角度"充分证明主体性逻辑的哲学基础"。他借助"总体性"范畴，把资本主义的界限从生产关系领域移至意识形态领域，基于主客体辩证法把无产阶级的阶级意识提升到战略高度，并把意识形态危机归于资本主义社会的物化及其相应的"物化意识"。在卢卡奇那里，只有总体性范畴可以把握社会历史过程的相互作用与相互转化的辩证本性，摒弃各种客观决定的机械还原论和意志决定论的思想偏见，从而把意识的变化与社会结构的变迁看作是同一历史过程，恢复马克思主义历史主动性的方法论。

[①] 欧阳谦：《开掘历史唯物主义的文化维度》，《求是学刊》2010年第1期。

而"真正实践的阶级意识的优势力量正是在于它能够在经济过程的分裂状态的背后看到社会结构的统一性"①,卢卡奇赋予了文化斗争在阶级意识的形成过程中较之经济因素更为重要的作用,从而确立了其影响深远的文化主义路线。胡大平就此指出,正是卢卡奇开启了把马克思对资本主义生产方式的物化结构本质的批判,转换成对资产阶级意识形态二律背反以及整个西方理性主义文化的内在矛盾(启蒙辩证法)的批判路径。②

葛兰西和柯尔斯与卢卡奇一样,强调无产阶级意识形态的历史地位和作用,其共同特征在于把马克思主义理解为一个总体性的社会理论,并明确地反对把文化或意识形态与社会存在总体相分立,强调意识或意识形态对于社会存在的总体构成性,而不是仅仅作为经济等社会因素的"副现象"。然而,柯尔施强调"社会—心理前提"对于政治影响的关键作用,而葛兰西更强调基于"实践一元论"的"文化总体性",着力于在经济政治领域与文化或意识形态领域的结合中确立最终的"文化领导权",即一个阶级的世界观和价值准则在意识形态领域的支配地位。这种地位不仅仅是靠强力来维持社会的经济政治秩序,而更多地通过意识形态的领导以获得文化价值的心理认同,从而获得合法化。因而,领导权的危机也表现为"统治阶级对市民社会的许多机构失去了控制权,知识分子对统治阶级也失去了向心力",以及"传统意识形态对民众失去了吸引力,出现了所谓信仰危机"。就此,葛兰西"把文化领域上层建筑的自治和功效当作一个政治问题,并联系到同社会秩序存亡之间的关系,对这个问题作理论性阐明"。③

可见,在对"总体性"辩证法的理论探索中,最大的一个难题在于如何把握和回答经济基础与上层建筑之间的相互关系这一马克思主义文

---

① G. Lukacs, *History and Class Consciousness*, Cambridge: MIT Press, 1971, p. 74.
② 胡大平:《在商品生产之外寻找革命的落脚点:20世纪西方马克思主义之社会批判的逻辑转向和意义》,《马克思主义与现实》2009年第5期。
③ [英]佩里·安德森:《西方马克思主义探讨》,高铦等译,人民出版社1981年版,第99页。

第五章 中国文化价值形态转型的精神自觉与现代形态建构

化理论的基本论题。在这个理论问题上,沿着西方马克思主义的发展逻辑,形成了法兰克福学派与伯明翰学派理论观点之间的复杂关联。法兰克福学派发展出有关意识形态与大众文化批判之间的关系理论,并对消费异化进行了批判。认为,当代资本主义的文化是一种尽管外在却是操控主体日常生活的消极力量,着力对资本主义进行文化批判为社会变革寻找新的主体,通过文化工业对大众文化的操纵与欺骗的揭示,为批判大众文化所承担的意识形态功能奠定了基础,并成为后马克思主义意识形态虚假性批判的依据,从而把卢卡奇那里未曾清晰表明的主体性问题凸显出来。而这一主题作为革命政治学的根本性问题,对于重新审视马克思主义理论及其政治解放实践,始终具有极其重要的微观的基础性意义。哈贝马斯沿着早期法兰克福学派开启的社会批判理路,以解决理论和实践关系的知识实践,为马克思主义的重构寻求经验上可靠的理性图式,最终走出一条既不同于马克思主义也和卢卡奇、布洛赫、阿多诺及霍克海默等相异的通过重建规范以克服社会发展内在危机的主体性路径,并完成了从生产到交往的理论转换。然而,上述这些基于文化转向的意识形态研究由于割裂了文化形态与社会制度结构之间的内在关联,随着晚期资本主义社会文化与经济发展的交互渗透而陷入了自身无法克服的困境。詹明信就此指出,这一困境根源于"精神状态和社会制度之间的脱节,人的主观世界中意识形态的作用与意识形态外部的起源及其在社会现实各种历史性制度中发挥功能的功用之间的脱节"。[1] 在这里,它们违背了自身统一理论与实践的理论初衷且最终脱离了实践。而阿尔都塞用结构总体的观念批判了黑格尔主义的总体观以及基于其上的一切总体性概念,并把经济和政治、文化作为社会结构中的要素,以"多元决定"的社会形态论批判这种文化主义意识形态论,他认为意识形态不能仅被理解为人的观念和思想,而应该被恰当地理解为社会制度对个体作用的效果。因而,阿尔都塞这里的意识形态不再是一种虚假意识,而是

---

[1] [美]詹明信:《后现代主义和文化理论》,北京大学出版社1999年版,第281页。

通过意识形态国家机器,把个人质询为主体参与社会关系的再生产。阿尔都塞的意识形态理论对伯明翰学派的文化研究及其文化理论产生了深刻的影响。

英国新左派、伯明翰学派的代表人物雷蒙·威廉斯认为,上层建筑对于重建历史唯物主义来说是一个中心问题。他以"文化研究"为依托建构起来的"文化唯物主义"的方法论原则有着深入而具体的研究。文化唯物主义的核心观点可以基于两个基本的前提来把握:一是在当代资本主义社会,资本在经济领域进行殖民的最终完成,消解了经济领域的矛盾存在,而且阶级结构随着西方社会"去工业化"进程的推进而发生了根本的变化;二是文化与生产已经完全融合并已经成为一种"构成性的物质力量",[1] 从而需要使一种文化的阐释以补充"总体性"范畴,"真实的世界已经被文化所渗透和占领",意识形态更多地成为可以搁置"真假论证"这一"日常生活的认识论"[2] 问题。我国学者这样来概括这一前提,"只有那些经过文化范式中介过的客观现实,才可能对现实的人的生活世界起作用"。[3] 另一代表性人物汤普森借助曼海姆的总体性意识形态观和马克思的批判性意识形态观进行意识形态的文化研究。曼海姆基于一种对意识形态的"知识还原"方法而由"总体意识形态"走向"知识社会学",试图把意识形态概念的知识社会学内容从特殊的政治框架中分离出来,结果陷入格尔茨所说的"曼海姆悖论",历史唯物主义若不能在意识形态批判中澄明自身,就可能堕落为非批判的实证社会学。格尔茨把意识形态作为社会文化体系以消解决定意识形态的社会要素"利益论"与"张力论"之间的对立,并试图由此解决"曼海姆悖论",而汤普森则抛弃了曼海姆的知识还原论方法,不再把"意识形态"简单地归结为"总体范畴"或"虚假意识",而把

---

[1] 欧阳谦:《"文化唯物主义"辨析》,《哲学研究》2012年第1期。

[2] Luis A. Conde-Costas, *The Marxist Theory of Ideology: A Conceptual Analysis*, Doctoral Dissertation at Uppsala University, 1991, pp. 18–20.

[3] 唐正东:《历史唯物主义的方法论视角及学术意义:从对西方学界的几种社会批判理论的批判入手》,《中国社会科学》2013年第5期。

第五章　中国文化价值形态转型的精神自觉与现代形态建构

意识形态理解为大众传播时代"象征形式的社会运用"。在他看来，对现代文化传播的"象征形式"进行意识形态解释是理解大众传播时代意识形态运作方式的前提。[①]

综上所述，意识形态研究的文化转向在一定程度上承继与发挥了马克思主义意识形态谱系中的文化主题，并力图摈弃传统经济决定论分析范式或机械的经济还原论的知识学路径，根据当代西方社会历史条件的变化，把理论研究的重点从马克思的政治经济学批判转向了文化价值批判，从而使整个西方马克思主义的理论逻辑展现为意识形态批判、文化批判和技术理性批判，确证特定社会历史主体的观念意识在社会历史过程中的主体性与能动性，探索在新的社会结构条件下意识形态在社会整合与价值引领过程中发挥作用的方式，由此重构历史唯物主义的当代形态。因而，一方面它们都以对唯物史观的解释为基础，在人类社会实践的总体进程中解释文化的发生发展；另一方面，如何实现人的自由解放是西方马克思主义始终关注的中心问题，并认同与秉持马克思历史唯物主义文化理论对资本主义社会的批判。

尽管西方马克思主义号召"复兴"和"重建"马克思的历史唯物主义，但自卢卡奇和葛兰西开始，对历史唯物主义的"重建"却隐含了对历史唯物主义关注方向的转移。作为马克思人类解放理论叙事结构的核心方法论，历史唯物主义彰显的是对社会现实的澄明显示和革命改造，它既揭示了人类解放的过程是一个自然历史进程，又指明了无产阶级在人类解放运动中的主体性作用。然而，西方马克思主义将人类解放的方向从无产阶级的革命实践转移到文化政治斗争，使得通过无产阶级的革命运动实现政治解放、社会解放和劳动解放的多向度解放形式也就被贬低为一套空洞过时的理论说辞，这就间接地否定了无产阶级的历史主体

[①] 史小宁：《文化场域中的意识形态：对西方意识形态理论的重新审视》，《内蒙古大学学报》（哲学社会科学版）2012年第6期。

地位和历史唯物主义的双重属性。① 即"当文化理论仅仅通过描述历史的经验变迁试图揭示马克思理论的限度,将资本主义批判转化为一种话语时,事实上构造了后现代主义的幻象,而这不过是左派政治希望消失的表现"②。

而将意识形态的批判完全囿于文化领域,不仅回避了这一现象与资本逻辑的关联,而且存在着弱化意识形态理论本身建构的可能,存在着用这些功能性的"文化意识形态"的研究来削弱甚至取代实体性意识形态建构的可能性,而这必然导致对意识形态的观念"淡化"或"消解"。将真理性编码于自身的真实文化会变得软弱无力;而客观的社会条件一旦否定了主体的自主性诉求,真实文化对他们并不构成某种精神上的需要;而就西方文化批判理论由工业文化批判转向"消费社会"批判而言,"所体现的正是对马克思历史唯物主义的篡改乃至背离:不仅以其符号价值的消费消解了一般意义上的生产逻辑,放弃了马克思主义生产方式分析思路,而且更是遮蔽了资本主义生产的本质,即资本生产的总体性逻辑,无法洞察劳动与资本之间的深层对抗,无法找到超越意识形态虚假性的深层根据与正确路径,从而停留于词句批判,最终反讽地落入资本建构的统一性逻辑之中。"③ 事实上,如同资本主义生产因其资本逻辑而不同于一般的生产逻辑一样,消费社会的消费同样因其作为参与资本生产和建构过程的一个内在环节和基本要素而区别于一般的消费,因而,符号消费不能作为批判消费社会的基础性的核心逻辑与根基,因为马克思文化理论中的生产仍然是消费社会的主导逻辑。

我们还忽视了文化背后的根源性问题,从而导致偏离意识形态的本质以及忽视意识形态本身构建的现象发生。意识形态是文化的重要组成部分或者作为一种重要的精神文化现象,"文化意识形态"在其表面上

---

① 刘同舫:《马克思人类解放理论的叙事结构及实现方式》,《中国社会科学》2012 年第 8 期。
② 方珏:《论西方文化理论的困境及出路》,《哲学研究》2011 年第 3 期。
③ 张志丹:《历史唯物主义视阈中的消费社会批判:从阿格里塔和鲍德里亚的方法论谈起》,《马克思主义研究》2008 年第 8 期。

第五章 中国文化价值形态转型的精神自觉与现代形态建构

看是意识形态拓展化的体现,是意识形态的强化,但"西方马克思主义转向文化,部分原因是政治虚弱或对政治不再抱幻想"。① 而我国学者胡大平在同样的意义上认为,"西方马克思主义在其起点上即存在着哲学与政治学的分离,无论是法兰克福学派还是阿尔都塞,其资本主义批判最终都走出了马克思文化理论的逻辑,因为深化资本主义批判与发展马克思主义实际上不再是两个不可分割的内在联系过程。"② 如果我们无视这一可能的危机,被意识形态文化的现象所诱导,将主要力量放在西方话语中的"文明""价值""大众文化"上,忽视其根源问题,那么只会导致马克思主义在意识形态领域中地位与话语权的丧失。③

2. 当前中国的文化发展实践与马克思主义话语权建构的文化审视

一方面,需要建构以马克思主义为指导的主流意识形态;另一方面,为审视当前我国马克思主义话语缺位提供理论资源。文化实践及其精神形态建构中的意识形态主导是中国特色社会主义思想文化的精神特质,然而,文化领域"存在着各种文化思潮的涌动,不同的思想文化在力争扩大影响甚至争夺话语权"④。因而,新的文化实践开显出马克思主义文化理论的当代意义以及重构马克思主义文化理论的当代理论课题。然而,当前无论是"泛意识形态化"或"去意识形态化",还是不加区分地谈论所谓学术理论创新或制造意识形态话语和学术话语的鸿沟,抑或是对于经济基础/上层建筑这一马克思主义文化理论的关键问题的经济还原论或工具主义阐释,所造成的马克思主义话语缺位,无疑在一定程度上表明马克思主义中国化过程中的现实困境。问题在于:如果说,适应时代主题的转换与建设中国特色社会主义文化的需要,意识形态的变革具有

---

① [英]伊格尔顿:《理论之后》,商正译,商务印书馆 2009 年版,第 31 页。
② 胡大平:《在商品生产之外寻找革命的落脚点:20 世纪西方马克思主义之社会批判的逻辑转向和意义》,《马克思主义与现实》2009 年第 5 期。
③ 张骥、程新英:《论马克思主义意识形态在我国面临的挑战与回应》,《马克思主义研究》2009 年第 2 期。
④ 郝立新:《当代中国马克思主义与文化发展的关联》,《北京大学学报》(哲学社会科学版)2010 年第 4 期。

不可避免性，那么，如何能够既达到话语体系的切实转换又不割裂马克思主义？何以在文化多元化的境域中坚守马克思主义指导和中国自身实践经验这一理论创新和意识形态变革的坚实根基？

马克思主义不可能完全脱离政治意识形态属性，而是"通过批判旧世界发现新世界。"① "哲学把无产阶级当作自己的物质武器，同样，无产阶级也把哲学当作自己的精神武器"，"这个解放的头脑是哲学，它的心脏是无产阶级。哲学不消灭无产阶级，就不能成为现实；无产阶级不把哲学变成现实，就不可能消灭自身"。② 正如一位评论家所说的，"尽管关于生产方式的一般理论特别是关于资本主义生产方式理论以及基于此上的人类生产方式的结构作用和社会主义的历史可能性等都是历史唯物主义的构成性主题，特别是马克思主义思想文化结构得以产生的'真正基础'"，并且构成马克思主义这一题目的最低标志，从而成为确认一种连续的传统的核心要素，却从来不是一种单一的、只有一种声音的核心教义。"③ 另外，以多样性路径通向对"正统"马克思主义的辩证探索，"新思潮的优点又恰恰在于我们不想教条地预期未来，而只是想通过批判旧世界发现新世界"④。对此，有学者指出："批判性是哲学固有的属性，也是哲学富有魅力的重要因素。当前的马克思主义哲学缺乏批判性是其魅力和引导力弱化的一个重要原因。从马克思主义哲学的发生史来看，批判性是马克思主义哲学的基本精神；而马克思主义哲学发展的最重要力量源泉是来自于对现实的批判，这种对现实的批判性也是马克思主义哲学反思性的重要体现。"⑤

值得强调的是，在我国社会转型期与现代性历史境遇的双重境域中考察与审视意识形态的话语权问题，需要正视马克思曾揭示的这样一种

---

① 《马克思恩格斯文集》第 10 卷，人民出版社 2009 年版，第 7 页。
② 《马克思恩格斯选集》第 1 卷，人民出版社 1995 年版，第 15、16 页。
③ 胡大平：《在商品生产之外寻找革命的落脚点：20 世纪西方马克思主义之社会批判的逻辑转向和意义》，《马克思主义与现实》2009 年第 5 期。
④ 《马克思恩格斯文集》第 10 卷，人民出版社 2009 年版，第 7 页。
⑤ 黄明理、谈育明：《马克思主义哲学批判性的当代反思》，《南京大学学报》2010 年第 4 期。

第五章 中国文化价值形态转型的精神自觉与现代形态建构

文化发展史事实,即文化生产日益丧失其精神提升的功能。而西方马克思主义的早期著名代表人物卢卡奇同样借助"物化意识"揭示思想意识形态领域问题的严峻性,并把这一"物化意识"的极端表现形式概括为"拙劣的经验主义"与"抽象的空想主义",[①] 以此揭示社会生活中存在着的反文化现象。因此,对于马克思主义话语权建构的现实困境,我们应该有足够的认识。一方面,不仅需要还原马克思主义话语权在特定历史发展阶段的成功经验及其界域,既辨明当代西方马克思主义的理论创新,以及把马克思的理论与各种哲学思潮进行形态嫁接的实践阈限,又在马克思主义创新研究的话语转换中不被其背后所潜藏着的西方主导意识形态所颠覆。在这一点上,国内著名学者侯惠勤提供了一个值得重视的思路:区分"工具性可为"与"目的性可为",解构西方对人文学术话语的垄断以"获得变革中的意识形态话语权","在流行的普适性话语、尤其是人文学术话语中找到马克思主义核心话语的位置,这应当是马克思主义理论建设的重要方向"。[②] 而且要把理论的彻底性及其基本价值原则贯彻到实践中,以科学预见、现实社会批判与乌托邦想象整合并现实化马克思主义的理论力量,由此解决马克思主义理论的当代价值实现问题,从而避免自身陷入非历史的抽象性,理论话语的力量逻辑应该"不再是构想出一个尽可能完善的社会体系,而是研究必然产生这两个阶级及其相互斗争的那种历史的经济的过程;并在由此造成的经济状况中找出解决冲突的手段"[③]。这是构成马克思文化理论及其人性和人道话语的深厚根基。另一方面,必须高度重视思想意识或意识形态的社会整合功能及其文化引领作用并明确其发挥作用的范围与界限,在意识形态维护与意识形态批判之间保持必要的张力,重视乃至创新文化建设和意识形态的当代建构及其实现方式。这样,在"后意识形态"的历史境域

---

① [匈]卢卡奇:《历史与阶级意识》,杜章智等译,商务印书馆1995年版,第137—138页。
② 侯惠勤:《意识形态的变革与话语权:再论马克思主义在当代的话语权》,《马克思主义研究》2006年第1期。
③ 《马克思恩格斯选集》第3卷,人民出版社1995年版,第739页。

与我国社会转型发展时期,意识形态与文化分化及其对立性和解的总体性之间的对立统一所要求建构的应该是一种文化精神的价值生态。就此而言,当前的文化结构形态不仅需要以马克思主义作为重要理论资源,而且必须以对马克思主义的理性价值认同作为文化意识形态建设的根本目标,而西方马克思主义的社会批判与文化理论无疑可以提供一种可以批判性借鉴的重要资源。而建构马克思主义话语权的重大实践主题需要探索文化理性认同与意识形态自觉之间的内在关联,揭示二者结合的精神特征与实践机制,这不仅涉及文化自身发展逻辑并要求现实社会及其存在结构的总体性变迁,而且需要实现理论立场与研究范式的创新以及视阈转换的生态结合。

二 传统文化结构中的价值悖论及其现代形态转换的困境[①]

(一) 是否有公共性维度:传统文化价值精神的鉴别及其辩证考察

就生命存在与生活的深层关联本质而言,"现代性最为根本的特质就是西方工业社会在现代化进程中生成的、与传统农业社会的经验本性和自然本性相对的一种理性化的文化模式和社会运行机理,它是人类社会从自然的地域性关联中脱域出来所形成的一种新的人为的理性化运行机制和行为规则。"[②] 韦伯指出,现代性是"各种各样的理性化已经存在于生活的各个方面和文化的所有领域之中",蕴涵着理性契约化的公共文化精神、意识形态的社会历史叙事以及经济运行的理性化、行政管理的科层化、公共领域的自律化、公共权力的民主化和契约化等相互关联的多重维度。显然,公共性成为审视乃至批判现代性的一个重要视域与核心维度。

---

① 这部分内容直接引用了作者课题研究的成果:《公共性供给与传统伦理的现代形态:马克思主义的公共性论域对现代伦理秩序的文化奠基》,《学术论坛》2015 年第 1 期。
② 衣俊卿:《现代性的维度》,黑龙江大学出版社 2011 年版,第 27—28 页。

第五章 中国文化价值形态转型的精神自觉与现代形态建构

就公共性而言,在中国的历史境域中,现代性的生成依然是"有待完成的谋划"。究其原因,应该从传统文化的精神特质及其核心价值形态中获得解答。马克斯·韦伯在分析以新教伦理为标志的西方理性主义文化精神的发生时,明确区分了新教伦理与儒教精神,认为,尽管二者都是理性主义文化,但是,儒教和道教与新教伦理存在着根本区别:"儒教理性主义意味着理性地适应世界;而清教理性主义则意味着理性地把握世界"[①]。另外一种观点则认为,正是基于"自然秩序"的非反思性以及呈现为"差序格局"的人伦秩序所导致的传统伦理文化中公共性价值精神的根本性缺位,无法为现代社会的公共生活伦理秩序提供可能的文化根基。

就形态学而言,分析传统伦理精神形态的立论前提是确定这样一个核心理念:文化精神及其价值形态与人类社会发展史以及个体精神生命发育史存在原初的同一性。儒家的"礼"建构和追求的是个体与家庭、民族直接同一的伦理世界,不仅具有"伦"的实体气质,而且体现家庭与国家的直接同一,即"家国一体"的伦理规律,具体化为"天伦"(家庭血缘关系,"神的规律")与"人伦"(社会伦理关系,"人的规律")两大结构。在"家国一体"文明形态生成的历史进程中,"礼"融"血缘—伦理—政治"于一体,不仅被创造性地转换为伦理政治,而且上升为意识形态的自觉主张,由习惯法提升为精神性的伦理实体。因而,"家国一体"的文明路径和社会结构使"家庭"在中国文明体系中具有更为深刻的"精神策源地和文化本位地位"。"礼"无论作为个体教养还是社会教化,其要义都是将人从个别性的"单一物"提升为伦理性的"普遍物"从而成为"单一物与普遍物统一"。[②] 因此,孔子提倡回归"礼"并被认为是一个突破性伦理贡献,而更重要的是他在生命精神内部寻找"礼"的根源,并将之提升到意识的层面。即便是以"家国一体,由家及国"为伦理文化精神的"差序格局"社会结构在一定程度上

---

① [德]马克斯·韦伯:《儒教与道教》,王容芬译,商务印书馆1995年版,第35、293页。
② 樊浩:《〈论语〉伦理道德思想的精神哲学诠释》,《中国社会科学》2013年第3期。

也可以强化伦理本位意识。伦理政治或道德政治构成了中国传统文化儒家公共性思想的重要精神特征。

（二）传统文化中的价值结构悖论：公共性幻象与文化形态现代转换困境

现代伦理形态及其基本特质与文化价值的公共性危机或公共性精神的式微导致现代伦理道德公共性基础重建的必要性。理性的展开（unfolding）、冲动的指导，以及道德所采取的形式绝不是偶然的，而是取决于现存社会秩序及其所引发的问题，而理性与道德的普遍缺乏需要思考其与我们的社会类型不相容的理由，即现代工业社会的被称为新的广泛大众活动的基本民主化以及日益相互依存的社会过程，① 以及现代性道德价值基础的分化与颠覆，以便在传统伦理文化与现代社会结构之间建立起一种特定的关联：传统文化中的圣贤君子道德对现代公民道德教育的范导性作用，现代公民道德为传统圣贤君子道德奠定现代社会的道德基础。这样，传统伦理文化的现代转换的"应然"形态在于强化公共性供给基础上的三个层面的伦理道德秩序及其生态性建构，即主体层面上具有公共性本质或普遍性的道德自主性；国家等伦理实体层面的公平正义等伦理普遍性；社会层面上促进公共领域以培养社会或政治参与及其理性批判精神，以形塑独立的具有道德反思能力的道德人格与德性—权利意识等形成的价值生态："个体至善—社会至善（道德自主性—伦理普遍性）—共识形成机制"的精神统一性。这样，道德作为一种价值观念和规范，其公共性功能在于引领与提升普遍化人性与社会风尚，而不仅是维护既有的现实秩序。②

就传统文化及其价值精神而言，"公共性"的发育及其所内在的悖

---

① ［德］卡尔·曼海姆：《重建现代的人与社会》，张旅平译，生活·读书·新知三联书店 2002 年版，第 36 页。
② 肖群忠：《儒家传统伦理与现代公共伦理的殊异与融合》，《中国人民大学学报》2013 年第 1 期。

◈◈ 第五章 中国文化价值形态转型的精神自觉与现代形态建构 ◈◈

论困境的分析,有赖于一个社会在制度、文化和心理等层面形成的关于"公"与"私"及二者之间关系的合理安排。根据以上对于"公""私"概念的分疏,笔者以为,并不能如一些学者理解的那样,对"公""私"做简单的正面或负面的价值判断,"公"亦非主要指政府的利益和价值而且很少涉及社会生活。[1] 因此,有研究者认为,"这种公私关系的分析尚不足以充分揭示中国公共性生产之艰难的文化和心理原因"[2],"公""私"概念的伦理价值意义必须在"群己、人我的界线怎样划法的问题",从而应置入"整个社会结构的格局"而不能仅仅在人的本性结构中获得理解。这需要进一步分析"家国一体"的伦理文化结构及其精神价值。尽管"家国一体,由家及国"的伦理文化设计使"家庭"在中国文明体系中具有更为深刻的"精神策源地和文化本位地位",却存在着深刻的文化结构悖论并对社会文化产生深刻影响。

1. "伦理中心主义"与发达的"日常生活世界"

一方面,形成了由"家庭本位"延伸而来的"伦理本位"。"伦理"与"道德"在中国传统文化中何者更具优先性?就这一问题,伦理较之于道德具有优先性,更符合中国传统文化的精神特质及其原初逻辑。"'克己复礼为仁'所建立的是'礼'之于'仁'的优先性。扩而言之,是伦理之于道德的优位论。'仁'的主体性是'礼'的实体性的造诣。由'克己复礼'而达致的'天下归仁'就是伦理与道德同一而建构的社会秩序和社会风尚。"[3] 另外,"克己复礼"及其转换性的话语表达"修身养性"阐释同样的道德哲学意涵,"克己"与"修""养"不仅是"礼"(伦理)与"仁"(道德)相互转换的中介以及二者在生活世界得以统一的精神条件,而且开创了伦理文化的"中国形态"与"中国传统",并经由"五伦—四德""三纲五常"乃至宋明时期的"天理人欲"

---

[1] 陈弱水:《公共意识与中国文化》,新星出版社2006年版,第99—105页。
[2] 李友梅、肖瑛、黄晓春:《当代中国社会建设的公共性困境及其超越》,《中国社会科学》2012年第4期。
[3] 樊浩:《〈论语〉伦理道德思想的精神哲学诠释》,《中国社会科学》2013年第3期。

而获得进一步的演绎。然而,"个体至善是否应然或必然地导致社会至善？若伦理实体本身缺乏'善'或合理性伦理精神,'克己'的伦理认同或道德努力则可能导致'道德的人或不道德的社会',而若在家庭、社会和国家等伦理实体具有内部伦理关系的合理性,却缺乏作为'整个的个体'的道德合法性,造成的则是'伦理的实体与不道德的个体'等伦理道德悖论,"[①]最终都难以建构基于伦理认同的"伦理—道德"精神生态,这一"善的悖论"即是"元中国伦理问题"。而"伦理的实体与不道德的个体"悖论形态则是当前公共行政权力呈现集团腐败的重要伦理表现与根源；另一方面,也构成了传统日常生活世界的阈限,衣俊卿称之为"自在自发的文化本质",并强调其两个基本特征："一是自然主义的或人情化的文化图式；二是经验主义的或经验性的文化图式。"[②]

2. 公私之辩对于自我权利意识的消解

这一文化精神逻辑结构所导致的结果在于：

（1）一方面,从当前的伦理秩序与或道德建设来说,传统道德的群体或实体本位取向与现代公共伦理的个体权利本位的内在冲突,在现代伦理秩序中遭遇了"权利优先于善"对于道德精神的解构,所蕴含的颠覆性后果与对价值秩序观念的冲击将更为强烈。当前出现的诸多以道德的名义行使道德暴力,其深刻的精神或意识根源是以个体的权利或利益需求为前提或核心。就此,中国当代"差序格局"社会结构的延续和个体道德性的衰退使得人们所期望的社会现代转型即便不是"一个遥不可及的梦",[③]但必然使得传统伦理文化形态的现代转换由此而遭遇深刻的文化困境。另一方面,这种内在的伸缩自如的"私德"不仅模糊了公共利益与私人利益的差别,助推牺牲大家成就小家甚至个人的现象发生,而且消解了现代性伦理道德精神及其秩序建构所要求的道德自主性与道

[①] 樊浩：《〈论语〉伦理道德思想的精神哲学诠释》,《中国社会科学》2013年第3期。
[②] 衣俊卿：《论中国现代化的文化阻滞力》,《学术月刊》2006年第1期。
[③] 张江华：《卡里斯玛、公共性与中国社会有关"差序格局"的再思考》,《社会》2010年第5期。

第五章 中国文化价值形态转型的精神自觉与现代形态建构

德反思的批判性精神。因而,中国传统伦理文化确定地把个体私德作为培养社会公德与国家公德的逻辑起点,但缺乏促进由"私德"向"公德"过渡与公众或社会组织参与的系统而现实化的体制机制,从而弱化了公共性生产的基础。就此,我们质疑以下观点:传统教育选仕提供了广泛的参与和公共性的制度供给。① 这混淆了理论设计与文化实践之间的区别,把学者的理论探讨所形成的传统文化伦理理念直接当作了"现实"。事实上,一方面,儒家"用世"强调道德理性的"转世",缺乏从制度上改造社会的公共性现实,所以未能真正建立起如何切实保护人民权利的社会政治学说,其人学价值观在于道德意志而非现实权利的无可侵犯性。② 牟宗三就此指出,中国传统只有"治道",并无"政道",而所谓"内圣外王"、政治仅只是道德伦理的延长,甚至混淆了道德领域与政治领域的界限,在现实化层面上表现为以道德建设僭越乃至取代政治实践,最终忽略对国家或政府等伦理实体的道德意识与伦理精神的批判性审察,从而影响真正的伦理实体认同与公共价值认同。在此意义上,可以澄清的是:牟宗三以"良知坎陷"开出现代民主的路径设计并非意味着他认为在中国文化传统自身内部即可产生出民主制度。尽管,"仁政"的基础依然在于"道德主体",但"新外王"的政治伦理理想与目标需要使政治的领域由道德的领域独立出来,从而否定"直贯"方式并提议以"曲通"方式借鉴西方的近代民主制度。③ 另一方面,"礼"文化以及与这种文化相适应的社会结构是孟子提倡"四端之心"的社会背景,终究还是落在"社会心理"的情感分析之上,从而最终失去了儒家伦理应有的客观社会批判意义,而无法获得审视公共性问题的世俗根基。

(2)形成了"公—私"伦理悖论以及相应社会层级结构与依附性道

---

① 郭齐勇、陈乔见:《孔孟儒家的公私观与公共事务伦理》,《中国社会科学》2009年第1期。
② 蒙培元:《情感与理性》,中国人民大学出版社2009年版,第188页。
③ 刘述先:《论儒家哲学的三个时代》,贵州人民出版社2009年版,第201页。

德人格而背离道德自主性。儒家"三纲五常"的人伦道德在封建社会的统治地位并非就是家国一体的社会制度自然反映的结果，是有其复杂原因的。一方面，"传统社会层级结构及其权力运作体制成为中国问题的世俗基础。这一基础的基本特征是：以权力本位的政治力量挤压经济、社会与文化力量权力运行缺乏有效规约、权利意识淡薄与推崇身份，从而强化了社会成员特别是民众的服从意识，培养服从与依附性道德人格特征，而这样形成的公共性心理意识可能具有一定的虚假性。"[①] 基于此，韩庆祥指出，重新建构马克思主义的政治哲学必须把握真正的"中国问题"及其形成基础。另一方面，与此相适应，"社会生活中所谓的公共领域实际是由私人领域扩张与转化而来，或者受到私人领域的支配，公共利益或共同体的事务都通过个体人格得以完成，从而不仅使得道德标准、道德行为的约束力量及其评判不是源于个体的理性反思和自我理解，而且中国社会的公共性供给在相当程度上依赖或取决于处于'差序格局'中心的某个个体或某一批个体的道德性。在这里，就有了公共利益与私人利益的所谓'利益冲突'。"[②] 这在当前被认为是行政行为或公权力腐败的一个重要根源，并成为行政伦理研究的重点问题与关键领域之一。因此，儒家伦理文化强调德性人格有其必然性与合理性，而且传统文化"家国同构"的伦理道德实践缺乏公共领域的培育以及个体、社会组织参与社会管理和公共服务的主体性意识。可见，公私之辩蕴涵的另一重要问题在于：未能确立与把握"公域"与"私域"的恰当区分及其界限。不仅"摧毁了它在传统社会中建构道德共同体的功能"，而且"从市场、科层制以及学术体制内部瓦解并置换其应有的游戏规则，破坏了经济、政治、文化和学术之间本应存在的边界，并以'群体面目'放大了'利己主义'效应，而未能超出费孝通所说的'自我主义'范

[①] 参见韩庆祥《社会层级结构理论：面向"中国问题"的政治哲学》，《中国社会科学》2009年第1期。

[②] 张江华：《卡里斯玛、公共性与中国社会有关"差序格局"的再思考》，《社会》2010年第5期。

第五章　中国文化价值形态转型的精神自觉与现代形态建构

畴。"① 在此意义上，马克斯·韦伯在比较基督教新教伦理对于资本主义精神的作用与中国儒家文化时，对于中国传统文化和社会心理特点的考察有其一定的正确性：一方面是社会互动中普遍存在着的信任缺失和不诚实，以及抽象的非个人和纯粹目的性的社群、公司等真实"共同体"的匮乏；另一方面则是依凭个人关系建立的政治和经济组织具有不可替代的作用，共同行动被纳入纯粹的个人特别是各种亲戚关系中。②

因而，"公"作为中国传统文化的逻辑价值，其生成的逻辑本体却是"私人领域"并存在于特定社会层级结构之中。中国传统伦理文化的最大问题不是公共性精神本体性承诺的缺位，而是：儒家伦理文化内在矛盾及其悖论形态或精神格局而缺乏公共性现实或形式普遍性从而导致公共性危机。就其形上意义，传统伦理文化向现代形态转换的困境，体现的正是伦理道德发展过程中共同的悖论：生命存在与理性历史、人性化生存的价值目标与扬弃具体行为过程的目的性之间的冲突。

三　马克思主义在中国传统文化现代转型中的作用机制

在我国的社会转型期，存在于传统社会中的"内在的顽强的文化阻滞力"使得"现代性在中国尚未成为个体生存、公共生活、社会运行和制度安排的内在机理"③。现代性文化逻辑所呈现出来的是马克斯·韦伯所说的表现于从古代犹太教到新教的禁欲主义的转向中人类整体性价值分裂及其所引发的"公共性"悖论：生命存在逻辑的个体性自由及其权利本位观念，以及以个体为坐标原点的公共性理念的重构，而这一过程

---

① 李友梅、肖瑛、黄晓春：《当代中国社会建设的公共性困境及其超越》，《中国社会科学》2012 年第 4 期。
② Max Weber, *The Religion of China: Confucianism and Taoism*, Glencoe: The Free Press, 1951, pp. 231 – 232、241.
③ 衣俊卿：《论中国现代化的文化阻滞力》，《学术月刊》2006 年第 1 期。

意味着对前现代一切纯粹抽象因而是虚假的公共性的理想或信念目标的一种怀疑乃至反对。这也使得伽达默尔的所谓"'公有现实'应该构成哲学思考的逻辑起点和理论归宿,并决定了哲学具有追求'公共性'的本性。"[①]因而,公共性追求与重构同样是马克思主义理论的内在特质,也是对其进行整体性诠释的当代视域。如果说,民族性与时代性正是我们思考当代中华民族道德文化问题时必须坚持的两个基本价值立场,那么,公共性精神即成为审视中国传统社会的伦理价值文化及其现代形态建构乃至整个社会精神生活领域的重要文化因素。

(一) 促进传统文化现代转化的因素：儒学复兴抑或马克思主义？

基于这一视域,中国社会转型期的现代伦理秩序建构遭遇困境的深层文化根由不能归结为传统文化只是适应"不可更动的日常规范"的非超越性或公共性精神的本体缺失,因为传统文化不仅以内在的主体超越性为精神特质,而且无论是"礼—仁"的精神哲学结构,还是"公私之辩"中的价值取向都蕴涵着普遍性或公共性承诺;伦理形态现代转化的"文化阻滞力"在于传统伦理文化内在的结构性悖论及其导致的公共性困境：道德理想主义的"伦理本位"与发达的"日常生活世界"造成"善的悖论",从而无法建构"个体至善—社会至善—共识机制"的公共性精神生态;而马克思的公共性视域为这一困境的解决乃至当前的人类社会文化实践提供了确定性的文化奠基。

现代新儒学试图坚持诉诸儒学的复兴并由此实现中国现代化的社会发展目标。新儒家代表人物牟宗三批判马克思的历史唯物论"因其自身内在的'绝对否定'性而不能成就'这种意义的实践'并解决'已有的任何社会问题';相反,却使自身成为需要被解决的一个社会问题。"[②]这在一定程度上表明了牟宗三对于马克思历史唯物论存在着某种偏见与

[①] 贺来：《走向公共性的丧失：论后现代主义哲学的根本理论旨趣》,《吉林大学哲学基础理论研究中心》。

[②] 牟宗三：《道德的理想主义》,吉林出版集团有限责任公司2010年版,第37页。

第五章　中国文化价值形态转型的精神自觉与现代形态建构

误解，所反映的是现代新儒学与马克思主义的关系及其对传统文化现代化的作用问题，尽管这一关系总体上经历了一个由尖锐对立到平等对话的发展阶段，然而，二者在实现中国现代化道路问题上的根本分歧并未因此而消除。牟宗三强调，"在传统的一切思想学术中，只有儒家的文化系统可以作为我们社会实践的指导原则"，"自由民主"一原则"必须靠一个更高一层的较为积极而有力的文化系统来提携它，维护它，维护住了自由民主，才能救住科学哲学宗教艺术乃至佛教。这个更高一层，更积极而有力的文化系统，就是儒家的文化系统，其核心思想就是理性主义的理想主义，简言之，就是道德的理想主义，切实言之，就是道德实践理性之理想主义"。[①] 笔者认为，传统文化的内在悖论特征使得解决上述困境不能仅仅依靠传统文化的道德理想主义，而应是马克思主义，其与传统文化的结合并非造成传统文化的断裂，促使整个中国文化传统形成现代性生长机制与内涵，从而适应社会转型发展对于现代文化精神及其伦理道德价值的需要，即中国社会与民族文化"公共性"精神的现实化过程，这要求达致这样的公共性自觉以消解公共性危机：既基于个体主体性的个体自由自觉而要求一个道德的个人，同时更为重要的是，基于伦理实体主体性或道德自我意识的要求建构一个道德的社会。

如果说，现代化过程中的"中国问题"确实需要诉诸文化公共性精神的形态重构，而公共性追求与重构同样构成为马克思主义理论的内在特质，但公共性价值追求的文化思维逻辑如何为中国现代伦理秩序的形态重构提供现实性的文化奠基？本书将运用马克思建构公共性理论的社会历史前提，以及在此基础上处理人的个性自由发展与共同体或伦理实体之间关系的路径中的公共性蕴涵及其对于解决个体至善与社会至善的"善的悖论"这一"中国问题"的作用，说明马克思的公共性视域及其真实性对于中国传统伦理道德的现代转换形态所提供的进一步思考的可能路径。就此而言，现代伦理道德秩序的形态建构不仅意味着个体在自

[①] 牟宗三：《道德的理想主义》，吉林出版集团有限责任公司2010年版，第25页。

由个性基础上的公共性本质,以及基于此上的"在一个敞开的公共领域因他者的存在而获得自我在场的真实体验",而且意味着"让公开事实接受具有批判意识的公众监督"的社会伦理秩序建构原则与公共性价值理念。因此,马克思的公共性思想蕴涵应体现以下精神特质:在现实历史及其批判基础上所建构的公共性既不应被极端私人性或个体性所颠覆,也不能是传统形而上学的极端同一性逻辑。然而,对于这两个方面的割裂所导致的公共性危机无论是在中国传统社会还是在当代社会结构的转型发展时期,都在一定程度上威胁着我们的"共在"或伦理道德秩序。

(二) 马克思主义文化理论逻辑及其存在论凸显[①]

在西方马克思主义深入发掘马克思的文化理论并予以形态重构的同时,马克思的唯物史观也遭到了一些西方学者基于文化的批判。如美国学者丹尼尔·贝尔在其《资本主义文化矛盾》中基于他对资本主义文化矛盾的深刻分析提出了他对马克思理论体系的批判:马克思对于经济基础与上层建筑之间关系的阐释只能说明文化所属的上层建筑谱系,而不能揭示其演化机制与内在规律,从而认为缺乏一种具有现实解释力的深刻文化理论正是马克思思想体系的最大弱点,甚至认为这构成了马克思的"总理论"自身所潜在的深刻文化矛盾。[②] 问题在于:马克思的理论体系中是否存在着一种文化理论?如何在批判理论与意识形态批判之间深入理解与把握马克思主义文化理论的内在话语逻辑及其精神实践机制?或作为马克思主义经典作家的马克思(恩格斯)的意识形态理论在何种意义上具有文化意义从而呈现出二者的内在关联?对这些问题的探究与回答,可以进一步阐释马克思文化理论及其实践精神的问题核心或主题,并对其进行形态重构,由此获得马克思主义与传统文化融合的存在论

[①] 这部分内容直接引用了相关作者参与本课题研究的成果。曹天航、黄明理:《意识形态及其文化转向与马克思主义话语权的文化审视》,《学海》2014 年第 3 期。

[②] [美] 丹尼尔·贝尔:《资本主义文化矛盾》,严蓓雯译,江苏人民出版社 1996 年版,第 350 页。

第五章　中国文化价值形态转型的精神自觉与现代形态建构

视域。

意识形态批判及其实践蕴涵与马克思文化理论的话语逻辑。从文化哲学或文化的总体性视阈对马克思乃至马克思主义的发展谱系的诠释与把握构成当前极具学术竞争力与现实关联性的学术领域。文化问题是马克思留给我们的引起众多争议的理论问题之一，也是当今马克思主义文化理论研究及其实践困惑得以生成的重要根由，因为马克思本人并未发展出一个给予充分阐释的文化理论体系。马尔库塞就此指出，尽管用一种历史唯物主义的概念方式无法明确表述一种"人类学的文化观念"，然而，并非"意味着马克思主义对于如此指定的现象领域的不同方面和元素无话可说"，而是"从其自己内部逻辑的角度来看，它们的构成不是一个能用一致的方式去探讨和理解的统一体"[①]。然而，我们还是可以讨论马克思主义文化理论的可能性并把握其内在发展逻辑。具体地说，马克思文化理论的话语逻辑及其实践旨趣可以从以下几个方面把握：一是其现实前提与可能基础是现实的人与现实生活实践活动的统一性；二是其实践旨趣或主题在于文化自觉与人的自由、解放和幸福等核心价值目标及其现实化路径的探寻；三是其逻辑路径与方法论则是基于"生产逻辑"与"资本逻辑"相结合的社会总体性批判，而其核心是经济学批判与意识形态批判及其所赋予意识形态的文化实践意蕴。

马克思从现实的人及其劳动实践活动的统一性的维度规定文化的本质，由此揭示文化发展的规律。依据马尔库什的理论，在马克思的唯物史观语境中，存在着作为广义"人类学的文化观念"与作为狭义的"价值标定的文化概念"的多层意涵，前者主要是指自然的人化以及人与社会的存在方式；而后者指的是以意识形态为主要内容的观念结构系统。而无论是哪一种意涵都具有某种根本性的现实或实践意义，在此基础上所实现的正是自然史与人类史的统一。马克思指出，人在改造自然的对象化活动中不断地再生产出"整个自然界"而不断地拓展属人的对象世

[①] ［匈］G. 马尔库什：《马克思主义与文化理论》，《世界哲学》2010年第2期。

界,而且在这种活动中"能动地、现实地复现自己"从而不断地确证与提升自己的本质,劳动成为"人在外化范围之内的或者作为外化的人的自为的生成"①。由此,在马克思那里,劳动被看作是一种生命活动以及主体的对象化,被看作是一种"人类活动的基本理论或社会生活本体论的组成部分"而获得了本体意义:"正是人的对象化活动,才具体生成着人的社会特性,生成着人的自由自觉性。"②而这正是构成"现实的人"与社会的存在方式及其本质蕴涵。在这里,不仅马克思所理解的人的特性并非具有对个人而言可以预先予以规定的抽象本质,而且与那种基于纯粹观念意识即"认为理智的发展是文化发展的原因,而文化发展的本身构成了政治历史最主要的基础"③的"文化史观"划清了界限。正是基于对人类物质生产活动这一现实性问题的接触和研究,马克思渐渐意识到文化观念史的非现实性并称其为是一种"虚假意识",由此发展出自己的作为上层建筑或意识形态的历史唯物主义文化观。

在马克思看来,尽管社会现实与理性决定论的历史观已经通过黑格尔对"主观思想一切方面"的全面批判而达致的"本质与实存的统一"而得以积极地呈现,使得这一德国文化体系内部的哲学批判不仅显现出康德以"绝对命令"为内容的意识哲学的软弱无力,也显现出"费尔巴哈的惊人的贫乏"。对此,卡尔·洛维特评价为是"史无前例地把现实的、当前的世界提升为哲学的内容"。然而,问题在于:澄清了"哲学的内容"是否意味着就是某种世界的或可经验的现实内容?正是在这一问题上,黑格尔表现出自身绝对唯心主义精神哲学一贯的基本性质及其内在局限:最终把现实完全等同于理念,并让自我意识的理性与现实存在着的理性在这一理念中实现和解,从而神秘化了世界历史或现实经验,社会现实再次在意识或精神化的历史过程中隐遁起来。马克思认为黑格

---

① 《马克思恩格斯文集》第1卷,人民出版社2009年版,第205页。
② 郁建兴:《马克思主义文化理论与现时代》,《中国社会科学》2001年第6期。
③ [德]亨利希·库诺:《马克思的历史、社会和国家学说》,袁志英译,上海译文出版社2006年版,第170页。

第五章　中国文化价值形态转型的精神自觉与现代形态建构

尔的法哲学在内容与形式上存在着"形式唯心主义"与"内容实在论"的深刻对立,从而依然只能是一种"非批判的实证主义和同样非批判的唯心主义"。因而,"德国的批判,直至它最近所作的种种努力,都没有离开过哲学的基地。这个批判虽然没有研究过自己的一般哲学前提,但是它谈到的全部问题终究是在一定的哲学体系即黑格尔体系的基础上产生的。不仅是它的回答,而且连它所提出的问题本身,都包含着神秘主义"。①"尽管黑格尔由于反对主观思想、由于要求社会现实的内容而为历史运动找到了一种深刻的表达",但就其存在论的基础而言,由于其"整个体系不过是哲学精神的自我对象化,所以它最终体现的乃是绝对的、即超人的抽象精神","说到底乃是与人和自然界的一切现实规定性毫不相关地生成的本质"。② 他"只是为历史的运动找到抽象的、逻辑的、思辨的表达",而不是"作为一个当作前提的主体的人的现实历史"③。

与此相关,尽管黑格尔清晰地看到了市民社会与政治国家的分立,却同样只是现象地分析市民社会的矛盾,并把"本质性"置入作为绝对理念现实化的"国家",这样,"理念变成了主体,而家庭和市民社会对国家的现实关系被理解为理念的内在想象活动"。而在马克思看来,"家庭和市民社会都是国家的前提,它们才是真正活动者;而在思辨的思维中这一切却是颠倒的"④。通过对政治哲学的批判,马克思初步奠定了对理性历史决定论予以矫正的现实根基。然而,对马克思而言,政治批判若不与意识形态批判和经济学批判结合起来,则难以获得深刻性与彻底化。这需要深入到"市民社会"内部,致力于深入揭示市民社会的内在结构与矛盾关系及其发展规律,特别是深入市民社会内部深刻的经济根源,马克思由此发展出上层建筑要适应经济基础的思想。前面已经提

---

① 《马克思恩格斯选集》第1卷,人民出版社1995年版,第64页。
② 吴晓明:《作为历史科学方法论的历史唯物主义》,《中国社会科学》2008年第1期。
③ 《马克思恩格斯全集》第3卷,人民出版社2002年版,第316页。
④ 同上书,第10页。

到，马克思的文化理论赋予劳动以社会生活本体论意义，在这里，马克思已经开始了其经济批判的视野。他与黑格尔乃至当时文化观的一个重要区别在于：只有当人能够全面占有自身的劳动产品并享受劳动时，才可能有通过改变了的（变成了文化的）自然而实现人的人化，因而劳动过程与劳动产品一样依赖于特定的财产关系。由此，马克思不仅可以审视劳动异化的现实经济基础，而且可以更深入地揭示异化劳动的经济根源。这样，马克思文化理论确定地把文化赖以生成的源泉归结为经济基础，并归结为现实的人改造自然与社会的生产生活实践，把物质生活及其生产过程理解为思想观念的现实历史基础，马克思由此揭开了笼罩在历史现实之上的各种意识形态的神秘而虚幻的面纱，为历史唯物主义的创立提供了前提和基础。

正是在这个意义上，郁建兴指出，"只要赋予劳动以社会生活本体论意义，以文化与经济的分离作为维护主观主义、唯心主义解释的先决条件"即成为不可能，而若"不把马克思主义关于人的活动理论看成是统一的理论，以还原方式解释经济活动与文化、思想活动的关系，那么马克思主义要么与经济决定论划不清界限，要么与主观主义、唯心主义划不清界限。因为唯心主义、主观主义仅仅突出了文化、思想意识活动的地位与作用，以此作为解释原则和方法论"[①]。同样地，可以理解伊格尔顿："文化的观念意味着一种双重的拒绝：一方面是对有机决定论的拒绝；另一方面则是对精神自主性的拒绝"，"如果说这个概念坚决地反对决定论，它也同样小心翼翼地对待唯意志论"[②]。在这里，所涉及的正是马克思主义文化理论理解中的一个关键性问题：经济基础与上层建筑的关系问题。而丹尼尔·贝尔就是在这一问题上否定了马克思主义存在着一种深刻的文化理论。其立论前提是：马克思的"文化"概念充其量只是上层建筑的一部分，而且未能充分注意到文化对于经济基础的反作用。依据贝尔的理解，马克思的理论框架"只是说明社会的政治、经济、文

---

① 郁建兴：《马克思主义文化理论与现时代》，《中国社会科学》2001年第6期。
② ［英］特瑞·伊格尔顿：《文化的观念》，方杰译，南京大学出版社2006年版，第4页。

第五章　中国文化价值形态转型的精神自觉与现代形态建构

化是如何永远相适应地运行着,文化存在的理由只能通过经济基础来阐释,而资本主义文化矛盾恰恰证实了一种不相适应的运行状态,证实了文化对自己的经济基础的解构作用。在此意义上,马克思主义没有文化理论,如果说有,那只是自我矛盾的理论"。马克思的文化思想不应被理解为一种简单的经济决定论,事实上,他从未忽略对意识形态或文化的相对独立性的理论关注,他不仅以"从早期资产阶级的清教徒形象到成功期的资产阶级实际形象"揭示"由启蒙精神、理想主义走向贪婪庸俗"这一"资产阶级文化精神的结构转型和过程嬗变"[①],而且以"上层建筑或快或慢"地随着经济基础的变化而发生变革以及对艺术在"一定的繁盛时期决不是同社会的一般发展成比例的,因而也决不是同仿佛是社会组织的骨骼的物质基础的一般发展成比例的"等论述肯定了文化的相对独立性。

基于劳动对于文化理解的本体论意义以及文化意识形态或上层建筑相对独立性的这种理解,不仅那些把马克思的文化理论理解为是推崇"经济本能"或"反历史的自然主义"根本上就不具有合法性,而且马克思把推进社会现实发展的出发点和基本路径进一步纳入人类解放的价值目标之中,而上面所提到的基于劳动实践的社会现实历史过程正是马克思人类解放理论的原点或自明性前提。对于马克思而言,这一目标需要置于政治解放、劳动解放与社会解放的"总体性"中去理解,由此开辟了一条经由社会现实的总体来具体地理解人类历史的道路,而且需要作为劳动或实践主体的人的文化或精神自觉,在当时即表现为无产阶级的阶级意识的增强。正是在这个意义上,刘同舫认为,无论是由市民社会和政治国家分离而体现出来的政治解放,还是消除了市民社会中异化力量的社会解放,都是"客体向度的社会力量的解放形式",而"真正的人类解放还需要进一步实现主体向度的主体性解放",劳动解放所强

[①] 黄力之:《资本主义文化矛盾理论与马克思的文化思想及其延伸》,《中国社会科学》2012年第4期。

调的正是一种"建立在个人全面发展基础上的自由个性"①，这里所体现的正是人类学意义上与生成着人的自主自由本性的对象化活动相一致的一般生产逻辑。

然而，仅仅从生产逻辑的物质规定性出发，仍然无法摆脱抽象的形式或庸俗的理解，因为对于资本主义生产方式，以往的一些经济学家只是看到其物质性方面从而将其解释为社会生产的永恒的"自然形式"。而在马克思看来，这种抽象自然的非历史形式的社会生产是不存在的，任何生产都是受到特定历史条件与社会形式的制约，因而，必须走出一般人类学意义上的生产逻辑而进入到资本逻辑，而一旦进入资本主义社会的资本逻辑，所发现的人的主体性自由本质的对象化活动则呈现出被异化所支配的关系现实，"资本是资产阶级社会支配一切的经济权力"。马克思人类解放理论的关键是彻底改变资本与劳动的不合理关系，从而摆脱资本对劳动的奴役与控制，"资本和劳动的关系，是我们全部现代社会体系所围绕旋转的轴心"②。为此，马克思不是仅仅停留在认识论上揭露资本主义意识形态的虚假性或"虚假意识"，即意识形态对观念与社会现实的颠倒这一时代幻相予以辩护的神秘化"歪曲形式"这一资本主义异化的一个极其重要的组成部分，以增强无产阶级的阶级意识或文化自觉，而是在存在论意义上进一步把意识形态看作是"观念的上层建筑"，把意识形态批判推进为资本批判以及与之存在最隐秘联系的社会制度及其结构的总体性批判，从而不仅为其意识形态批判以及社会有机体理论揭示整个社会结构以及主权和依附关系的政治形式的"最深的秘密"找到了"隐秘的基础"，而且把人的自由解放与人类社会的历史发展过程及其社会结构有机统一起来，揭示了人类解放的现实基础与条件，把文化解放与社会经济解放结合起来。而在审理资本世界的过程中，马克思发现了这一结合的历史形式就是社会主义社会和共产主义社会，从而体现出马克思文化理论对"可作为批判标准的超越性的价值判断和精

---

① 刘同舫：《马克思人类解放理论的叙事结构及实现方式》，《中国社会科学》2012 年第 8 期。
② 《马克思恩格斯选集》第 2 卷，人民出版社 1995 年版，第 589 页。

第五章　中国文化价值形态转型的精神自觉与现代形态建构

神祈向"的理想诉求，这样，马克思不仅在批判旧世界中所发现的新世界中蕴涵着"一种抗拒实证思维的形而上学思维"①，而且以一种能够产生真实思想的批判性实践路径把"理解真实的思想过程"发展为"真正批判的世界观"，这正是马克思历史唯物主义文化实践的具体化路径，这一路径绝不是纯粹经验主义的或只是对历史规律的实证性探寻，而是科学的真理性与哲学的价值性、内在具体的社会分析与哲学思维的形上价值相统一的二重属性，而正是这构成了马克思文化理论真正的超越性。

（三）马克思公共性论域对存在问题的解答与伦理生态秩序的现代建构

在指认上述特征之前需要说明的一个首要的逻辑问题：在一种道德的语境中讨论马克思的公共性思想及其核心主题与理论目标是否具有合法性？这关涉公共性基础上的道德秩序重建对以往道德理论的历史性前提的深入批判。一般地，对于马克思乃至马克思主义的社会历史观是否可以兼容一种道德理论，历来存在着这样的倾向性观点：将历史唯物主义解读为一种道德中立或价值无涉的纯粹历史科学，或者是撇开历史唯物主义去谈论一种纯粹抽象的非历史的道德原则或规范标准。我们认为，道德同样构成唯物史观内在的构成性基本维度，马克思批判乃至拒斥抽象的道德说教并非意味着一种道德虚无主义，也不能把马克思对于资本主义的批判简单地还原为纯粹伦理道德批判的道德至上主义，尼尔森令人信服地详细论证了这一点。②马克思道德观一方面对于道德形而上学的纯粹非历史性或为道德理论寻求现实的历史与生存论根基；另一方面延续了卢梭和康德的"道德政治"传统，不仅对现代政治提出了最高的道德要求从而成为一种最深刻的现代性批判，而且把道德置入公共性的论域或语境中予以重建。在这个意义上，马克思的道德理论与中国传统

---

① 李佃来：《"柯尔斯问题"的政治哲学求解》，《马克思主义与现实》2012 年第 6 期。
② 相关讨论可参阅：Kai Nielsen, *Marxism and the Moral Point of View*: *Morality*, *Ideology and Historical Materialism*, Westview Press, 1989.

伦理文化都明确涉及了"道德政治"这一政治哲学论域。然而,和中国传统文化将整个社会生活秩序建立于内在性道德权威的根基上不同,马克思将道德及其秩序化的形态置入现实社会存在的整体结构中考察,从而体现了道德世俗化根本趋势。这一趋势不能仅仅诉诸回归传统的文化"怀旧"情结或是对于背离公共性的异化现象及其现实制度性根源的本质性批判,而更为重要的应是"如何在现代法律和政治制度日益客观化的格局中仍然保存道德感、人性的尊严和对自由的追求,使冲突的两极达到内在的一致"①。

1. 还原与重建现代伦理道德秩序根基的社会历史性前提

在马克思看来,道德合理性重构的基础在于实践活动。为此他揭示了人通过劳动而自我产生的历史:"黑格尔把人的自我产生看作一个过程,把对象化看作非对象化,看作外化和这种外化的扬弃;可见,他抓住了劳动的本质,把对象性的人、现实的因而是真正的人理解为他自己的劳动的结果。"②然而,"他只是为历史的运动找到抽象的、逻辑的思辨的表达,这种历史还不是作为既定的主体的人的现实历史"③,而只是把现实历史抽象为以"自我意识"为本质的人在绝对理性实体内部实现这种本质而进行的所谓"历史"的生成活动。而对于马克思而言,个体活动的根本方式是社会的。因此,古尔德指出,马克思对于人的个性及其发展的全面性与普遍性是社会历史性与社会关系,其个性概念区别于古典自由主义中的个体主义概念,单个的个体只能是作为"普遍的"和"社会的"并描述为"尽可能完整和全面的社会产品",而且,社会关系也并非作为和与之相关的个人相分离的抽象实体而存在的。④然而,值得注意的是,作为"类本质"的"社会性"同样是具体的,即人类在

---

① 张盾、王华:《在道德与法律之间:现代性反思的主客观二维之争及其解决》,《江苏社会科学》2011年第1期。
② 《马克思恩格斯全集》第3卷,人民出版社2002年版,第320页。
③ 同上书,第316页。
④ [美]古尔德:《马克思的社会本体论:马克思社会实在理论中的个性和共同体》,王虎学译,北京师范大学出版社2009年版,第2、15、40页。

第五章 中国文化价值形态转型的精神自觉与现代形态建构

一切历史阶段上都是一种社会性存在,社会性本身发展也具有阶段性并呈现出具体的特征,而且,尽管具体的个人离不开关系,而存在却不是因为关系而存在,而是通过这些关系而发展自身,以个人的现实生存及其活动方式作为其进入的关系的本体论前提。

黑格尔发现,由于"市民社会中的利己心不能实现伦理精神,它们最多只能形成特殊利益集团",不同的个体相互隔绝并各自追逐着不道德的私利,因而并不能真正达到伦理意义上的自由。黑格尔认为"国家是个人在其中拥有自由的现实性。"在这里,国家是作为"公共机构的客观理性"与"公民的主观理性以及与之相应的道德观念"的综合。对于这种理性和解的伦理实体,马克思同样认为:"德国人那种置现实的人于不顾的关于现代国家的思想形象之所以可能产生,也只是因为现代国家本身置现实的人于不顾,或者只凭虚构的方式满足整个的人。"[①] 为此,费彻尔指出,黑格尔的主导思想依然是"通过精神化来实现人之解放","这种解放被马克思谴责为纯粹虚幻的解放。"对于马克思而言,"黑格尔的国家哲学正是对他所处时代的国家现实的恰当描述",而"当马克思对之进行批判的时候,他同时也批判了现实的不完满性,而黑格尔国家哲学正是这一现实的抽象图景。"[②] 因而,马克思的批判首先对准了这个原则,批判普遍理性的抽象形式并重新置于具体的历史语境之中,从而成为植根于生产劳动和革命解放运动等实践活动的"具体理性",一种作为"总体性的人"的生成才成为可能。

一方面,马克思对于历史性前提的建构由哲学批判走向意识形态批判。他指出,康德的道德和政治思想正是以特定物质利益并由特定物质生产关系所决定的意志为基础的,作为某种特定利益的表达形式,其实际内容就是这种非理论的世俗的特殊阶级的特殊利益,从而还原实践理性通过在观念中割裂其与这一基础与根源的联系而赋予自己以普遍性和

[①] 《马克思恩格斯选集》第1卷,人民出版社1995年版,第9页。
[②] [德] 费彻尔:《马克思与马克思主义:从经济学批判到世界观》,赵玉兰译,北京师范大学出版社2009年版,第72、76、202页。

独立性的假象,揭露出其所谓的"意识形态本质"。马克思由此深刻论证了那种"所谓的纯粹的道德理论和纯粹的道德实践的'不纯粹性',即它们对现实的物质利益、生产方式和社会关系的依赖性。"① 另一方面,"马克思认为揭示'现实的历史'的'存在'以及要获得对人的具体的理解,必须进一步展现经济范畴的'具体'及其与人的存在和历史过程的逻辑关系,在历史唯物主义与资本主义批判之核心的'资本逻辑'批判之间建立起本质联系,这构成马克思破解'存在'的秘密立足点,也是作为'政治经济学批判'的《资本论》所破解的'存在'的秘密。"② 而马克思的"异化劳动"理论正是这一联系的理论基础。由此,可以深入把握马克思对于"对象化"与"异化"的理论与实践的区分这一重要理论,进而,可以呈现出马克思的唯物史观蕴涵着的规范基础与历史分析或精神价值与客观历史两个维度的有机融合,从而使得马克思的公共性思想及其核心主题不断走向深入与澄明,即根源于资本主义的主导性"资本逻辑"的诸多对抗性与分裂性矛盾集中体现的自由个性与共同体的统一性问题。

2. 自由个性与共同体统一精神生态的公共性供给③

"中国传统文化的公共性在总体上缺乏西方公私论断中'公'所蕴涵的保护个人之共同性的含义,也没有'私'所包含的尊重个人的意思,并以'伦理中心主义'弱化对于社会的伦理道德批判。"④ 而马克思对"人格个体"与"真正的共同体"的阐释中,涉及他所理解的这两者的相互关系:一方面,"人格个体"是"真正的共同体"的主体;另一方面,"人格个体"只有在"真正的共同体"中才能实现,因为"只有在共同体中,个体才能获得全面发展其才能的手段,也就是说,只有在

---

① 郗戈:《从哲学革命到资本批判:马克思历史唯物主义基本范畴的当代阐释》,世纪图书出版公司2012年版,第162页。
② 孙正聿:《"现实的历史":〈资本论〉的存在论》,《中国社会科学》2010年第2期。
③ 这部分内容直接引用了作者课题研究的成果:《公共性供给与传统伦理的现代形态:马克思主义的公共性论域对现代伦理秩序的文化奠基》,《学术论坛》2015年第1期。
④ 任剑涛:《公共与公共性:一个概念辨析》,《马克思主义与现实》2011年第6期。

第五章　中国文化价值形态转型的精神自觉与现代形态建构

共同体中才可能有人格自由!""真正的共同体"就是创造"使一切不依个体而存在的状况不可能发生"的现实基础。① 可见,重建公共性的目的在于实现个体的自由与发展,而不是使人依附于共同体,而个体的自由与解放也只有在真实的共同体中才是可能的,并全面占有自己的本质。在这个意义上,古尔德把马克思的社会历史理论解释为"社会本体论"时指出,"马克思发展了一种本体论即内在地把个人看作是社会的和公共的,但这种本体论把个人看作是社会的基本实体,并设想了由自由个人的活动能够构成的共同体概念,在这个共同体中,每个人都意识到自己活动的可能性,并且根据共同的期望和目标认识到彼此互相联系并互相提高彼此的个性。这种对于个人平等自由的承认构成了对于社会'正义'的概念阐释。"②

可见,马克思明确地揭示了人的存在形态与社会制度结构之间的本质关联。马克思根据异化与剥削两个概念分析劳动对资本的这种"物的依赖性"。这里的"物"即私有财产,而"物的依赖性"在资本主义社会中表现得最为普遍和突出。一方面,在资本主义社会,异化以前所未有的方式显现出来;另一方面,不交换就可以占有他人劳动产品的权利,从而呈现出不自由的和不平等的非交互性关系,即剥削。马克思的重大理论创见是坚持通过经济问题把握政治问题,由此揭示资本主义由异化劳动所造成的劳动与资本的对立乃是财产权的政治本质。尽管阿伦特认为贫困的本质乃是一种"肉体支配下的必然性力量",从而与自由问题格格不入,却依然认为,马克思把社会问题提升为政治问题、以穷人的权利取代抽象的普遍人权去规定自由的最高意义乃是对现代政治的重大创见。③

马克思以对资本主义财产权的"去合法化"而在否定的意义上确证

---

① 转引自侯才《马克思的"个体"和"共同体"概念》,《哲学研究》2012 年第 1 期。
② [德]费彻尔:《马克思与马克思主义:从经济学批判到世界观》,赵玉兰译,北京师范大学出版社 2009 年版,第 204 页。
③ 张盾:《"道德政治"谱系中的卢梭、康德、马克思》,《中国社会科学》2011 年第 3 期。

财产权对于现代政治伦理秩序的前提性作用，并批判现代道德政治的普遍性概念，进而把历史唯物主义破解社会存在的秘密及其自由问题深入到与资本主义批判之核心的"资本逻辑"及其批判：这一共同体受到抽象的资本逻辑共同体以及劳动的异化形态所支配，并由此揭示国家伦理共同体的虚幻性的本质性根据，把人的存在形态与社会制度结构或个体与社会之间的本质关联在资本主义社会呈现为一种颠倒与分裂状态的根源揭示为资本与劳动的对立所造成的公私利益的矛盾："正是由于特殊利益和共同利益之间的这种矛盾，共同利益才采取国家这种与实际的单个利益和全体利益相脱离的独立形式，同时采取虚幻的共同体的形式"①。因而，在现代资本主义条件下的普遍性只是幻象，私人利益不会发展为公共利益和普遍性，而只可能发展为阶级利益，而每个追求统治权的阶级都把自己的特殊利益描绘成唯一合乎理性的、有普遍意义的东西并赋予其普遍性以观念形式。"普遍的东西一般说来是一种虚幻的共同体的形式——在这些形式下进行着各个不同阶级间的真正的斗争。"现代国家作为一个"冒充的共同体"以保护财产权为其最高职责，其本质则是资本权力的政治形式。②"共同体只是劳动的共同性以及由共同的资本——作为普遍的资本家的共同体—所支付工资的平等的共同体。关系的两个方面被提高到想象的普遍性：劳动是为每个人设定的天职，而资本是共同体公认的普遍性和力量。"然而，其结果是"在资产阶级社会里，资本具有独立性和个性，而活动着的个人却没有独立性和个性"③。这样，马克思揭示出人类解放和人的全面发展的现实路径及其社会历史形态：能保证活动着的个人都具有独立性和个性的社会形态就是未来的"自由人的联合体"，而自由人的联合体实现的前提是意识形态、阶级、国家的消失，归根结底是私有制的扬弃。"把资本变为公共的、属于社会全体成员的财产。这里所改变的只是财产的社会性质。它将失掉它的

---

① 转引自侯才《马克思的"个体"和"共同体"概念》，《哲学研究》2012年第1期。
② ［德］马克思、恩格斯：《德意志意识形态》，人民出版社2003年版，第102、28、44、76页。
③ 《马克思恩格斯选集》第1卷，人民出版社1995年版，第287页。

第五章 中国文化价值形态转型的精神自觉与现代形态建构

阶级性质。""当阶级差别在发展进程中已经消失而全部生产集中在联合起来的个人的手里的时候,公共权力就失去政治性质。"① 公共权力即获得了普遍性的内容。在这个意义上,政治解放必须发展为社会解放以最终达到人的解放,即只有人的解放才能超越已然实现的政治解放,并应当克服具体的人的这种异化分裂,应当用与类本质相符的具体的生动的人取代卢梭式的抽象的政治人:"只有当现实的个人把抽象的公民复归于自身,并且作为个人,在自己的经验生活、自己的个体劳动、自己的个体关系中间,成为类存在物的时候,只有当人认识到自身'固有的力量'是社会力量……因而不再把社会力量以政治力量的形式同自身分离的时候,只有到了那个时候,人的解放才能完成。"②

就此而言,一方面,超越个体、私人性的公共生活不是对个体自由个性的压制与戕害,而应该是个人自由自觉而全面发展的表现与保障。就此,科拉科夫斯基认为,马克思的思想中存在着的浪漫主义动机使得其理论新体系对于最终目标的展望乃是在于"结束个人和物化社会'存在'之间、劳动中的自我对象化和劳动产品的异化之间的二元对立",社会发展最终要表示的是"人的经验生活和人的本质性之间的一切矛盾的消灭"。"人类的自然命运是生活在一个不是以消极利益纽带为本,而是以同别人交往的独立、自发的需要为本的共同体中"。"在每个人同整体自由地融为一体的社会里,强迫和控制是不需要的。因而,消灭资本主义不等于压抑个人以抬高共同体,而是使两者同时复兴"。③ 另一方面,消除个人生活的偶然性不仅需要"把人当作自然存在物,而且必须理解人的唯一现实性在于人是个体,其他任何形式都是劳动异化的结果,劳动异化是命运偏离正轨,不过从历史上看这种偏离是必然的,而且是人解放的条件"。这样,马克思所揭示的与资本主义生产方式的现实相

---

① 《马克思恩格斯选集》第1卷,人民出版社1995年版,第287、294页。
② 《马克思恩格斯全集》第3卷,人民出版社2002年版,第188页。
③ 莱扎克·科拉科夫斯基:《马克思主义的主要流派》,引自袁贵仁、杨耕主编《当代学者视野中的马克思主义哲学:东欧和苏联学者卷》(下),北京师范大学出版社2008年版,第119—125页。

符合的"资本"概念作为旧传统的破坏者,也同时将为新社会的建立扫清道路,"劳动过程的每个一定的历史形式,都会进一步发展这个过程的物质基础和社会形式。这个一定的历史形式达到一定的成熟阶段就会被抛弃,并让位给较高级的形式"①。尽管,马克思始终把异化劳动视为"以交换价值为基础"的资本主义雇佣劳动的根本特征,然而,"在资本对雇佣劳动的关系中,劳动即生产活动对它本身的条件和对它本身的产品的关系所表现出来的极端的异化形式,是一个必然的过渡点,因此,它已经自在地、但还只是以歪曲的头脚倒置的形式,包含着一切狭隘的生产前提的解体,而且它还创造和建立无条件的生产前提,从而为个人生产力的全面的、普遍的发展创造和建立充分的物质条件"②。有学者就此指出,马克思在《资本论》中就揭示了这一秘密,"其目的并不是简单地宣示对'现实的历史'的否定,而是以理论的自觉把握'现实的历史',并为缩短和减轻社会发展进程中的痛苦提供富有启发性和建设性的思想。"③ 正是马克思"审慎而明智地描述资本主义"并把资本主义社会中发展出来的尊重个体、公民自由、民主权利等成就看作"社会主义自身建设的必要前提"。④ 因而,马克思的历史唯物论并非如牟宗三所指出的那样,试图通过自身内在的"绝对否定"解决"已有的任何社会问题",而是充分看到了资本主义的历史过渡性。马克思的公共性思想对于我国社会转型期建构伦理道德秩序的启示在于:建构个体至善与社会至善、道德自主性与伦理总体性的统一的伦理道德精神生态,而其关键机制或环节在于:权力公共性和财富普遍性的危机总是客观而深刻地存在,因而伦理与道德之间的紧张总是现实,而且必须透过精神发展和制度批判的双重努力才能实现。⑤ 具体地,伦理道德秩序的现代建构一方

---

① 《马克思恩格斯选集》第 2 卷,人民出版社 1995 年版,第 587 页。
② 《马克思恩格斯全集》第 46 卷(上册),人民出版社 1979 年版,第 520 页。
③ 孙正聿:《"现实的历史":〈资本论〉的存在论》,《中国社会科学》2010 年第 2 期。
④ [英] 特里·伊格尔顿:《马克思为什么是对的》,李杨等译,新星出版社 2011 年版,第 167 页。
⑤ 樊浩:《〈论语〉伦理道德思想的精神哲学诠释》,《中国社会科学》2013 年第 3 期。

第五章 中国文化价值形态转型的精神自觉与现代形态建构

面需要通过外在的制度伦理精神;另一方面,依然需要个体内在的德性人格或道德精神的培育,而中国传统伦理文化为此提供了丰富的理论资源,关键的问题则是在于如何实现由个体内在德性向"公德"的现实转换。

3. 道德价值理性批判意识和道德自主性人格的培育,建构"德性—权利"与"伦理—道德"生态

传统文化中,特定的社会层级结构或"差序格局",不仅缺乏对于公共理性实践极为重要的公共领域与理性批判性精神的现实而充分的培育,而且阻滞了道德自主性人格、自由自觉个性的生成,因而不适应伦理道德向现代形态转化的要求。然而,需要强调的是,一方面,"孔孟所倡导的君子人格是从事公共事务的品格,是具有公共性的道德人格。儒家之礼偏重于公共秩序,孔孟之德强调的是中道和谐,其根本关怀在于公共世界"[1]。这对于现代伦理秩序建构的启示在于:没有内德性人格修养或心性秩序,社会公德与国家公德因其失去了内在依据而变得不可能。另一方面,不能说儒家文化不存在任何关于公共领域的思想,事实上,在其伦理或道德政治文化设计中所表现出来的与法家的不同就可以表明这一点:尽管法家强调公私相分并反对把"私的行为"渗透到社会公共生活及其事务之中,却以国家政治与"法"僭越了"公"的伦理价值意义,不仅未能区分君主的个人人格与法,而且把道德赋予"私"的规定性,而在一般的意义上否定了政治公共领域活动的道德基础。儒家也正是在此意义上反对法家"以国家机器和公共权力过分干预和压迫私人领域"[2]以及君国至上的伦理理论与文化实践,只是这里对公共领域的理解主要还是涉及政治意义上的"朝廷""政府"等场域。

因而,就现代自由民主社会语境中的伦理道德重建而言,一方面,与其说私德缺乏向公德的转化路径,还不如说由于现代生活的公共性更加凸显,社会和国家应该首先关注或弘扬公民在公共生活中的价值观与

---

[1] 郭齐勇、陈乔见:《孔孟儒家的公私观与公共事务伦理》,《中国社会科学》2009 年第 1 期。
[2] 同上。

道德规范并促使其内化为公民的道德精神与行为品质，从而形成"国民的品德和群体人格"。在这个意义上，有学者提出重建"礼义之教"①。马克思对于道德的批判意识对此有启示意义。"在伦理学中，马克思的真正发现在于他对道德本身加以怀疑"，在客观上标志着伦理学历史中一个极为重要的转折，"他提出了一种对道德的反规范的、十分具体的、在前后联系中的理解"以及"标志着伦理学在对待道德方面的新的行为倾向，这种倾向是从对道德的颂扬向对道德的批判的转折。"② 马克思对于道德的批判揭露了历史上道德存在的意识形态本质及其虚假性，最终把道德价值的内在根据奠基于人的生存方式与存在形态。马克思并不满足于政治解放而形成的抽象普遍性和形式公共性，进而寻求人的解放以及由此所需要的社会解放，提出了这样的"绝对命令：必须推翻那些使人成为被侮辱、被奴役、被遗弃和被蔑视的东西的一切关系"③，以最终"达到人的高度的革命"或在由人格独立的个体结合而成的"自由人的联合体"中所达到的"自由个性形态"。这样，马克思把一般的人或类本质的自由与具体的人的价值与尊严的实现条件结合起来。而无论是仅仅对人之为人的抽象平等的承认，还是只强调每个人的个性和能力的实现，都可能导致回复到传统意义上的等级制度。在这里，不仅体现马克思与黑格尔的区别：感性的自私自利的资产者不可能通过黑格尔所说的精神层面的教化而达到公民的体面尊严，而只有在改造社会秩序的进程中才能实现彻底的改变、在基础层面通过改变生活的本质来改变当代人的本质。④ 而且，马克思所理解的"道德不是外在于人的生命发展的外在力量，而是与人的自我生成之间具有一种深层的内在联结，强调应当把道德视为内在于人的自我实现过程并推动人走向自由解放的一种真实

---

① 肖群忠：《"礼义之邦"的礼义精神重建》，《江海学刊》2014年第1期。
② [俄] 古谢伊诺夫：《马克思主义与伦理学》，袁贵仁、杨耕主编《当代学者视野中的马克思主义哲学：俄罗斯学者卷》，北京师范大学出版社2008年版，第200—206页。
③ 《马克思恩格斯选集》第1卷，人民出版社1995年版，第9—10页。
④ [德] 费彻尔：《马克思与马克思主义：从经济学批判到世界观》，赵玉兰译，北京师范大学出版社2009年版，第204页。

第五章　中国文化价值形态转型的精神自觉与现代形态建构

力量"①。正是在这一意义上,卢克斯认为,马克思所批判的是"法权的道德"而倡导一种"解放的道德"。在这里,马克思更为关注的问题在于:不是个人怎样依据外在道德准则或道德规范行动,而是一种社会制度如何能够促进个体的自我实现,从而超越了自由主义和功利主义道德观。

另一方面,公共性与公共领域和私人领域的区分密切相关,而且在西方与中国的表现形态存在着一定的差异:西方公共性的核心思想一是强调私人领域的自由以保证个人的独特性、独立性、差异性不受国家的侵犯;二是以公共领域的正义促进公民的政治参与和国家正义秩序。而中国的传统思想是强调政治国家及其存在形态的公共性,而倡导"克己奉公"和"大公无私"。

然而,"公""私"分化带来的问题在于:一是公共领域中的价值与意义的消解,用法律或依据理性化要求而建立起来的制度和规章组织或规约"公共生活";二是坚持国家和政府在公共生活领域的"中立性原则",因而没有权力为个人规定价值和意义。这样,不仅导致社会公共生活领域的道德冷漠、行为不受道德的约束和控制或消解道德责任等获得了合法性辩护,而且价值被归属于私人领域而最终演变为"价值个体主义",从而颠覆了道德的公共性根基。公共领域与私人领域的社会分化不能理解为是一种截然分立,因为希望通过公共领域与私人领域之间的和谐互动来实现伦理道德精神建构的实质公共性。这就需要超越"市民社会"的逻辑而建构适应现代历史条件的公民社会。"市民社会强调的是与国家相分离的私人的、非公共的生活领域,公民社会虽然也重视与国家相对分离的私人生活领域,但更多的是强调与此相关的制度安排与法律保障,并且还强调个人对国家政治与公共生活的积极参与;市民社会强调与国家的分离,公民社会则强调市民社会与国家的沟通与协调;市民社会更多的是经济概念,公民社会则不仅是经济概念,还是道德的

---

① 贺来:《价值个体主义与道德合理性基础的重构》,《吉林大学社会科学学报》2005年第2期。

和政治的概念。"①

四 传统文化与马克思主义融合的理论与实践形态

（一）理论逻辑形态："中—西—马"融合的文化价值精神生态

文化存在于斗争和争论的关系结构之中，因为在特定的"社会中不会只有一种文化，而任何社会都是由多种彼此决定和从属关系建构的历史具体文化所组成的"②。当我们从历史与现实的双重维度来考察中国文化思想史，我们可以发现，一方面，自"'五四'以来，整个思想文化领域所呈现出来的三足鼎立的格局：马克思主义、自由主义或自由主义西化派、文化保守主义（其中最具有代表性的是现代新儒家）。到今天乃至于可预见的未来，我们始终都生活在这么一个思想文化格局之中，三派之间一直进行着思想斗争"；另一方面，是这一格局在20世纪90年代以来所发生的现实变化，即"过去最强大的马克思主义话语和自由主义话语，今天都发生了很大的变化；而过去的文化保守主义、现代新儒家，用他们自己的话说，是'花果飘零'，目前却出现了复兴的迹象。"③这一现实表明了文化形态的演变与发展中蕴涵着的这样一个问题：现代性与民族性的关系。

世界各地文化相互沟通、融合。就此，马克思指出："各民族的精神产品成了公共的财产。民族的片面性和局限性日益成为不可能，于是由许多种民族的和地方的文学形成了一种世界的文学。"④ 有学者认为，"这个观点，应当说不仅指文学，也代表了马克思在整个人文学领域的

---

① 邹诗鹏：《马克思主义中国化与中国现代性的建构》，《中国社会科学》2005年第1期。
② Jon Stratton and Len Ang, "On the Impossibility of a Global Cultural Studies:'British' Cultural Studies in an 'International' Frame", in David Morley and Kuan-Hsing Chen, ed., *Stuart Hall: Critical Dialogues in Cultural Studies*, London: Rouledge, 1996, p. 377.
③ 黄玉顺：《儒学与生活：民族性与现代性问题——作为儒学复兴的一种探索的生活儒学》，引自郭沂主编《开新：当代儒学理论创构》，北京大学出版社2013年版，第253—254页。
④ 《马克思恩格斯选集》第1卷，人民出版社1995年版，第276页。

第五章 中国文化价值形态转型的精神自觉与现代形态建构

世界化观点。在这样的立场上,世界文学、世界史学、世界哲学是涵盖了各地方的各民族的特色,又超越了单一地方、单一民族的局限的文化范畴,而决不是以欧洲的范式和特色去覆盖一切民族和地方的文化。"而与这样一个时代相适应,"必须发展起一些新的、赋予多元性的世界性文化概念和文化理解",不仅要避免文化建构中的同质化、单一化、平面化,而且应该对于"文化帝国主义"倾向予以高度警惕和质疑。①事实上,正如上文所指出的,任何文化都是普遍性与特殊性、共性与个性的对立统一。在这个意义上,我们可以认为,离开了民族性,也就无法理解现代性。这样,我们才能理解罗伯森何以把"'普遍主义的特殊化'和'特殊主义的普遍化'看作是全球化过程中具有互补性的双重进程。"② 国内"有学者用理学的'理一分殊'来表达多种文化形态传统都是普遍真理的特色表现形态,都有其自身内在的价值,又共有一致的可能性,用以促进文明对话,这是很有价值的。"③ 对于文化融合的问题,可以理解为三个层面:第一是"气一则理一,气万则理万","气"这里可解释为文明实体,理即为文化价值体系,"每一特殊的文明实体都有自己的价值体系,诸文明实体的价值都是理,都有其独特性,也都有其普遍性";第二是"和而不同","和"不是单一性,而是多样性、多元性、差异性的共存,而"同"是单一性、同质性、一元性;第三是"理一分殊",在差异中寻求一致性,亦即诸多殊异文化形态可相融的文化质素。④

就中国文化建构而言,即是如何把握与认同马克思主义、西方文化和传统文化及其逻辑或理论形态发展等诸多文化形态之间的关系和各自的作用问题。当前中国大陆思想界对于儒学的态度并不一致,不仅存在着上文所提到的把儒学意识形态化而加以否定的现象,还存在以下情

---

① 陈来:《孔夫子与现代世界》,北京大学出版社2011年版,第284—285页。
② 程光泉主编:《全球化理论谱系》,湖南人民出版社2002年版,第131页。
③ 刘述先:《全球伦理与宗教对话》,台北立绪文化公司2001年版。
④ 陈来:《孔夫子与现代世界》,北京大学出版社2011年版,第291页。

形:"一是主张将儒学的政治属性与文化和学术属性相区分而选择性地继承;二是还有一些过去反对儒学的人希望中国的马克思主义与中国传统文化联合起来,共同抵御西方的自由主义或新自由主义;三是坚持自由主义理念的学者,或者对中国的马克思主义、对儒学持批判态度,或者主张自由主义与马克思主义的联合,继续批判儒家代表的'家族传统''威权意识'。以新儒家为代表的中国传统文化的研究者和教育者,或者直接与西方文化特别是自由主义对话,或者与马克思主义展开互动。"[1] 中、西、马三种文化形态的融合有其内在的可能性与必要性。

首先是中西方文化存在着的不同特性与相通性。唐君毅先生曾指出,西方哲学文化的辩证性是向外追索,而中国哲学文化则是遵循返本内求的路径。这种反思取向的差异性至关重要。有学者强调,向外求索根源于文化沉思与生活行动的分离,脱离了对自我生命和生存论状态的情感体验以及原子生活方式的意欲和意志冲动;认为,"离开了生存论的存在论或本体论追究,无法得到内在的、切己的明证性"。而"中国哲学的本体不是知性理性的设定和建构,而是在日常生活中对生活意义的最高觉解,所谓天命、天理、道等都可在自由的澄明的心怀中得到明明白白的确证。"[2] 另外,西方实用主义与中国儒学具有相通性。安乐哲等认为,"在西方哲学文化传统中,以美国杜威的实用主义与中国儒学最为接近。"[3] 李泽厚却认为,"马克思主义要优于杜威。在与儒学传统接近交会上,马克思主义与杜威的实用主义的确有许多共同处,如重社会群体,轻'独立个人';重力行实践,轻逻辑玄理;重效用真理,轻执著教条;重现实经验,轻超验世界;等等",但是,"马克思主义与杜威相比,存在着这样两个不同:一是承认世界(包括自然和社会)有某种客

---

[1] 张曙光:《现代性论域及其中国话语》,武汉大学出版社2010年版,第194—195页。
[2] 孙利天:《让马克思主义说中国话》,武汉大学出版社2010年版,第282—283页。
[3] David Hull & Roger Ames, *The Democracy of the Dead: Dewey, Confucuics, and the Hope for Democracy in China*, Open Court, 1999.

第五章 中国文化价值形态转型的精神自觉与现代形态建构

观规律；二是从而对未来社会怀抱某种乌托邦的大同理想，愿为之奋斗，并将人生的价值与意义寄托于此，这也就是马克思主义的伦理学，它具有某种准宗教功能。这两点比杜威更容易与中国儒学传统接近。……发扬与儒学传统可结合的方面、内容、因素，在马克思主义对于中国已有半个多世纪的广泛影响的情势下，融合二者而开拓新时期，当更为有效。而这不但不排斥，反而可以更顺利地吸取杜威。"①

其次，马克思主义可以为儒学发展提供理论思想资源。第一是存在论。马克思对于资本主义社会人的异化的揭示所开显的存在论维度与原典儒学"天地之大曰生""生为贵"等基本价值理念存在契合一致性。第二是个体发展论。马克思关于每个人的自由发展是一切人自由发展的条件论述被人们有意无意地抹杀了，从而片面地强调服从于集体和组织成为个人生存的价值和意义，而这一颠倒的和片面的理解恰好与传统儒家伦理文化以家庭为本位的"家国一体—由家及国"这一中国传统的"集体主义"相投合。在现代性语境中，应该在理论与实践上将之再颠倒过来，从根本上恢复个体的权益及尊严。第三是心理意识论。这是马克思"一个非常重要的论点"，也是马克思本人未能充分发挥却又确然地渗透在其理论形态中的微观视域。"它是与深层历史学的唯物史观相对应的深层心理学，亦即所谓的'内在自然人化'的哲学心理学问题。它认为人性心理是历史的成果，从而重人文，重感情，重塑建人性，将心理学、教育学提为新世纪的中心学科，以抵抗感性异化和理性异化的现代机器——权力世界。"②

最后，通过马克思主义得以改造的自由主义可以提供重要的思想理论资源。对于自由主义的理解，东西方存在着一定的差别。在东方人看来，"自由主义破坏社群关系，削弱共同思想和价值观，把孤立的个体

---

① 李泽厚：《论儒学四期》，引自郭沂主编《开新：当代儒学理论创构》，北京大学出版社2013年版，第65页。

② 同上书，第64页。

放在集体之上，鼓励一意孤行的攻击性心态和伦理学，弱化寻求和解与相互调整的精神"，与之相适应，"自由派的自主性哲学包袱阻碍了民主在亚洲的传播"①。而同样是因为自由主义的这个特质，使得在中国的自由主义并未能吸取西方自由主义走向现代化路径——其基本文化立场不是全盘反传统就是全盘西化。李泽厚先生指出，"马克思主义的个体发展论在根本上区别并超越于自由主义之处在于：它不是以假设或先验的'原子式个人''天赋人权'等观念为基础，而是把个体置入特定的社会历史条件和过程中来进行具体的考察。儒学'四期说'之所以号称'人类学历史本体论'正是以马克思主义的历史观作为基础的。"②

值得指出的问题是，文化建构的这种融合论潜蕴着深层的理论与实践问题：认同文化价值的多元普遍性，是否意味着对于核心价值精神的否定或指导思想的多元化？如何进行传统文化价值精神作为社会主义核心价值观文化自主性根基与马克思主义认同的关系辨证？

（二）实践精神形态："国家—社会—个体"核心价值观结构生态③

党提出"倡导富强、民主、文明、和谐，倡导自由、平等、公正、法治，倡导爱国、敬业、诚信、友善，积极培育社会主义核心价值观"，以"国家核心意志""社会基本属性"和"公民道德原则"三维理念构成了马克思主义与中国传统文化结合实践要求，不仅适应了当前观念形态的现代性转变，凸显社会主义制度本质及其合理性与合法性，而且是民族文化与现代精神、主流意识形态与人类基本价值诉求以及马克思主义融合的逻辑与现实形态相统一，从而成为中国形态文化精神结构的具

---

① ［新加坡］陈素芬（Sor-hoon Tan）：《儒家民主：杜威式重建》，吴万伟译，中国人民大学出版社 2014 年版，第 10—11 页。

② 李泽厚：《论儒学四期》，引自郭沂主编《开新：当代儒学理论创构》，北京大学出版社 2013 年版，第 64 页。

③ 这部分内容直接引用了课题组成员研究的成果：《成长春、张廷干、汤荣光，意识形态自觉与价值理性认同》，《中国社会科学》2018 年第 1 期。

第五章 中国文化价值形态转型的精神自觉与现代形态建构

体表达。

1. 核心价值观的最新概括适应了当代意识形态的第二次转型与文化境遇

一方面,现代性境遇中相异的历史前提与文化背景使得中国的发展"仅只部分地从属于现代资本主义文明,而其快速发展正日益凸显后者固有的历史界限,要求整个生活方式、生活态度与价值体系的变革与重构,以建构一种足以掌握并协调日益巨大的物质力量并使之获得自由表现的精神形态"[①]。另一方面,"文化不再是与政治经济相分离的、外在的、相对独立的、被决定的精神文化,而是真正成为人类生存的自觉方式和社会各个领域内在的机理和图式"[②],学术话语权的争夺与构建成为意识形态斗争的重要方式。"而西方马克思主义理论的文化批判与社会批判从'经济层面转向上层建筑、从历史转向现实'的历史性转换适应了这一转换,尽管因其'存在着没有科学揭示资本主义发展的新规律、不能寻求与革命主体的实践结合以及无法展陈超越资本主义的价值图景'等缺陷而无法'产生实际的现实效应',"[③]"然而却把自由、民主、平等、解放等涉及人的价值与主体性生存问题凸显出来。这一转型的基本要求是:一是意识形态自觉的反思性需要建构合理形态的核心价值观体系并把自由、民主、平等与解放等人的价值及其主体性生存等作为核心价值观体系结构的精神要素;二是作为意识形态内核与国家意志集中体现的政治思想纲领只有与文化要素和道德规范力量相渗透才能有效发挥自身功能,因而需要理论建设与文化建设、公民道德建设、社会建设的整合,以及公共领域及公共理性批判精神的现代建构,从而需要'国民教育体系''社会组织建设、公民道德建设、公民社会建设'以及'人们的生活方式、消费方式、交往方式建设'实现内在的多层次统

[①] 吴晓明:《当代中国的精神建设及其思想资源》,《中国社会科学》2012年第5期。
[②] 衣俊卿:《历史唯物主义与当代社会现实》,《中国社会科学》2011年第3期。
[③] 袁银传、杨乐强:《西方马克思主义的批判路径及其启示》,《中国社会科学》2012年第5期。

一。"① 因而,"社会主义核心价值观把本质上属于个体道德自律的生活道德规范或道德原则纳入自身结构之中,表明意识形态建设不仅从偏重外部灌输转向注重内外共生,"② 并表现为核心价值观的建构中"公共领域"与"私人领域"、意识形态的先进性与大众化日常化、伦理实体与道德主体、理性认知与情感认同相统一的理论与实践原则。

2. 核心价值观的最新概括体现了对我国传统伦理文化精神的批判性继承

我国传统文化精神中"伦理本位"的价值取向始终存在着个体德性与社会公正或"个人至善"与"社会至善"、"道德主体性"与自然人性以及个体权利意识之间的内在紧张,造成"公共精神"的缺失以及价值论与目的论的现实背离。而缺乏贯通机制的一个重要因素在于制度设计的缺失。现代国家进入市民社会领域并发挥作用的一个重要方式是核心价值观在社会秩序建构中获得现实性认同,这基于两个构成性要件:反映特定的社会基本制度本质并有利于该制度的维护与巩固;反映在该社会形态中统治阶级或主体人群的核心利益或价值实现。基于此,韩震教授强调指出,"'国家社会制度价值取向'或'制度性价值承诺'体现的社会主义核心价值观并非'一般的生活道德观'或'公民生活价值观',或者说核心价值观是社会意识形态,反映的是制度先进与否的问题。"③ 侯惠勤教授也认为核心价值观是一种"'国家精神'或'制度精神',为国家制度的构建与调整提供伦理基础,并通过塑造国家形象与建构制度精神以获得国民的认同,从而自觉规范自己的行为,而不是直接对直接提出要求。"④ 这些理解充分意识到了核心价值观的意识形态本性与公民价值理性认同相统一的"伦理—道德"生态对于制度伦理精神的诉求。

---

① 《访中国社会科学院马克思主义研究院党委书记、博士生导师侯惠勤教授》,《思想教育研究》2012 年第 5 期。
② 侯惠勤:《我国意识形态建设的第二次战略飞跃》,《马克思主义研究》2008 年第 7 期。
③ 陈先达:《论核心价值的社会制度本质》,《中国特色社会主义研究》2012 年第 5 期。
④ 韩震:《必须区分核心价值观与道德生活价值观:如何凝练社会主义核心价值观之管见》,《中国特色社会主义研究》2012 年第 3 期。

第五章 中国文化价值形态转型的精神自觉与现代形态建构

而对我国传统文化伦理精神的现实化机制中缺失制度设计这一实践理性原则的反思,构成了重新审视现代新儒学和政治道德哲学致力于由内圣开出新外王之路径探索的重要维度。

核心价值观念结构的最新表述特别是"自由、平等、公正、法治"这一"社会基本属性"层面所体现的正是制度理性与价值目标的内在统一性而融贯于三个维度结构之中,并把传统伦理文化中的忠孝、仁爱、诚信与和谐等道德资源与基本价值予以社会主义制度的改造而赋予了其现代性特征与制度保障。"理论""道路"和"制度"成为全面把握"中国特色社会主义"科学内涵的三个基本向度。对高度分化却又呈现诸多领域重新整合的"社会历史现实"的把握需要一种微观视阈与宏观领域相结合的分析方法,否则都可能陷入某种机械决定论。[①] 党的十八大对于社会主义核心价值观建构的三维理念结构正体现了微观层面人性的心理和道德情感与宏观层面制度正义的相互关联中实现价值论与目的论的统一,融合传统文化精神与现代性理性特质,消解文化形态与意识形态、个体德性与社会公正、道德主体性与伦理总体性之间内在紧张的理论与实践努力,从而具有民族精神与时代精神的特点。

3. 核心价值观的最新概括体现了社会主义制度主流意识形态与人类基本价值诉求

这不仅表现在核心价值观作为"普遍性的形式"的概念表述上,而且体现在价值目标的实现路径与马克思主义实践哲学的基本要求上,从而超越那种狭隘的冒充人类普遍利益与共同价值理性的虚妄性,把人类基本价值诉求还原为绝大多数劳动人民的价值诉求这一实质性意涵。马克思主义价值观始终贯穿着人的"全面自由发展"、民主和平等的价值取向,并把人民幸福生活的实现作为一个基本目标;然而,更为重要的是体现马克思主义"整体性"特征及价值目标的实现条件层面。依据马克思,社会存在的根基在于物质生产,而物质生产并非仅指获得生活资

[①] 衣俊卿:《历史唯物主义与当代社会历史现实》,《中国社会科学》2011年第3期。

料的行为，而且涉及社会存在结构化的根本力量。这种结构化不仅指经济生活的总体化，而且包括"总体化"对思想意识的影响与建构作用。①基于此，马克思以其"生产逻辑"与"资本逻辑"以及微观与宏观相结合的分析范式将"现实的人"置入社会存在的历史境域及发展规律之中，把人的"全面自由的发展"与"现实幸福"看作是人的本质力量在现实生活世界中的确证与实现，并在特定的社会制度与社会关系结构中寻求实现价值目标的可能性，最终以社会伦理学超越乃至扬弃了抽象价值论与道德哲学。

马克思这种分析资本主义社会的生产逻辑与资本逻辑、微观与宏观相结合的方法体现在我国核心价值观建构的探索中，蕴涵着社会经济结构与观念形态结构、国家伦理意识与道德自主性的内在统一。当前，社会主义核心价值观作为主流意识形态的实践建构及其理性认同危机并不在于价值承诺的目标本身，而是根源于这一价值承诺与社会存在之间的现实性差距，以及经济发展过程与价值领域中社会公正的缺失以及公共权力的异化。而这些现象与当前"固化"的"社会结构"和利益结构相结合是解决社会不公正与贫富差距乃至权力异化问题的最深层结构性原因，也是深化改革的结构性障碍。因而，作为核心价值观在国家层面的富强、民主、文明、和谐以及社会层面的自由、平等、公正、法治等价值目标承诺的实现，需要倡导一种适用于公共生活领域的"爱国、敬业、诚信、友善"等道德原则的价值要求以塑造德性主体。

社会主义核心价值观建构的文化观念特征赋予了自身以实践本性。一方面，理论对立的解决不只是认识的任务，也是现实生活实践的任务。② 因而，只有通过实践力量才能真正克服价值主客体的对立，并在善与恶等价值观念碰撞中坚持正面引领，建构具有超越性、包容性与统一性的核心价值观念体系。另一方面，社会主义核心价值观的深层根基

---

① 仰海峰：《从主体、结构到资本逻辑的结构化》，《哲学研究》2011年第10期。
② 马克思：《1844年经济学哲学手稿》，人民出版社2000年版，第88页。

第五章　中国文化价值形态转型的精神自觉与现代形态建构

来源于生活世界与社会实践。马克思"总体性意识形态"存在"常识层面的世界观"与"思想体系层面的世界观"两个层次，前者作为大众实践的非反思意识与日常实践融为一体，构成人们生活实践的文化背景。①社会主义核心价值观三维理念结构蕴涵着将意识形态从"思想体系层面"推广到社会心理这一非反思的意识层面，使意识形态领导权的建构变成了这样两个层次的意识而获得统一，由此改变大众的精神结构、文化心态与社会心态，不仅在价值观层面上深刻表达了马克思主义实践哲学的内在要求，而且提出了社会主义核心价值观培育与践行的一种大众化路径问题。

（三）精神家园建构：基于心理认同的文化自信与文化自觉

1. 精神思想文化：文化自信概念中的"文化"本质

"坚持中国特色社会主义道路自信、理论自信、制度自信、文化自信"，在文化自信这一概念及其实践中，"文化"的本质蕴涵都应该主要指观念形态的"精神文化"。

首先，这一理解符合马克思主义的科学社会主义理论逻辑。马克思指出："人们奋斗所争取的一切，都同他们的利益有关。"②恩格斯说："每一个社会的经济关系首先是作为利益表现出来。"进而，马克思在《德意志意识形态》这部标志着唯物史观诞生标志的重要著作中，通过对"现实的人"的深入研究，肯定了现实的"个人总是并且也不可能不是从自己本身出发"③。然而，并不能由此认为马克思主义经典作家的观点与西方经济学中的理性经济人假设相等同。因为，在他们看来，人的利己本性在根本上有其"社会存在结构"的根源，而且人的利益需求是多方面、多层次的、不断发展的。物质利益的满足只是最基本的层面，

---

① 仰海峰：《葛兰西的意识形态理论及其当代效应》，选自李惠斌、薛晓源主编《西方马克思主义研究前沿报告》，华东师范大学出版社2007年版，第108页。
② 《马克思恩格斯全集》第1卷，人民出版社1956年版，第82页。
③ 同上书，第274页。

同时还会存在精神的、政治的或荣誉的要求。人的全面自由发展本质上即是"人以一种全面的方式,也就是说,作为完整的人,占有自己的全面本质"。

因而,人性与本质需要借助文化获得说明,马克思明确地肯定了"经济决定"有其深刻的文化内涵,"为了谋求自己的解放,并同时创造出现代社会在本身经济因素作用下不可遏止地向其趋归的那种更高形式,他们必须经过长期的斗争,必须经过一系列将把环境和人都加以改造的历史过程"。"权利决不能超出社会的经济结构以及由经济结构制约的社会的文化发展。"① 由此,马克思一方面与所谓"文化决定论"以及理性经济人假设划清界限;另一方面强调了文化和经济一样可以构成对一定社会制度或分配原则的基本制约因素,并且肯定了由社会进步与经济发展所决定的、人们在文化或道德上存在的不断向善趋势。因此,文化自信中的"文化"契合于马克思主义的社会"精神生产"理论。一方面,观念形态的文化是整体性"日常生活"和"社会有机体"的基本结构性要素。"现实的个人"和"人的生活世界"始终是马克思主义历史唯物主义的基本理论前提和解释人类历史的根本出发点,对于传统的"社会结构"具有本源性的意义。与一切把意识领域看作是独立存在和自我发展的唯心史观以及一切从物出发的旧唯物主义不同,马克思从生命、生产和生活的有机关联中对日常生活作广义的完整的把握,由此揭示了生命、生活的生产是包括"意识或精神的再生产"的五个方面生产的有机整体,进而揭示了人的现实的生活内容是包括对于精神生产或精神生活在内的相互联系、相互制约的完整内容。生命或生活的生产不能简单地等同于物质生产,而任何一种生产或生活的缺失都将导致社会有机体生命的中断,这一有机完整的生活世界"构成理解整个宏观社会生活的存在论基础",并决定了社会结构功能的全面性,② 因为"社会结构和国家

---

① 《马克思恩格斯选集》第3卷,人民出版社1995年版,第60、305页。
② 孙承叔等:《重建历史唯物主义:西方马克思主义基本理论研究》,复旦大学出版社2015年版,第185页。

第五章　中国文化价值形态转型的精神自觉与现代形态建构

经常是从一定个人的生活过程中产生的",人就是人的世界,就是国家、社会。① 另一方面,思想观念或精神文化因素对于现代经济与社会发生发展的能动积极作用在马克思、恩格斯那里都得到了充分肯定。如在《哥达纲领批判》中,权利决不能超出社会的经济结构以及由经济结构制约的社会文化的发展,而未来社会即便是完全符合社会发展规律而从资本主义社会中产生出来,但在经济、道德和精神方面所带有的旧社会的"痕迹",都会对新社会的成长与完善构成制约,限制着各种美好原则的实现。② 而马克思对于文化与社会变迁关系的进一步思考涉及他关于俄国公社能否跨越资本主义"卡夫丁峡谷"的著名论述。在思考俄国公社如何能够推进从农业社会阶段进入后资本主义的工业化阶段,如何"不通过资本主义制度的卡夫丁峡谷"这一问题时,特别强调了社会主体的历史自觉,注意到俄国农民身上存在着的特有的文化条件:"习惯于"集体劳动的精神文化心理,并认为这是"俄国社会复兴的因素和俄国比其他还处在资本主义制度压迫下的国家优越的因素"③,尽管他明确意识到俄国内部蕴涵着的有利因素并非等同于现实的力量,而农民对于集体劳动的"习惯"本身也并非等同于现代意义上的社会主义精神。④ 恩格斯关于唯物史观的书信中,对于文化在社会变迁中的地位和作用有更为深入的阐述。人们在开创新的社会历史阶段所受到的既定的历史性

---

① 《马克思恩格斯全集》第3卷,人民出版社1960年版,第29页。基于此,马克思的唯物史观并非是"经济决定论",而只是在批驳黑格尔派思想家"将思想同思想家分离开来,由此将思想史描述为观念自我发展的历史"等论点时强调了"经济因素"的基础性、根源性意义。在《德意志意识形态》中,马克思用"意识形态"的概念总结这种唯心史观的基本特征并予以批判,而其成熟思想则是通过对资本主义政治经济学的批判而最终形成的,至少在其"庸俗"的形式上,他谴责资产阶级将他们有关自身世界的自鸣得意的认识宣布为永恒真理的做法。([英] S. H. 里格比《马克思主义与历史学:一种批判性的研究》,吴英译,译林出版社2012年版,第330页)。相似地,哈贝马斯批评马克思仅从"生产范式"理解历史的观点也是不恰当的,也由于对"生产"概念的狭隘理解,导致鲍德里亚对马克思"生产过程不再是一种劳动过程"的错误解读,这构成其"生产的终结"理论的一个错误根源。

② 《马克思恩格斯选集》第3卷,人民出版社1995年版,第304—305页。

③ 《马克思恩格斯全集》第19卷,人民出版社1963年版,第431—432页。

④ 韦定广:《后革命时代的文化主题:列宁文化思想研究》,人民出版社2011年版,第43页"注释"。

制约中，不仅经济因素是"决定性的"，而且政治因素"甚至那些萦回于人们头脑中的传统，也起着一定的作用"，俄国要成为"一种超过历史上一切先例的发展"，不仅取决于适合的经济和政治条件，而且一定的"精神条件"同样必不可少，而德国"重新振兴的最大障碍之一"正是根源于德国历史文化传统中那种潜在的"致命的疲惫和软弱"。[1] 库诺对此表达了这样的理解：恩格斯对于经济方式与意识形态的关系的说明只是想强调"历史事件总是从经济关系中引导出来是错误的，因为经济状况的作用决非永远是直接的，它的发生作用往往是通过意识形态因果中间环节而起作用的，中间环节本身又以各种各样的方式相互影响着。"[2]

如果说，马克思、恩格斯的相关考察是一种基于历史方法的逻辑推导，那么列宁基于农业社会中文化对于共产主义的制约性的深刻洞察则更具现实的逻辑力量，其文化思想逻辑更为重要的意义在革命后的社会变迁以及共产党执政两个相互联系的方面得到突出的呈现。列宁也接受并承继了马克思的上述唯物史观的基本原理与观点，他把对"星期六义务劳动及其历史意义"与"对共产主义社会劳动文化性质的认定紧密联系在一起"，进而阐述了共产主义社会劳动的文化特征，分析了旧文化观念和文化心理对彻底而有效地实践这一"伟大的创举"的精神阻滞作用。因而，列宁所实行的从"军事共产主义"大规模退却的思想根源，并非仅仅是经济的，而更可能是出于文化的考量。[3] 这样，我们才可能准确理解他在《论合作社》中的一个论述："我们不得不承认我们对社会主义的整个看法根本改变了。这种根本的改变表现在：从前我们是把重心放在而且也应该放在政治斗争、革命、夺取政权等方面，而现在重心改变了，转到和平的'文化'组织工作上去了。"[4] 事实上，列宁是基

---

[1] 《马克思恩格斯选集》第4卷，人民出版社1995年版，第696、723、732页。

[2] [德]亨利希·库诺：《马克思的历史、社会和国家学说》，袁志英译，上海世纪出版集团2006年版，第601页。

[3] 韦定广：《后革命时代的文化主题：列宁文化思想研究》，人民出版社2011年版，第272—276页。

[4] 《列宁选集》第4卷，人民出版社1995年版，第773页。

第五章 中国文化价值形态转型的精神自觉与现代形态建构

于对俄国当时的经济实际和思想文化实际的考察,并认为俄国走向社会主义构成严重威胁的各种因素中,文化落后这一因素更具有根本性。基于缺乏"文化启蒙"的俄国十月革命后在工农政权和苏维埃制度条件下如何实现现代化的主要困境以及执政党如何能够保证现代化的最终结果而使得俄国不断"走向社会主义"等问题的深入思考,列宁一方面确定了文化转型、文化建设作为社会变迁过程中的逻辑前提,"只就国内经济关系来说,那么我们现在的工作重心的确在于文化主义",把提高全民的文化水平当作苏维埃政权面临的"最迫切的任务之一",以至在《论合作社》中强调从而把工作重心"转到和平的'文化'组织工作上去"乃是"我们不得不承认的""对社会主义的整个看法根本改变了",[1] 进而指出,经济政策本身意味着文化上的进步,强调"'当前的关键'(链条的环节)＝提出的任务之大不仅与物质贫困,而且与文化贫困之间的脱节"[2]。

对此观点国内学者有不同看法。韦定广指出,"列宁在文中将文化标上引号以示强调,目的很可能恰恰是为了提醒人们注意避免因对文化的泛化理解而忽略基本含义",并认为"如果将'文化'组织工作之'文化',主要理解为精神文化(或者借用列宁本人在《论合作社》中的提法,叫作'纯粹文化'),而不是根据现实的需要,牵强附会地解释为'经济',那么我们会发现,这段论述确实显示了列宁最后思想行程的巨大创造精神及其丰硕成果。"[3] 因此,"这里的'文化'应该主要是指从'精神文化'即'狭义文化'或'纯粹文化'角度获得正确理解,而不应对于文化作泛化的把握,"[4] 从而"才能够足以说明列宁晚年对社会主

---

[1] 《列宁选集》第4卷,人民出版社1995年版,第773页。
[2] 《列宁全集》第43卷,人民出版社1987年版,第404页。
[3] 韦定广:《后革命时代的文化主题:列宁文化思想研究》,人民出版社2011年版,第289页。
[4] 需要说明的是,马克思、恩格斯在论述"精神生产"问题时着重强调的也是精神生产的精神文化价值,而只是在分析"总体性"资本逻辑所造成的文化价值逻辑的异化过程中,以否定的形式涉及精神生产的经济社会价值。而就当前经济社会发展而言,文化的经济社会价值获得了进一步凸显,因而,值得强调的是文化的发展生态应该蕴涵着精神文化价值与经济社会价值的统一性,这是文化自信的实践应予关注的。

义'整个看法'确实发生了'根本改变'。"① 另一方面，文化自信不仅是党的执政信念问题，而且关涉党的群众基础和执政根基，是党治国理政、定国安邦的精神根本。巩固党的群众基础和执政根基不仅涉及物质、政治，而且涉及精神文化主体性的深层建构。列宁深刻认识到了旧文化对执政党的影响以及"做管理工作的那些共产党员缺少文化"② 及其制约作用的严重后果：处于执政地位的共产党有可能像历史上许多民族一样，从军事上的"征服者"蜕变为旧文化的"被征服者"。③ 进而，他审视了党的高层领导之间出现原则分歧与执政的政治缺陷及其背后长期隐藏着的文化性格、文化心理与文化态度。可以说，执政党能够保持先进性和社会主义性质，牢牢把握历史进程的方向的关键在于始终保持文化上的先进性。因而，社会主义蕴涵着文化或道德上的要求与规定性，不仅意味着一种以实现人的解放或全面自由发展作为自身内在价值目标的精神文化，而且也是社会主义经济社会发展、经济制度和政治制度建设的深层根基、价值导向和精神支撑。而对于后者，列宁的认识有一个过程，在革命后的最初时期的认识并不是足够深刻，而从执政地位的巩固和社会主义伟大事业兴衰成败的战略高度把握共产党自身的文化建设问题正是列宁晚年理论思路的重心。习近平总书记把中国特色社会主义的文化自信这一规定性作为更基础、更广泛、更深厚的自信，所呈现出来的正是基于当代中国发展而对上述问题进行深入思考的理论逻辑。④

其次，文化自信作为中国特色社会主义的文化规定性，有其丰富的内涵。习近平总书记在"七一"重要讲话中指出："在5000多年文明发展中孕育的中华优秀传统文化，在党和人民伟大斗争中孕育的革命文化和社会主义先进文化，积淀着中华民族最深层的精神追求，代表着中华

---

① 韦定广：《后革命时代的文化主题：列宁文化思想研究》，人民出版社2011年版，第288—289页。
② 《列宁全集》第43卷，人民出版社1987年版，第82—95页。
③ 《列宁选集》第4卷，人民出版社1995年版，第680页。
④ 以下关于文化自信的内容直接引用了作者已发表的研究成果：《论文化自信的历史与现实根基》，《江苏第二师范学院学报》2017年第8期。

第五章 中国文化价值形态转型的精神自觉与现代形态建构

民族独特的精神标识。"[①] 这种独特的精神标识有其特定的内涵规定性:

一是以马克思主义为指导的先进文化,对这种先进文化的高度自信构成了中国特色社会主义文化自信的精神实质。习近平在"七一"讲话中全面总结了中国共产党仅仅依靠人民在"完成新民主主义革命,建立了中华人民共和国","团结带领中国人民完成社会主义革命,确立社会主义基本制度"以及"团结带领中国人民进行改革开放新的伟大革命""开辟了中国特色社会主义道路,形成了中国特色社会主义理论体系,确立了中国特色社会主义制度"三个历史阶段对中华民族作出的"伟大历史贡献"。而这些"伟大历史贡献"在于中国共产党坚持以先进理论即马克思主义为指导思想,并致力于马克思主义与中国优秀传统文化相融合,根据"新的时代特点和实践要求","以更加宽阔的眼界审视马克思主义在当代发展的现实基础和实践需要","不断开辟21世纪马克思主义发展新境界",形成具有中国特色、中国作风、中国气派的马克思主义理论,领导中国人民实现中华民族由不断衰落到根本扭转命运、持续走向繁荣富强的伟大飞跃,焕发出中华民族新的蓬勃生机。以中国化的马克思主义为指导进行的革命和建设的伟大实践本身也孕育了绚丽多彩的革命文化和社会主义先进文化,凝聚着中华民族最深层的精神追求,成为中华民族独特的精神标识。

二是体现了意识形态性与文化形态的融构,这构成了中国特色社会主义文化自信的实践逻辑。这可以涉及两个层次,一方面,就意识形态性而言,文化自信的培育必须坚持指导思想的一元性,着力于核心价值在社会整合中的话语权建构,由此规约"文化表现形式即物质文化生产的目的与方法、制度文化的制定与实施以及人文精神发展的方向与途径"[②];就文化形态而言,需要避免意识形态的泛化,用意识形态性替代文化所应具有的各种独特的作用和地位。另一方面,尽管"文化自信"

[①] 习近平:《在庆祝中国共产党成立95周年大会上的讲话》,人民出版社2016年版。
[②] 叶启绩:《当代中国社会主义意识形态与文化和谐发展研究》,人民出版社2010年版,第20页。

中的"文化"本质上是"精神文化"或"观念形态的文化",然而并不否定其实践性向,"文化就是将知识和旨趣融为一体的一种人类实践的方式"①,而且需要使文化的观念形态与人民群众对于文化实践的现实需要相适应,致力于观念形态的文化与文化的实践形态之间的相互转换,把文化自信的培育与人民的福祉连接起来,这是中国特色社会主义文化实践的着力点。文化的实践形态在文化自身发展和社会总体实践中的地位和作用必须在文化自信培育过程中获得足够的重视。

三是传统文化价值及其形态转换,这构成了中国特色社会主义文化自信的自主性根基。文化自主性是一个国家或民族区别于其他国家或民族文化的内在的核心价值和异质性,具有适应多元文化的新环境、新时代文化选择和文化转型的自主地位和自主能力。因而,文化自主性问题与全球化和民族国家现代化的背景密切相关,涉及如何处理同其他国家特别是西方发达国家文化的关系以及现代文化与传统文化的关系问题。当前,文化自主性这一问题,不是文化自信随着国家经济实力的增长而加强的结果;相反,倒是源于我们的文化自主性的危机。建构文化自主性,是一个艰巨的文化自觉过程,不是"文化回归"或拒斥西方,而是如费孝通先生所说的那样,"要认识自己的文化,理解所接触到的多种文化,才有条件在这个已经在形成中的多元文化的世界里确立自己的位置,经过自主的适应,和其他文化一起取长补短,共同建立一个有共同认可的基本秩序和一套各种文化能和平共处、联手发展的共处守则"。

2. 历史与现实根基:差异性认同建构中的文化自信

人类文化存在的主要表现方式和一个民族精神的主要载体是民族文化。文化自信的基本意涵可从以下两个方面把握:文化创造主体对于本民族文化价值的认同与维护和文化形态现代转换的主动适应性,以及基于其上的不同民族文化的关系意识。由这两个方面形成时间和空间维度上的文化差异性认同建构,呈现出文化自信的历史与现实的根基。

---

① [英]鲍曼:《作为实践的文化》,郑莉译,北京大学出版社2009年版,第285页。

第五章　中国文化价值形态转型的精神自觉与现代形态建构

首先，就历史逻辑而言，强调坚持中国特色社会主义的文化自信是对中华民族由文化自负到近代的文化自卑的文化心路历程的反思批判与扬弃超越：文化自负—文化自卑乃至虚无化—文化自信的重构。因而，文化自信蕴涵着民族复兴和文化价值形态重构的期待，其总体趋势则是循着由以提振民族精神、确立国家意识到重构新的民族精神的历史逻辑线索。基于此，把握文化自信需要在民族复兴与文化复兴的关系中进行。文化复兴是社会进步和民族复兴的内在构件，民族复兴是文化复兴的前提。基于传统文化价值形态的文化自信，作为一种心理结构、精神性格和话语表达方式，与民族复兴是同构的，离开民族生命的复兴，文化复兴将失去意义，而没有民族文化的真正复兴，民族生命的重振则是没有可能的。

其次，就当前现实而言，文化自信的强调源于以下三个基本现实：一是当今世界秩序重建与文化软实力乃至文化冲突之间的深刻关联，文化价值精神构成社会持续发展的根本动力和审视社会精神状况的核心维度；二是文化自信渗透并贯穿于中国特色社会主义的道路自信、理论自信和制度自信之中，构成增强"三大自信"的本质基础与精神支撑，进而构成民族与国家认同的深层依据；三是文化自信源于自身民族文化的个性特质以及参与人类文明秩序建构的影响力。在资本流动与文化渗透相互交织的"全球化"浪潮中，各国的经济、政治、文化与社会生活越是紧密地联系在一起乃至于形成"人类命运共同体"。在这一时代背景下，基于民族文化自主性和根基性的文化自信以及与此相关的文化定位和个性化、特色化显得更加具有紧迫性，因为文化的殊异性构成人们对民族文化深度自信的内在根据。就此而言，文化多元化是人类社会的基本特征，而民族认同是对抗全球化压力的一个正常的、健康有益的反应；[1] 而且，文化自信也意味着我们的文化价值元素在参与全球文明对话秩序重建以及应对人类所遭遇的诸多困境中所呈现出来的积极文化心

---

[1] 联合国教科文组织、世界文化与发展委员会：《文化多样性与人类全面发展：世界文化与发展委员会报告》，2006年版，第3页。

态。我们需要通过可视可感的方式去表现文化多元化的创造力与想象力。在当前人类文明秩序建构中，中国传统文化价值精神以及文化形态的现代转化越来越发挥着重要作用，提升了国际影响力。马克思主义从不拒斥文化的多元性，其本身正是对多元文化进行批判继承与融合的文化创造过程。

最后，就历史与逻辑的统一与转换而言，文化自信内在地根源于传统文化价值精神的继承和文化形态的创造性发展，其重点在于做好创造性转化和创新性发展。这种创造性转化和创新性发展最重要的就是要解决如何将中国传统优秀文化、西方文化中的先进性元素与社会主义核心价值观以及马克思主义意识形态相衔接与融合的问题，关键在于对中西方文化与马克思主义理论的本真而正确的理解的基础之上。就西方文化价值观而言，当前紧要的是看清其所宣称的"去意识形态化""普世价值"背后的意识形态本质，并应着力于在文化的一般通性与具体个性之间寻求转换的机制，以便探索文化形态创新融合的作用机制和可能形态。在这个意义上，文化自信不仅是对于传统文化价值精神的自信，而且包涵着对体现了综合性创新而生成的中国特色社会主义文化的自信。因而，文化自信蕴涵着以马克思主义为指导的意识形态与传统文化形态转化的融合，强调坚持中国特色社会主义的文化自信，凸显传统文化对于中国特色社会主义文化实践的自主性、资源性和根基性意义，不仅是对党的执政理念和意识形态理论的重大创新，而且也丰富和发展了中国特色社会主义文化理论的精神内涵。

3. 文化自信：建设中国特色社会主义的文化限定性

中国特色社会主义是对马克思主义科学社会主义的坚持与创新发展，是文化自信的核心本质。文化自信渗透并贯穿于中国特色社会主义的道路自信、理论自信和制度自信之中，不仅是增强"三大自信"的本质基础与精神支撑，体现了抵制历史虚无主义的理性自觉，构成民族与国家认同的深层依据，而且建构着中国特色社会主义信仰生活化的精神根基，由此构成了中国特色社会主义的文化规定性，并深刻揭示了中国特色社

第五章 中国文化价值形态转型的精神自觉与现代形态建构

会主义文化建构的限定性。

首先,廓清了文化重建的历史性实践过程中直到当前在一定程度上仍然存在着的传统与现代、现代化与西化的关系论争及其辩证:既要避免"西化"与"现代化"简单等同的倾向从而再次陷入"西化"与"本位化"的论争或历史虚无主义的泥淖,又应该反思肇始于"启蒙时代"而在20世纪50年代美国"现代化理论"所极尽发挥的把"传统"看作是"现代化"的主要障碍的观念,因为在近年来的一些研究中,史学界已经不得不承认,文艺复兴的"现代性"因子大部分都可以在中古"传统"中找到其根源。而在中国现代化过程中,"传统"也曾发挥其主动的力量,并不仅仅是被动地"回应"西方文化的话语权"挑战"。就此而言,"五四"时期人们对于儒家文化的过激批判与否定,实际上是在思想深处存在着"西化"与"现代化"之间关系的模糊认识,因而存在着一些不足甚至是"不可原谅的错误":尽管揭示了文化重建的根本方向,对于西方民主和科学的理解却未能免于含糊与肤浅,进而过激地把民主与科学放在和中国传统文化直接对立的地位,[①] 并把传统文化直接等同于旧文化。正是这种对立的二元观念,堵塞了由传统文化向当代先进文化转化的可能性和途径。

其次,涵盖后意识形态时代文化自信建构问题的基本论域。可以从三个基本的层面去审视。一是从世界史和文化史、人类史的层面上进行研究。人类在时间和生存领域的交流和融合都需要通过思想文化的形式表现出来,因而不能局限于民族史和国别史的狭隘视阈,文化自信蕴涵着对于自身文化与其他民族文化的理性批判与价值反思。文化自觉和文化自信的思想自觉的基本点在于:反对蔑视以儒学为主导的中国传统文化的文化虚无主义,也要防止高扬传统文化的原教旨主义反对马克思主义、拒斥西方先进文化的保守主义思潮。二是从中国文化价值形态自身演变和社会历史发展的层面进行研究,"创造性转化"不仅是正确处理

[①] 余英时:《文史传统与文化重建》,生活·读书·新知三联书店2004年版,第435—436页。

马克思主义西方文化与中国传统文化关系的重要枢纽，而且构成了划分"文化复兴"与"文化复古"的界线。当前市场经济和社会结构转型的历史境域所提出的道德重建和政治合法性论证的内在要求，使得我们必须重新思考传统在现代社会的作用和意义，民族文化已然成为解释中国政策的文化背景和呈现中国未来方向的一个重要基础。三是在历史与现实相互转换的历史层面把握中国思想文化与世界思想文化的相互交流，即把文化自信问题植根于中国社会形态的历史变迁和解决现实问题的深刻反思，即把文化自信问题植根于历史过程与当前中国社会主义制度形态，辨清中国传统文化价值精神与不完善之处以及马克思主义的科学精神与价值精神与中国传统文化改造、提升过程相融合的合法性与可能性。因而，不能脱离历史实际或社会主义制度形态抽象地谈论文化自信，决不能忘记马克思主义的思想理论指导与社会主义社会形态这个重大的历史和现实。只有立足于中国社会历史实际和社会形态及结构变迁与文化逻辑形态的关系，才能辨清中国传统文化价值精神与不完善之处，以及马克思主义的科学精神与价值精神在改造、提升中国的实际和中国传统文化过程中的合法性与可能性以及基于生活实际的传统文化的形态转化在马克思主义中国化、大众化和现实化过程中的影响与地位。

最后，强调坚持中国特色社会主义的文化自信，着力于文化形态、生命存在与生活世界的内在关联，揭示其本质和发展规律或本体依据，从而划定了中国特色社会主义中的文化蕴涵与纯粹政治意识形态或政治工具主义的界限。文化自信不仅仅是一种政治思想意识形态要求，而是具有其广义文化的一般性本质及其与生命存在方式的本源关联：建构人类解放的精神家园与获得可能生活的价值维度。文化体现的是这样一种过程："生命创造出某些特定形式，并通过这些形式表现其自身，实现其自身"，"文化蕴涵了生命有可能实现自身的全部事业。"[①] 因而文化以其自身的发展规律参与社会整体结构的发展变迁，而不能被社会发展

---

① ［英］基思·特斯特：《后现代性下的生命与多重时间》，李康译，北京大学出版社2010年版，第10页。

的其他领域所取代。这正是余英时先生在反思"五四精神"时,何以要强调"一方面肯定'五四'的启蒙精神;另一方面超越'五四的思想境界'"①的原因之一:"五四"后期的文化重建过度地政治化乃至以政治取代文化而失去了自主性。基于此,传统文化作为中国特色社会主义的文化资源或思想史的意义,正是在于传统文化的道德思考、政治思考、人性思考等仍然可以参与当代的相关思考而有其意义。在这样的意义上,不同民族文化形态即具有共同的本体基础与互释机制。因而,尽管文化自信对于国家认同或民族精神的重构具有根本性意义,"有时体现出激烈的民族主义色彩,但是这样的意识与其说是对中国本位的强调,毋宁说是对国际间秩序的批判性视野,表达中国想真正成为世界重要成员的渴望。"然而,"并不意味着对于人类共同价值和共同利益的忽视。当科学和人文得到有机的结合,当文化认同由强化族群转化为强调人类的价值,从这个角度来看,强调国学目的则是要超越'国学'"②。中外历史与社会发展一再证明,试图通过强制性种族同化来达到建设国家的目的是行不通的,而是应该促进民族多样性的发展,培育民族多样性的途径在于:"在公民社会的基础上建设国家,并着力于民族国家的文化认同,把国家的概念深深植根于共同的价值观念之中,而只有把国家的概念与种族排斥区别开来,才能在社会之中形成团结一致的和谐的氛围。"③

(四) 价值实践形态:"文化逻辑—生命精神—生活方式"的统一

社会力量总是在文化中获得自身的表现,而社会过程也包含在文化生活本身的结构之中而从未片刻不受文化因素的影响,从而把文化价值及其认同问题凸显出来。这与社会结构的价值分化与整合、经济发展和科技进步超越于文化转型和价值秩序调整存在深刻关联。一是社会内在

---

① 余英时:《文史传统与文化重建》,生活·读书·新知三联书店2004年版,第437页。
② 干春松:《"国学":国家认同与学科反思》,《中国社会科学》2009年第3期。
③ 联合国教科文组织、世界文化与发展委员会:《文化多样性与人类全面发展:世界文化与发展委员会报告》,2006年版,第3页。

结构与运行方式的重大变化,出现不同于工业文明时代"领域合一"的"重新一体化"趋势:社会经济、政治和精神文化各领域通过相对独立与自律以及合理社会分工,以自觉的文化整合而形成各领域的有机一体化,其中的文化则"不再以与政治经济相分离的、外在的、相对独立的、被决定的精神文化,而是真正成为人类生存的自觉方式和社会各领域内在的机理和图式。"① 国外学者这样描述后现代:"其作用是将文化中新形式特征的出现与新型社会生活和新经济秩序的出现联系起来。"其积极因素在于公开承认"文化生产和政治、社会之间牢不可破的关系"②。二是就中国社会整体而言,一方面是社会结构转型以及文化价值多元化的社会历史境遇、传统文化生命意识弱化与主流价值观的认同困境;另一方面,经济发展和科技进步在一定程度上出现僭越文化转型和价值秩序调整的现象,即物质生产同化精神生产的内在机制、文化生产对市场机制出现可能的偏离,③ 并表现为两种基本形态的工具主义倾向:"去政治化"倾向消解了文化的精神功能,或针对文化价值多元的现实与物质生产同化精神生产的现象而走向"泛意识形态化"。因而,文化实践在其本质上的要求在于:不仅仅是一种发挥政治思想意识形态作用的工具理性要求,而且需要建立文化价值目标与生命、生活之间的现实关联机制,从而使得文化自信更涉及具有其广义文化的一般性功能的生成:文化以及文化心态凸显其促进人类解放与获得可能生活的存在论、价值论维度。

1. 文化实践的价值理解及其价值机制

文化形态有其复杂的价值结构,并呈现为价值观念以及与选择系统相适应的行为倾向和制度规范相整合的价值生态。首先,价值观是深藏

---

① 衣俊卿、胡长栓:《马克思主义文化理论研究》,北京师范大学出版社2012年版,第323—324页。
② [加]琳达·哈琴:《后现代主义诗学:历史·理论·小说》,李杨、李锋译,南京大学出版社2009年版,第64页。
③ 陈奇佳:《市场经济条件下的文化生产问题——以马克思的精神生产学说为批判视角》,《江海学刊》2010年第4期。

第五章　中国文化价值形态转型的精神自觉与现代形态建构

其内并渗透于各种具体形态之中持久发挥作用的要素。价值观处于核心地位并决定、表征着特定文化体系的性质及区别于其他文化的个性特质与独特魅力,规约、引导着文化体系的发展,[①] 由此表现出价值构建与价值导向的本质,以及精神构建基础上的价值导引与人格塑造。就此,文化精神的基本内核应是主导价值观及其认同信仰,其本质要义突出表现为对优秀文化传统的价值精神,以及主流价值的认同凝聚而成的理想、价值观的坚定信念,从而具有意识形态特质。然而,"构成一种意识形态的思想观念结构并不是异质性的",而是自我意识深层结构的组成部分,涉及"人类思考自己与他人、与社会结构和制度、与非人类环境或自然环境之间关系的能力,以及根据这些关系采取行动的能力"[②]。在这个意义上,"文化自觉和文化自信所蕴涵着的精神,始终成为他们价值观的基础,成为他们理解自然、人类和自身的途径"[③];其次,行为倾向和制度规范是由选择系统产生的"文化价值",并具有两个张力结构:一是"依据与构成选择系统的倾向是否一致而从正反两方面被选择的行为",产生的是行为价值;二是"依据其整合能力,从正反两方面被选择或修正的倾向",产生的是文化制度价值。[④] 拉兹洛曾就此指出,"哲学上的价值理论可以通过将价值视作个体适应他的生物和社会—文化环境的各种状态的表现而在系统哲学的框架内被加以重建""价值也是主体—环境相互作用的状态在价值评价主体身上的表征","只能在控制论意义上被理解为是系统动态行为的客观因素","人本身是目标导引的、按一定程序进行追求的系统。人类有一个遗传学的程序的基础,在此基础上叠加起来的多重文化程序,这种文化程序是由个体和他在经验世界

[①] 项久雨、吴海燕:《培育文化自信与价值观自信:当前大学生思想政治教育的着力点》,《思想理论教育》2016年第10期。

[②] [美]戴维·高蒂尔:《作为意识形态的社会契约》,参见[英]迈克尔莱斯诺夫《社会契约论》,刘训练等译,江苏人民出版社2006年版,第248—252页。

[③] 段海超:《文化自觉和文化自信的培育与思想政治教育发展向度》,《国家教育行政学院学报》2015年第1期。

[④] 参见冯平主编《现代西方价值哲学经典:经验主义路向》(下册),北京师范大学出版社2009年版,第837—838页。

中的冒险经历确定的。"①

就此而言，文化实践具有价值属性，并表征着客体的文化价值存在与社会主体之间基于感受性与评价性判断形成的评价关系。一方面，这种评价性关系与价值观具有同构性，不仅内在地具有规范性向度，而且有其更为根本的深层价值向度，关涉文化所蕴涵的价值秩序意义的主体感受性与评价性判断。依据乌尔班的价值理论，价值乃是客体对主体基于体验、比较和认同所投射出来的累积的情感—意志意义与规范性建构：在观念的人和状态中不仅包含了客体所投射的过去经验累积的情感—意志意义，而且实际上就是规范的构建；同时，价值观蕴涵现实化趋势并表现为一定的实践性向。另一方面，价值客观性与主体性评价获得统一的本体根基源于生命存在与生活的原初给予性。佩佩尔在探讨价值的源泉时，努力建构起目的性行为、文化模式与生命生存价值之间的源初关联。目的性行为是一种在变动的环境中维持生命均衡的机制从而获得价值属性，目的性价值即渗透于生命或生物进化过程进而整合到个性结构之中而形成两种目的种类：积极价值，寻求一种可能的善；消极价值，避免伤害，并最终作为文化模式在社会当中得到制度化，② 文化由此被赋予了价值客观性。而在作为一种价值选择系统的文化模式中，生存的动力与目的性内驱力共同发挥作用，"生存动力的选择行为，将不可避免地反映在对社会行为的压力上"。"如果环境条件是持续的压力"，那么，"生存动力的选择行为，就会通过在社会中调节个人的人格结构的文化适应过程得到反映"。这样，生命的存在价值将特定文化模式置入个体，人格结构中的文化意识或良知无论是理性的还是非理性的，"都会在任何包含了文化因素的个人境遇中被觉察到"③。生存价值通过文化模式延伸到个人境遇中，文化良知的动力可以追溯到它在生存价值中的

---

① ［美］拉兹洛：《系统哲学讲演集》，闵家胤等译，中国社会科学出版社1991年版，第128、129、130页。
② 参见冯平主编《现代西方价值哲学经典：经验主义路向》（下册），北京师范大学出版社2009年版，第634页。
③ 同上。

第五章　中国文化价值形态转型的精神自觉与现代形态建构

最终来源。因而,文化价值实践涉及的评价、调节与选择,有其存在和生活的本体根基与展开逻辑。

以价值哲学把握文化实践概念的价值内涵可描述为:社会主体基于生命存在与可能生活的本体意识,在文化实践或社会化过程中对特定的文化价值体系及其历史衍化形态的文化生命自觉与认同所表现出来的心智情感、人格结构、行为约束机制及其实践性向的精神价值结构系统。这一概念包含三个有机联系的价值结构:一是内在的精神秩序结构,主要包括人格结构、心智结构及其所呈现的文化价值判断、价值情感与价值信念,构成精神"有序活动结构"之文化实践的主观评价基础,而其价值理性与精神特质正是根源于那种趋向于文化体系中较高价值序列的"价值意识"在文化自信生成中的基础性与源头性作用,并内在地既涉及价值也涉及动机,"一旦意义的文化模式被内化到某一个体的人格之中,它们也会界定动机结构化的情境";而意义的文化模式与人格结构间的建构关系体现一种"社会整合",其中内在地包含了能够产生认同的情感纽带。[①]二是主体的文化生命自觉与认同,这是作为客体化精神的文化存在自身的内在价值及其主体内化的情感—意义累积过程。不仅文化自信并非是主体的纯粹主观情感宣泄与个人意志的无根基表达,而是存在着客观的评价法则,这一法则既与文化存在这一基本客体的价值品质密切相关,而且其引发价值情感与价值判断的形式和力量也受到主体先前价值情感倾向的影响而发生变化。这样,一方面,主体在进行文化价值判断过程中,已经预设了对现实和事实的价值指涉,从而消解了事实与价值的二分:价值情感渗透着现实情感的投射,而评价性意义是现实意义的预设;另一方面,文化实践问题应该涉及文化价值的起源和演变过程的研究,从而需要将文化置入具体的社会历史境域中进行审视。因为,文化系统及其生产模式中存在着复杂的互动和交换过程,"文化最终形成的样态与各种力量原来的主张或努力不同,因为文化是各种力

[①] [德]乌塔·格哈特:《帕森斯学术思想评传》,李康译,北京大学出版社2009年版,第318—320页。

量妥协、交易而实现的合力的结果"。① 三是外显的实践性向，具有规约性，包括情感意志及其约束机制。文化作为一种生命存在中的内在精神结构，应外化为真正现实的客观对象世界。舍勒指出，"精神"就其内在价值秩序本身而言是"无能"的，而只能在它功能化于事物、事态及一般的现实当中而存在；保罗·利科则强调，"内在有价值的东西也不能被看作是提供了一种心理动机，即使我们的动机从中得出其道德性质"，"有价值的东西总是某一情境中的一种行动，或一种那个行动的结果"，②并"使得行动具有进行反应和承担责任的特点；价值哲学所认为的'应当是'不能归结为'是'进而确然地区分了价值判断与事实判断，但两者之间的鸿沟却可能会在一种能够体现自由的价值行动中得到消除。"③可见，"一般性的信念，具有动机功能，不仅是评价性的而且是规范性的和禁止性的"，从而"成为行动和态度的指导或规约"。④

基于上述概念的价值学理解，文化实践的现实价值机制在于：文化存在客体与主体精神文化信念两个要素之间互动建构与结合的秩序结构与"应然"价值生态。文化、文化自信与主体情感结构密切相关，文化价值观念与价值行为之间的转换机制涉及主体的价值感受与价值认同，进而促成外在的普遍性存在转化为个体性的自为存在。"情感结构"是威廉斯回应在基础/上层建筑的关系理解中的"经济决定论"以及分析资本主义文化危机时所提出的概念。这一概念揭示了文化与主体之间的互动机制：一是它是指特定时期的文化以及某一时期人们的愿望、冲动、压抑和生活基调等因素构成的生活感；二是有别于传统的世界观或意识形态；三是在文化复杂性与直接而具体存在的生活意义之间建立起关联，

---

① 周宪：《文化表征与文化研究》，上海人民出版社2015年版，第4—5页。
② ［法］保罗·利科：《哲学主要趋向》，李幼蒸、徐奕春译，商务印书馆2004年版，第487—489页。
③ 同上。
④ Britewaite, V. A. & Scott, W. A. (1990). Values, In Robinson, J. P., Shaver, P. R., & Wrightsman, L. S. (Eds.), *Measures of Personality and Social Psychological Attitudes*, San Diego, CA: Academic Press, Inc.

第五章 中国文化价值形态转型的精神自觉与现代形态建构

不仅赋予其对于社会文化、历史与政治的批判意识,而且在人们的亲身感受和选择的意义、价值、信仰体系之间建立历史的与实践的动态关联;四是它与主导性社会性格即主导的权力和价值体系具有等价性。但威廉斯在两个方面遭遇批判:一是忽略社会性格之间的争论不仅意味着相竞争的价值体系的对话,也意味着政治和权力的阶级冲突;二是未能解释为什么"相同时期的不同人物或不同的阶级必然拥有相同的情感结构"。[1] 回应上述批判需涉及文化存在体系及其所承载的价值结构。文化向主体呈现的价值或意义并非只是主观性的赋予与设定,而且涉及作为客体的文化价值。"文化存在"具有自身的客观价值根据或承载着意义的价值结构,这是文化实践的资源性前提,也是人们思维和行为的价值依据。海德格尔指出,"一切评价之事,即便是积极地评价,也是一种主观化……要证明价值的客观性的这种特别的努力并不知道它自己在做什么"[2]。据此,主体主义价值观基于主体立场看待客体价值并不能触及价值的内在结构。主体精神文化心理则是借助于主体的先天思维能力和本性对于文化存在所隐涵的价值意义和历史作用进行认知、选择与接受状态,即把文化的意义与价值进行整合与内化,达到文化价值精神的认同与信仰。这一微观机制是通过对特定个体成员的思想意识与价值信念的调控与转化,或形塑特定个体成员的人格心理、行为表现而发生作用的。就此,文化实践过程中诸多现实困境及其悖论形态特征出现的根本原因或许不仅仅是社会结构转型与文化体系变迁本身,而且是客观文化存在自身的价值承当及其现实化以及与之相关文化实践的价值错位与异化。

这一机制内在地具有三个基本结构。

一是本体逻辑:人的生命存在及其生活的本质需要和文化规定性之

---

[1] [美] 丹尼斯·德沃金:《文化马克思主义在战后英国:历史学、新左派和文化研究的起源》,李丹凤译,人民出版社 2008 年版,第 132 页。

[2] [德] 海德格尔:《海德格尔选集》(上),孙周兴等编译,上海三联书店 1996 年版,第 391—392 页。

间的原初同一性。哲学人类学家舍勒基于人在宇宙中地位及其双重性的探讨，肯定了人的本质的文化规定性，由此补偿人的生物性的不足，并彰显出人类通过文化达致的自我完善和超越本性。然而，人性并非等同于人的本质。依据马克思，社会性构成人的本质："在其现实性上，它是一切社会关系的总和"，"人的本质是人的真正的社会联系"。[①] 社会关系不仅是人的全面自由发展的内在需要也构成其外在制约，而文化满足人们建立合理物质关系与思想关系从而提升人的精神本性，将社会历史性的精神文化成果转化为个体内在本质力量，形成精神生产方式，丰富整体精神世界和促进全面自由发展。文化的实践本性赋予生命存在与生活以超越性特征，"意义不是某些在我们的意识流中显现出来的经验所内在的固有的属性，而是我们从目前的现在出发以反思的态度解释我们过去观察到的经验的结果。"[②] 因而，文化规定性构成人的第二本性，文化体现这样一种过程："生命创造出某些特定形式，并通过这些形式表现其自身，实现其自身"，"文化蕴涵了生命有可能实现自身的全部事业。"[③] "不论构成人性的天生的成分是什么，一个时代和一个群体的文化对这些成分的组织状况具有决定性影响；正是这种决定行为模式的文化界定了任何群体、家庭、氏族、民族、阶层、派别和阶级的行为"。[④] 而卡西尔则认为，生命的能动创造性活动，不仅产生出了一切文化，同时又塑造了人之为人的东西，而且使文化存在的本质与人的本质融为一体。在此意义上，文化实践中的文化自觉和文化自信具有生存论本体论性质，具有生命存在不言而喻的整体确定性和先在给予性，它构成了人们认知与行动的原初理由或价值根据。

[①] 《马克思恩格斯全集》第42卷，人民出版社1979年版，第24页。
[②] [德] 阿尔弗雷德·许茨：《社会实在问题》，霍桂桓、索昕译，华夏出版社2001年版，第287页。
[③] [英] 基思·特斯特（Keith Tester）：《后现代性下的生命与多重时间》，李康译，北京大学出版社2010年版，第10页。
[④] [美] 詹姆斯·坎贝尔：《理解杜威：自然与协作的智慧》，杨柳新译，北京大学出版社2010年版，第118页。

第五章 中国文化价值形态转型的精神自觉与现代形态建构

二是文化原理：广义文化概念与意识形态性之间的渗透与融合。主体精神文化心理与客体的文化存在两个要素间的互动建构过程，蕴涵着意识形态宏观操控性与微观文化力量变革以及传统精神文化的继承性与创新性、发展性的关系。一方面，不仅文化包涵了意识形态内容，而且文化和意识形态相互交叉。这也是马克思文化理论所认同的。马克思认为：如果从精神生产者的不同类型，从精神生产活动的不同方式来看，"一定社会形态下自由的精神生产"则包括一切非统治阶级的、独立的自由精神生产者的活动。按照后一标准，反映非统治阶级特别是革命阶级、进步阶级利益和要求的自由思想家、特别是"这一制度的自由批评家"的意识形态活动，也属于"自由的精神生产"。[1] 这里，精神生产不仅"进入了文化的狭义化过程"从而与一般的物质生产相对应，而且"符合文化的人类学特征"从而与特定阶级或阶层的意识形态相区分，[2] 精神生产概念蕴涵文化的意识形态性以及意识形态的文化性的统一。另一方面，意识形态与文化、意识形态实践与文化实践之间存在密切关联和相互作用：文化构成意识形态形成和发展的前提和基础。"体现了意识形态的教导育人功能，同时也使一部分文化的教育和传授得以完成。"[3] 尽管法兰克福学派与英国文化研究方法、立场、观点存在着差异性，却都表现出明确的文化转向：把文化看作意识形态再生产和霸权的一种模式，在这一过程中，文化的诸多形式有利于塑造和引导个人去适应资本主义社会环境的思想观念和行为模式。

三是实践基础：个体主体的文化实践与体制化路径之间的价值协同。文化的价值实践机制涉及文化价值体系的内化与外化两个关联的过程，形成一种"交互渗透"的价值图式，设定一致性或偏离的价值选择条件，并标示着主体对核心价值的认同或反对。内化作为心理机制，涉及

---

[1] 《马克思恩格斯全集》第47卷，人民出版社1979年版，第533页。
[2] 黄力之：《马克思精神生产理论中的文化价值问题》，《上海师范大学学报》（哲学社会科学版）2009年第3期。
[3] 叶启绩等：《当代中国社会主义意识形态与文化和谐发展研究》，人民出版社2010年版，第21—27页。

制度化关系连接而成的社会性系统、文化系统和人格系统的相互建构；外化在其本质上是文化实践的一种从动机到行动都维系着的价值承担，将文化价值体系与一定的社会体制、日常生活相互融合，通过社会政治体制和日常生活得到具体的落实。价值承担与制度化和内化的关联至关重要。一方面，文化实践对于主体而言表征着身心统一的综合形态，文化的价值观念内化为广义的实践精神，并在不同层面规定着自身的行动；另一方面，文化价值实践渗透并体现着基于利益结构之间复杂的调停与结盟基础上的文化认同，需要通过语言或包括教育体系活动在内的意识形态国家机器的作用，进而呈现出意识形态或体制化特征。体制化路径促进文化存在与心理机制的互动建构及结合状况的机理：一是提供科学的理论基础和制度化群体角色的规范体系。通过有组织的特殊治理活动实现对特定社会运行秩序和发展状况的规约、调控与整合，不仅为社会制度的合法性提供文化价值论证，而且基于普遍性要求与个体价值观之间的矛盾运动，促进社会主体对于特定社会文化形态及其蕴涵价值的认同或信仰，塑造具有文化适应性的主体性人格，促进文化社会化的完成。格尔茨指出，"思想—宗教的、道德的、实践的、审美的……必须由强大的社会集团来承担，才会发挥强大的社会作用……为了在社会中找到一个不仅是知识上的存在，而且还是一个物质的存在，它们必须被体制化。"① 然而，这一过程并非只是依据简单的强制方式来完成的。西方马克思主义文化研究深入到文化的微观机制或微观权力："统治阶级的意识形态慢慢地普及化为一般公民的常识。权力不只是粗暴的法律或有形的控制，而是对语言、道德、文化和常识的控制。"② 二是建构文化同一性认同的共享性场域，其基础即是公共领域和生活世界。处于特定社会结构张力中的文化实践是集体意识意义上的社会价值秩序运行、政治文化价值目标、意识形态或伦理道德价值的认同，这种认同源于组织化的

---

① ［美］克利福德·格尔茨：《文化的冲突》，韩莉译，译林出版社1999年版，第359页。
② ［澳］安德鲁·文森特：《现代政治意识形态》，袁久红等译，江苏人民出版社2005年版，第10页。

第五章 中国文化价值形态转型的精神自觉与现代形态建构

共同信仰或目标。① 在这里，必定存在着一个人们所感受到的价值核心，作为共同体的重要价值而起作用。② 就这一机制而言，帕森斯意义上的共同体成为两个方面的首要关联点："一是价值和规范的系统，源于一般行动的文化系统；二是对于社会集合体和规范系统的动机依附，尤其与人格系统相关。这种与文化相关的价值和与规范相关的动机分属两个理论层次却有共同的归属，而已有研究只关注动机性的一面。"③

2. 文化价值实践机制蕴涵的悖论形态

文化价值机制的现实化在本质上是基于人们精神文化需求的对于主流文化价值统一化规约的精神生产过程和人们精神文化需求及其文化心理的差异性和自主性创新的精神生长过程间的应然统一。而在"应然"与"实然"的相互转化过程中却潜存着一些悖论形态特征。

第一，就文化存在及其演化逻辑而言的悖论。一是意识形态性与文化性的矛盾。对于两者关系的不当理解阻滞了文化自信的培育与生成：或是对文化机制缺乏足够的重视与现实回应而走向"泛意识形态化"，造成文化的僵化，阻碍文化的正常发展与导致文化批判功能的丧失；或者，在价值观多元化的社会历史背景中，以广义文化概念僭越意识形态应有的功能，导致"去政治化"或以"文化"消解意识形态功能。二是由经济生活方式所派生的文化价值的主旋律与反映社会生活的精神文化复杂多样性之间的矛盾。理解这一矛盾的产生，涉及物质和精神"两种生产的相互作用和内在联系"④ 及其复杂性。①精神生产或生活是受物质生产或生活普遍规律的作用并通过多重中介实现，"从物质生产的一定形式产生：其一，一定的社会结构；其二，人对自然的一定关系。人

---

① 渠敬东：《现代社会中的人性及教育：以涂尔干社会理论为视角》，上海三联书店2006年版，第133页。
② [美] 拉里·希克曼：《阅读杜威：为后现代做的阐释》，徐陶等译，北京大学出版社2010年版，第48页。
③ [德] 乌塔·格哈特：《帕森斯学术思想评传》，李康译，北京大学出版社2009年版，第304页。
④ 《马克思恩格斯全集》第26卷第1册，人民出版社1972年版，第295页。

们的国家制度和人们的精神方式由这两者决定，因而人们的精神生产的性质也由这两者决定。"① ②不同文化形式与物质生活联系的远近、疏密存在差别，并且相互影响。"政治、法律、哲学、宗教、文学、艺术等的发展是以经济发展为基础的。但是，它们又都相互影响并对经济基础发生影响。"③反映社会生活诸多环节中"经济最强音"的文化形式是根本的和基础性的，"社会上占统治地位的物质力量，同时也是社会上占统治地位的精神力量。支配着物质生产资料的阶级，同时也支配着精神生产资料"。② 因此，考察精神文化生活不能忽视社会意识反映社会存在的复杂性以及意识独特性所呈现的精神文化自组织特性，也不能脱离社会生活去认识和解释精神文化现象。三是资本逻辑与文化逻辑的背离。对此，马克思在批判资本的"总体性"逻辑时曾予以深刻揭示：我们的一切发现和进步，似乎结果是使物质力量成为有智慧的生命，而人的生命则化为愚钝的物质力量。③ 然而，这一由资本主义生产方式的内部对抗性所造成的文化异化现象不仅在资本主义进入"后现代"或"后工业化"时代依然存在并发生广泛的影响，而且在我国市场经济发展和文化建设过程中也一定程度的存在。其后果：一是文化系统的核心价值观解构，一旦遇到外来文化或新文化与旧文化的碰撞，民族文化危机即可能出现；二是资本逻辑衍生的世界性扩张的技术工具性力量对民族传统文化认同意识的解构，或造成不同文化间界限的消弭，导致历史虚无主义。陀思妥耶夫斯基、尼采及其20世纪的继承者将虚无主义归为科学、工具理性主义和上帝的死亡，祛魅了文化的精神价值源头或造成超越性价值世界的崩塌。④ 然而，在马克思看来，现代虚无主义的基础更为感性而

---

① 《马克思恩格斯全集》第26卷第1册，人民出版社1972年版，第296页。
② 《马克思恩格斯选集》第1卷，人民出版社1995年版，第98页。
③ 同上书，第274页。
④ 在西方寻求文化价值之源的过程中，近代科学兴起之前人的有限理性与神示理性（revealed reason）存在着可调和性，海德格尔同样在形而上学的视域中把握虚无主义，认为"虚无主义的本质领域和发生领域乃是形而上学本身……在其本质中，形而上学就是虚无主义"，并把虚无主义的根源归结为"超感性世界—感性世界"的二元结构危机，即"超感性世界的坍塌"，进而错误地认为"马克思主义达到了虚无主义的极致"。

第五章 中国文化价值形态转型的精神自觉与现代形态建构

具体,其根源在于资本逻辑与文化价值逻辑的冲突,现代虚无主义潜藏在将旧有价值结构等同于市场价格的资产阶级经济秩序之中。

第二,就主体心理机制而言的悖论。文化实践深层涉及客体的文化价值存在与社会主体之间的一种感受性与评价性判断形成的评价关系。[①]这一评价关系不仅表征客体化精神的文化存在的内在价值及其主体内化的情感—意义累积过程,而且与行动相关联。"行动与评价的关系,是重要的和明显的","行动是经过深思熟虑的或抉择的行为;是要经过批评并在反思之后能被改变的行为。超出主体控制能力的行为不是行动",由此"实现具有正面价值的事物"或"避免有负面价值的事物"[②],从而把价值行动与客观价值等级秩序联系起来。这一过程潜藏着悖论冲突:一是情感结构的异化与文化价值的丰富性之间的疏离。一方面,文化价值观念或意识不可避免地为资本和市场因素所渗透和影响,文化的效用价值僭越或侵蚀超越性价值的消费主义文化价值观念的泛滥;另一方面,资本逻辑对生活的支配通过经济权力、政治权力和文化权力而实现,然而,"这种实现又是以'远离'资本尤其是远离经济生活的方式来完成的。这样,资本不仅达到了自己的文化权力目标而且获得了意识形态上的效果",从而实现对主体性意识的控制。这种文化形态中的"精神干涸"对于生活体验和文化实践方式的改变、强化意识形态以压抑被统治阶级的文化控制形式、文化认知及其批判性反思的能动意识的丧失,正是现代典型的文化自信生成过程中的异化形态。由此,文化价值不仅丧失了自身发展的自律性,而且丧失了解决社会问题的功能,文化本身"已经从部分解决问题的方法异变为实际问题的一部分"。[③] 二是主体对

[①] 保罗·利科指出,价值经由尼采而获得的一般性意义是用来指一切情感和意志产生的评价相对应的词。然而,意志绝不是单纯地接受法则的要求,它创造着自己的评价,而掌握和支配意志也就是意志改变其价值次序的能力。从此以后,自由和价值的哲学,就变成了把价值的等级与意志不同强弱程度联系起来的哲学。参见保罗·利科主编《哲学主要趋向》,李幼蒸等译,商务印书馆2004年版,第482—483页。

[②] 刘易斯:《对知识和评价的分析》,参见冯平主编《现代西方价值哲学经典:经验主义路向》(下册),北京师范大学出版社2009年版,第634页。

[③] Richard Eagleton, "Rediscover a Common Cause or Die", *New Statesman*, Vol.133, July 26, 2004.

于文化及其价值功能的观念认同与价值实现及其现实行动的冲突。具体表现为：其一，文化的价值承诺与文化价值的理性认同的矛盾。文化自信有其价值逻辑根基，即文化的价值承诺现实化以及基于其上的文化价值认同。前者的现实化过程受多种因素制约和影响，可能阻滞应然目标向实然目标的转化，从而影响后者；其二，文化实现的价值承诺与现实生活需求的不一致造成观念认同与现实冲突的悖论，导致主体社会归属感的丧失或个体与社会的分离，并投射到社会主流文化的认同意识中；其三，文化价值的精神超越性具有虚拟性并赋予现实生活以意义，超越性与现实性的差异对主体的影响，可能造成主体性的分裂或多重人格。因为"超越性文化价值认同与实际生活状况并不一致，导致文化价值认同与现实认同的矛盾或冲突。而'这样两种相互分裂的认同观念在同一个主体那里并存，则可能导致主体价值观念的断裂、心理上的矛盾、观念上的悖论'，进而在行动上显得无所适从，'甚至造成人格的分裂'"①。三是文化实践对文化的先进性要求与文化价值多元及其选择内化的相对滞后性之间的矛盾。文化实践的精神本质是对优秀文化传统和先进文化及其凝聚的理想、信念、价值的坚定信念，因而，文化价值实践的内容选择渗透时代的先进主导价值观念。然而，一方面，文化形态特别是思想观念形态的精神文化，不仅其形成与更新具有相对滞后性，而且人们已经形成的观念意识相对于社会存在而言具有相对独立性，作为个体的价值主体基于自身需要对特定文化的价值和意义进行判断、选择进而达到自觉、内化和认同是一个连续性过程。另一方面，文化形态呈现为不同的价值等级序列。若存在社会力量未加调节地运行的情形，将可能出现大众社会时代的消极价值选择，从而使那些未能达到现代文化标准以及缺乏驾驭其冲动和自我控制的群体的价值观获得支配地位，导致诸动机的内在冲突在个体心理生活中产生，进而使多代人努力而实现的升华冲动的意义累积的逐渐瓦解，价值混乱而未受训导的精神要素

---

① 庄友刚：《虚拟认同与文化风险》，《湖北大学学报》（哲学社会科学版）2014年第2期。

第五章 中国文化价值形态转型的精神自觉与现代形态建构

愈来愈明显地转为公开并盛行。曼海姆深刻指出，"在文化领域，存在于每一个社会之中的积极选择，控制着反社会的原始的冲动，但是，在消极的选择中，它只是消灭了那些花费如此长的时间才获得的升华"①。

第三，就文化实践的体制化形式而言的悖论，一是体制化的自觉性与文化存在的自在性之间的矛盾。文化实践过程是特定阶级或集团的主导文化彰显和发展并影响社会成员，传播与创新文化的体制化形式、过程和活动，其内容、方式与目标都具有鲜明的自觉性。而文化特别是精神文化具有自组织性而呈现出自发性："文化存在形态形成的自发性、文化建构主体的自在状态、文化建构方式的直接非反思性"②。二是社会主体的个性自由与社会规定性之间的矛盾。精神生活与精神文化生产主体既受社会制约也充满自由个性。文化生活主体的理想信念、价值追求和思维个性都可能使其以不同的文化角色、个性特征参与到文化生活过程之中。因而，只有联系特定的物质生产的历史发展与具体形式去考察人们的文化生活，"才能够既理解统治阶级的意识形态组成部分，也理解一定社会形态下自由的精神生产"③；三是文化价值目标与制度化手段之间的冲突。④文化制度价值示文化模式作为选择系统而产生的一种文化价值，这不仅是就其与一个社会中其他制度的结构和谐而言，也是就其对社会环境和历史条件的适应和适应能力而言的。因而，文化结构蕴涵的价值目标及其意图不仅构成社会行动的合法性，并在价值等级中呈现出整合和有序状态，而且包涵了特定的情感和意义要素，规定或限定了文化价值目标的可接受方式。一般地，一定历史时期政治体系是否具有正当性，与该社会人们选择、普遍认同的核心价值观具有内在关联。然而，制度本身存在着表现为文化滞后的可能，文化滞后是文化整合不

---

① ［德］卡尔·曼海姆：《重建时代的人与社会：现代社会结构的研究》，张旅平译，生活·读书·新知三联书店 2002 年版，第 80 页。
② 邵从清：《思想政治教育的文化机理及其实现路径》，《江苏高教》2016 年第 3 期。
③ 《马克思恩格斯全集》第 26 卷第 1 册，人民出版社 1972 年版，第 296 页。
④ 参见渠敬东《现代社会中的人性及教育：以涂尔干社会理论为视角》，生活·读书·新知三联书店 2006 年版，第 78—81 页。

充分的表征,而这种整合的动力则源于制度化了的社会支持,从而影响文化自信的生成。在本质上,"人们质疑某种体制是否具有政治正当性"的根据在于"这种体制与质疑者所认同的价值原则不一致或彼此冲突"。① 这样,文化价值目标与制度化规范之间并不一定发生持续而稳定的联系,而且文化价值目标的实现与制度化手段的选择也不一定是同构过程。在目标实现过程中,人们既可能获取未经合法化的手段,也可能丧失对规范的情感支持,从而价值主体可能在文化价值与制度规范的双重层面"离开"社会,文化所确定的目标意愿与社会结构所提供的可能实现途径之间也就出现了疏离。

3. 回归文化价值实践的本体存在根基

文化作为一种精神价值结构系统,不仅表征着客体的文化价值存在与社会主体之间的一种感受性与评价性判断形成的评价关系,而且是客体对主体基于体验、比较和认同所投射的情感—意志意义累积与规范性建构。这一阐释对于文化实践所提出的深层问题在于,一方面,文化存在本身应该符合价值学理论的基本论域与要求:一是存在论转向作为价值研究的哲学奠基;二是追究或澄清关于人的整个生活方式;三是自由与价值的结构性关联。就此有学者指出,价值现象的哲学研究,首先要进行存在论的思考,以澄清围绕价值问题的意见之争,明确价值现象的根据之所在。存在论的"存在"由"人生在世"的活动呈现,"价值"则是人生在世的"意义"指引人的生命活动所发挥的功能,也是生活世界自身的属性。② 另一方面,文化实践应该体现出文化价值形态与现实的人及其存在结构与可能生活之间存在着的原初关联。不仅人的现实的生命存在是文化的本体,文化价值指的是主体的人对自身存在的文化意义的理解和确定。文化预设的最高价值目标则是人"自由而全面的发

---

① 杨国荣:《价值观念的内涵》,参见《哲学的视域》,生活·读书·新知三联书店 2014 年版,第 40 页。
② 张曙光:《价值研究的哲学奠基:价值哲学的存在论思考》,《社会科学战线》2013 年第 11 期。

第五章 中国文化价值形态转型的精神自觉与现代形态建构

展";而且,对于社会文化现象的研究,"必须始于那些创造了文化的人的生活"。而在社会领域则存在两个完全不同的部分并以各自不同的方式影响文化的进程:一是"具有自由而未受调节的那一部分社会生活",二是"具有那些在文化领域呈制度形态的社会组织"对文化生活施加的影响。[①] 基于此,文化自信生成机制及其现实化过程中悖论形态的本体论根由及其解决都蕴涵于日常生活世界以及处于其中的"现实的人"这一价值评价主体及其"存在结构"。或者说,存在论文化价值理论和日常生活理论对于"现实的个人"的生命存在结构及其可能生活的价值哲学解答提供了消解文化实践过程中存在着的诸多悖论问题的本体路径。

第一,坚持存在论文化价值理论逻辑,使文化自信成为自由自觉的精神生产活动。马克思存在论的文化价值理论坚持"哲学—政治经济学"的总体性批判视域,以"感性生活本体论"[②] 为展开逻辑,克服传统实体本体论对人的现实生命的抽象化理解。其基本点在于:"现实的个人"及其"生存"是一切活动的"真正基础和前提"。一方面,"现实的个人"是实践性和历史性、整体性的存在。有学者把马克思唯物史观出发点的"现实的个人"与海德格尔"此在的本质在于他的存在"命题相混淆,认为,海德格尔在人学现象学的基础上继承了马克思对人的本质的理解。其错误之处在于未能看到"现实的个人"及其"生存条件连同他的本性(或'自然')都是其实践的结果,因而他是历史的",从而不能等同于"现存的个人",而是"总是以有着非常具体社会关系类型和自主活动类型为其表现形式"且"必然与他人形成各种联系并因而总是属于一定社会形态的个人"。将"现实的个人"混同于现存的个人根子在于迷失了历史方向,否定了使"现存革命化"的根据。[③] 这种错误,

---

[①] [德]卡尔·曼海姆:《重建时代的人与社会:现代社会结构的研究》,生活·读书·新知三联书店2002年版,第71页。
[②] 这一概念参见陈曙光:《直面生活本身:马克思人学存在论革命》,北京师范大学出版社2012年版。
[③] 侯惠勤:《试论马克思主义哲学的共产主义内核》,《中国高校社会科学》2013年第4期。

马克思早在批判费尔巴哈"存在即本质"的命题时即予以了否定,并斥之为是"对现存事物的绝妙的赞扬"。① 事实上,马克思在手稿中就已经摈弃了把劳动看作人的内在目的并把劳动与维持人的肉体生存相对立的观点。其一,马克思不再以抽象人本主义的"人的本质"作为衡量历史发展的标尺,并对费尔巴哈的抽象人本主义予以彻底的清算。在1844年初,马克思对黑格尔"主语和谓语的颠倒"这一费尔巴哈的指责产生共鸣,并感到应该将过去跟随鲍威尔重新解读"自我意识"而糊涂理解的"绝对精神"重新置换为"人",而这里的"人"仍相近于费尔巴哈"类的存在",马克思却并没有局限于"爱"来把握这种"类的存在"的本质特征,而是与当时的古典经济学相联系把"人"作为社会的劳动主体的人。因而,与费尔巴哈强调"人是人的最高本质"以及施蒂纳把费尔巴哈"抽象的人"转换为脱离一切社会关系的"唯一者"根本不同。在马克思看来,"对宗教的批判最后归结为人是人的最高本质这样一个学说,现在,使人在与人的本质相符的状态中存在的'人的解放'就成为问题。"② 同样,尽管施蒂纳的"唯一者"对于马克思提出"现实的个人"概念具有"唯物主义和经验主义"的借鉴意义。赫斯在把施蒂纳看作是一个利己主义者的同时,也指出了其"唯一者"的唯心主义特质。赫斯说,与"鄙视实践的利己主义者"布鲁诺·鲍威尔不同,施蒂纳是"为'群众''恶的现实'、实践的利己主义者而辩护"并认为"过去的利己主义者的全部缺陷在于,他们不具有自己的关于利己主义的任何意识",承担过失的"不是人们相互之间的异化,而是这种异化理论的表现的宗教和哲学——不是生活中的人的个别化和分裂产生了一切人反对一切人的战争,而是为这种斗争所纠缠的内疚的心"。③ 其二,在对

---

① 《马克思恩格斯全集》第42卷,人民出版社1979年版,第362页。
② [日] 广松涉:《早期马克思像的批判的再构成》。(转引自:《赫斯精粹》,邓习仪编译,南京大学出版社2010年版,第223—224页。)
③ [德] 莫泽斯·赫斯:《赫斯精粹》,邓习仪编译,南京大学出版社2010年版,第188—189页。

第五章 中国文化价值形态转型的精神自觉与现代形态建构

费尔巴哈抽象人类个体的批判中，马克思进一步将"个体"与"类"的关系转变为人和社会的关系问题。① 马克思强调"现实的历史的人""人的感性活动"，社会实践中的人是历史的主体，并把这一主体置于社会生产方式的制约之中。马克思强调，人的存在与生活"同他们的生产是一致的——既和他们生产什么一致，又和他们怎样生产一致。因而，个人是什么样的，这取决于他们进行生产的物质条件"②。

另一方面，"存在"总是在人的感性生存活动中得以生成和揭示，从而将人之为人的根据还原为"感性活动本身"，在存在论的根基处超越费尔巴哈的"感性直观"，把现存感性世界以及处于其中"人"的理解建立在"感性活动"的现实基础之上。存在论文化价值理论把"生活"理解为是感性活动的目的并揭示了社会生活的整体性。其一，马克思指出，"人们为了能够'创造历史'，必须能够生活。但是为了生活……第一个历史活动……即生产物质生活本身"③。而且，"个人怎样表现自己的生活……这同他们的生产是一致的"④，从而把生产从属于生活，并把人的需要与人的本性作为同等概念来使用。他说："他们的需要即他们的本性"，"我的劳动满足了人的需要，从而物化了人的本质，又创造了与另一个人的本质的需要相符合的物品"。需要的发展是"人的本质力量的新的证明和人的本质的新的充实"⑤，接着把"人的存在"直接理解为："人们的存在就是他们的现实生活过程。"⑥ 其二，马克思揭示了社会生活的完整性。值得指出的是，学界存在的对人的存在的解读，无论是"社会生产关系本体论"还是把人的存在简单地理解为"社会物质"或"物质生产"，都割裂了人的生命存在和生活的完整性。感性生活本体论的"现实的个人"并非拒斥形而上学或神圣规定性的纯粹

---

① 《马克思恩格斯文集》第 1 卷，人民出版社 2009 年版，第 544 页。
② 同上书，第 520 页。
③ 《马克思恩格斯选集》第 1 卷，人民出版社 1995 年版，第 79 页。
④ 同上书，第 67—68 页。
⑤ 《马克思恩格斯全集》第 42 卷，人民出版社 1979 年版，第 37、132 页。
⑥ 《马克思恩格斯选集》第 1 卷，人民出版社 1995 年版，第 72 页。

世俗化存在。马克思主张主体的自我整体性，作为类本质的人"把自身当作现有的、有生命的类来对待，因为人把自身当作普遍的因而也是自由的存在物来对待"，从而在两个层面——强化主体抽象的普遍性与超验性以及抛弃普遍性和超验性而走向个别性和世俗性——与极端现代性划清了界限。现实的个人根本不同于施蒂纳的既摆脱物质的经验性又摆脱"思想圣物"的"唯一者"，从而维护了启蒙现代性的主体性根基。其三，存在论文化价值理论的终极信念和终究关怀或"本体论价值承诺"，在于通过对不合理的现存世界的扬弃，把人的世界和人的关系还给人自己，实现人的自由全面发展，重建人类的精神家园。对人的生存境遇的终极关怀也构成了马克思文化理论的价值主线，是马克思和恩格斯批判地整合前人或同时代思想家的理论成果而达到高度的文化自觉，并成为其实现文化价值观超越的思想生长点和内在理据。一方面，坚持文化的生成与发展逻辑地和人的生命及其本质力量的提升相一致；另一方面，人格结构系统中"存在着非理性良知的神秘力量的根源"，"在人的社会环境被文化认可的制度中良知的反映"是"展现于人类生存机制中的生命过程的再生力"。如果撇开卡西尔把生活和历史的多样性归结为"符号"对"文化"的各种关系的先验的符号构造能力的非历史要素，我们认同"作为一个整体的人类文化，可以被称作人不断解放自身的历程"，"人只有在创造文化的活动中才能成为真正意义上的人，也只有在文化活动中，人才能获得真正的'自由'"，而"一个有机整体"的"人类文化哲学体系"足以展示人性的广度和深度。[①] 因而，文化现象的机制在于：价值的"分—合"，即敬重并持守那些有益于人的生命存在和发展的正价值，"并以有限的利益、效用乃至超功利的终极性价值作为人生与社会的整个阶梯性价值序列，"[②] 由此开显人类生活的价值意义和可能秩序，建构并维持着有益于人的生存和发展的社会秩序和文化心理秩序。

---

① ［德］恩斯特·卡西尔：《人论》，甘阳译，上海译文出版社2013年版，序言第7—8页。
② 张曙光：《权力话语与文化自觉：关于文化与权力关系问题的哲学思考》，《社会科学家》2008年第5期。

第五章　中国文化价值形态转型的精神自觉与现代形态建构

这样，存在论文化价值理论以"感性生活"的实践性与完整性揭示了自由自主的生命精神、关照现实及其变革的实践态度以及追求自由解放的超越性维度。基于此，我们不能赞同阿尔都塞，"一旦你从人出发，你就不可避免地要受到唯心主义的诱惑，去相信自由或创造性的劳动是万能的。也就是说，你只会完全自由地屈服在占统治地位的资产阶级意识形态万能的脚下"，[①] 进而反对以人作为前提与出发点来解释社会与历史。

第二，回归日常生活世界，使文化自信的生成获得了历史与本体根基。其一，回归生活世界可以赋予生命以新的精神价值与意义，回应文化实践的自觉性与文化存在的自在性之间的矛盾。生活世界理论的"典范转变"意义在于：由"本体论哲学思维范例"向探索人类概念思维与日常生活中的"生活周在世界"关系的转换。"无论如何，在我的先验还原了的纯粹的意识生活领域之内，我所经验到的世界连同他人在内，按照经验的意义……是为每个人在此存在着的世界，是每个人都能理解其客观对象的世界"。[②] 日常生活世界具有事先给予性，是构成人类一切行为的前提和出发点的事先存在世界。与之相对应，生活世界具有直观的非反思性与理性反思性的双重属性，哈贝马斯把生活世界由先验哲学概念转变为社会哲学概念，统合了理论与实践的关联，从而预示了"生活世界"理性化的可能。这双重属性可以各自不同的方式影响文化的进程：一是"具有自由而未受调节的那一部分社会生活"；二是"具有那些在文化领域呈制度形态的社会组织"对文化生活施加的影响。[③] 其二，日常生活世界促进了意识形态与文化之间的功能融合。其三，日常生活世界是解决个体的个性自由与社会规定性之间矛盾的基础性领域。哈贝

[①] 吴晓明主编：《当代学者视野中的马克思主义哲学》（西方学者卷），北京师范大学出版社2008年版，第503页。

[②] ［德］胡塞尔、黑尔德：《生活世界现象学》，倪梁康、张廷国译，上海译文出版社2002年版，第153页。

[③] ［德］卡尔·曼海姆：《重建时代的人与社会：现代社会结构的研究》，张旅平译，生活·读书·新知三联书店2002年版，第71页。

马斯把生活世界理解为是由文化、社会和个性构成的系统，三者组成错综复杂的意义域，满足文化再生产、社会一体化和个性社会化的需要，其"重要功能是为主体提供文化传统和解释力量，由此，'主体获得了一个给定的文化体系和稳定的文化背景'，从而'在文化上形成具有共识性的价值观念和行为规范'。"① 因而，"'日常'的基本含义'不仅是生活的，而且是文化的，其中日常规范的传承构成文化传承的基础内核'"。② 赫勒认为，日常生活同样提供规范统一性的文化精神。日常生活被理解为"自在的类本质对象化"领域，包涵以规范与秩序为基础的社会同一性以及习惯和情感模式。特定社会主体作为"'整体的人'而参与共同体。"③ 这里的"整体的人"是通过学习和适应由这一共同体所给定的各种文化符号及其"价值等级体系"和基本文化价值精神的人。

其四，日常生活世界是培育理性批判精神的基础性领域，提供解决文化自信对文化的先进性要求与文化价值多元及其选择内化的相对滞后性之间矛盾的经验情境。马克思存在论人学理论把人的存在看作"他们的现实生活过程"，从而开启对这一过程的批判性改造。同样地，列斐伏尔坚持对日常生活的批判，他试图从根基处挽救社会和人类，"针对资本主义社会的全面异化，提出经济的人应该被超越的革命观"④；在赫勒看来"在本体论意义上，'自为的'类本质对象化是第二性的。……所有'自为的'对象化都体现了人的自由，并表达了人性在给定的时代所达到的自由的程度。"⑤ "这是社会—经济—政治制度的领域。这些制度建立起了它们自己的有关交往、活动和程序的一套规范和规则，着力于共同体的共存与发展，日常生活构成整个社会生活的基础，也是人类生命

---

① 衣俊卿、胡长栓：《马克思主义文化理论研究》，北京师范大学出版社2012年版，第165页。
② 孙承叔、韩欲立等：《重建历史唯物主义：西方马克思主义基本理论研究》，复旦大学出版社2015年版，第182页。
③ [匈]赫勒：《日常生活》，衣俊卿译，黑龙江大学出版社2010年版，第34页。
④ [法]列斐伏尔：《人类的产生》，引自袁贵仁等《当代学者视野中的马克思主义哲学：西方学者卷》（下），北京师范大学出版社2008年版，第442页。
⑤ [匈]赫勒：《日常生活》，衣俊卿译，黑龙江大学出版社2010年版，第113—115页。

第五章　中国文化价值形态转型的精神自觉与现代形态建构

得以延续,文明得以传承的基础、出发点,以及一切政治、经济、宗教、哲学、科学、文化最终围绕的核心。"[①] 曼海姆对此也表达了相似的理解:除了理性的目标协调功能,"制度还体现某些象征价值观和直觉价值观。这些价值观对尚未为抽象的推理所触及以及只有通过直接求助于无意识才能发挥作用的人类精神要素具有吸引力"并"深深地扎根于人们的习惯和情感之中","摧毁它们便在社会结构和个人的行为系统中造成缺口,现代大众宣传涌入了这一缺口",然而,摧毁它们的通常并非计划者,而是结构性的社会力量。现代工业社会本身的结构演变改变了相当部分生活领域中形成的风俗的精神实质,"这就是为什么宣传如此容易通过大众方法灌输新的价值观的缘故。"[②] 这为文化实践提供了理性以及非理性的体制化条件。

4. 文化价值机制现实化及其实践逻辑

文化价值实践作为一种特殊的精神活动过程,需要在根本上遵循文化价值机制的本体存在逻辑,坚持存在论文化价值逻辑与回归生活世界这一历史的本体根基。其实践逻辑,一方面,以"现实的个人"理论与生活世界及其经验性价值实践作为自身的基础;另一方面,遵循文化价值形态自身生成与发展规律及其发生作用的机制,其获得现实化的具体路径在于:促进从理论形态向实践价值拓展、从主流价值观念向民众文化心理渗透、从主流文化形态向大众文化形态转变,回应与消解文化的价值机制及其现实化过程中的诸多困境或悖论形态。

首先,坚持存在论文化价值实践逻辑。一是着力于揭示人的存在方式及其本性要求以及思想意识与价值观念生成、发展的内在规律建构"话语体系"与"话语权力",探索文化价值实践的方式、方法和手段。这里,应区分工具理性意义上文化实践的科学化与马克思"历史科学"

[①] 孙承叔、韩欲立等:《重建历史唯物主义:西方马克思主义基本理论研究》,复旦大学出版社2015年版,第183页。

[②] [德]卡尔·曼海姆:《重建时代的人与社会:现代社会结构的研究》,张旅平译,生活·读书·新知三联书店2002年版,第268—269页。

意义上的文化实践。前者过分强调对人的管理功能而强化人的存在的对象化和去个性化,从而与自身的本性相疏离,无法洞察自身与事物之间的丰富性关联及其意义。然而,文化作为人的精神结构的生成无法依靠把人对象化和纯粹客体化的工具理性的"科学化"达到。因为这种"科学化",一方面忽视了现实的人的真实存在,从而"功利性地从自我所使用的视角来审视和看待眼前的对象化事物";另一方面以政治化与科学化的结合,强化意识形态话语权的支配性逻辑。阿尔都塞主义的被限制,在于它把"文化领域视作一个主导意识形态的生产和再生产的纯粹领域","允许争论或反对的空间是非常微小的"。而列宁把意识形态概念彻底中性化并赋予了其科学的内涵。① 马尔科维奇则这样理解"科学与意识形态之间的关系:一方面科学应该成为受人道主义意识形态鼓舞的人的工具;另一方面,进步的人道主义意识形态应该是以科学为基础的。"② 这样,作为历史科学意义上的文化价值实践应该是科学与意识形态的统一,从而在两个方面促进文化自觉和文化自信的生成:其一,消解意识形态的价值工具主义潜藏着的同一性暴力;其二,促进主体以超越现实束缚的安全感与心灵自由参与文化实践的讨论。二是坚持人的存在与人的本质的同一性,建立"文化"与"情感"的超越性实践关联。"人以一种全面的方式,也就是说,作为完整的人,占有自己的全面本质",与人的本质相一致的人的生活具有整全性特征,涉及经济、政治和精神文化三大活动领域,作为提供生活的意义或价值的文化可基本分为经济、政治和精神文化三种。"经济和政治价值是现实生活层面上的意义,而精神文化价值则是理想生活层面上的意义",③ 与理想生活相关的精神文化并非随着现实生活的改变而变化,从而具有超越性和本质同

---

① [英]乔治·拉雷恩:《马克思主义与意识形态:马克思主义意识形态论研究》,张秀琴译,北京师范大学出版社 2013 年版,第 72 页。
② 刘海静:《论马尔科维奇的"人的本质"概念:在科学与意识形态之间》,《马克思主义与现实》2012 年第 5 期。
③ 王南湜、侯振武:《文化自觉、文化自信、文化自强何以可能》,《毛泽东邓小平理论研究》2011 年第 8 期。

第五章 中国文化价值形态转型的精神自觉与现代形态建构

一性。这一超越性"意义"生发于人的整全性、结构性的生命活动，而非个体单纯的谋生活动，价值主体活动将具有了超越生物性、功利性的特性。我们可以理解人类文化发展进程中存在的事实：即便经济和技术权力在现代社会生活中具有主导地位。在中国文化重建过程中，人们都正确地肯定中国文化特征中的"人文精神"，但值得指出的是：随着利益结构变迁与权利意识觉醒，不能把这种人文精神简单化约为一切生存的世俗化精神，进而只强调生命的感性利益诉求。不过，中国哲学文化缺乏本体界与现象界的确然区分，在中国人的生活中，超越性价值世界与现实生活世界也并非泾渭分明，所谓"道"即在"人伦日用"之中，甚至政治也成为人伦关系秩序中的一个环节。这一中国文化的重要特点却也是问题的根源所在：当功利和物质观念侵蚀了文化价值系统时，可能缺乏独立的精神领域以发挥其济俗的功能，而在经历民族危机时追求国家富强的过程中走向了急功近利和专重物质成就的另一极端，忽略西方文化价值精神的超越性源头。这种超越性的心理丧失或对"文化超越性"精神的怀疑可能助长"政治决定论"的普遍意识或毫无顾忌地否定一切的偏激性批判言论。这样，文化自信的生成坚持以人作为价值主体的要求是体现生命存在结构与生活的整全性。对于文化模式的认同不能只是被完全还原并建立在感性生存价值的基础之上，而应有其超越性精神特征。"价值领域中还存在着其他的选择系统，并且在生存价值中也还存在着另外一个动力源"，传统的自我实现理论较之传统的快乐主义，注意到了人格结构的整合行为，其缺陷在于"轻易地从人格整合进入文化整合"而未能考虑到"两种评价系统中的整合模式和内容都是不同的"。[①] 将意义归结为生存价值或将价值归结为利益的价值意识是精神生活的沉沦和整全性生活的分裂；③坚持基于整体社会存在的文化价值实践，建构经济、政治和文化之间合理互动结构与系统秩序。一方面，重视文化实践及其情感体验。托德·莱肯借用亚当斯的道德生成的情感体

[①] 参见冯平主编《现代西方价值哲学经典：经验主义路向》（下册），北京师范大学出版社2009年版，第855—856页。

验提示人们,那些用来遮蔽展现在我们眼前的真实的生死存亡的文学作品可能麻木人们的思想,进而指出,文化追求可能麻痹人们意识的悖论情形,以此强调应该将文化追求与一些有益于社会的行为联系起来并通过一种共享的文化追求自己的生活。① 西方马克思主义以其对当代资本主义现实问题的关注延续了马克思文化理论中的批判逻辑,"向我们展示出意识形态与人的社会生活,特别是人的文化生活的全面而深刻的关联性。"② 却因未能彻底贯彻马克思主义理论与实践相结合的一致性而削弱了理论说服力。另一方面,在文化实践中以充分的对话商谈与交流机制消除生活世界非理性互动的后果而形成的强迫性共识。经济和权力对日常生活世界的"殖民化"无法建构主体间性的自由平等的理性交往,其结果不是窒息文化批判意识,就是可能走向政治投机的危险,哈贝马斯对此给予了深刻揭示。依据哈贝马斯,系统和生活世界代表了两种不同的功能:系统整合与社会整合,前者的再生产原则是物质再生产,并可分为以金钱为媒介的经济子系统与以权力为媒介的政治子系统;而后者的再生产原则是文化再生产,它依赖于文化更新及社会化过程。由于经济、政治的系统运行对生活世界的侵蚀或"殖民化",生活世界即文化再生产出现了危机。尼克·史蒂文森在评析哈贝马斯公共领域的建构时指出,"当多元公共文化被金钱和权力扭曲时,它会对公共认知的脆弱领域产生极大的破坏。"③ 基于此,哈贝马斯认为,生活世界的合理化应该消除语言符号权力的意识形态性灌输,达到"交往行动的合理化"。值得指出的是,不仅哈贝马斯所揭示的生活世界"殖民化"问题对于当前的中国社会而言并没有过时而是显得尤为迫切,因为文化领域在一定程度上已经失去了自身的独立性和自主性,甚至存在着诸多文化与权力、

---

① [美]托德·莱肯:《造就道德:伦理学理论的实用主义重构》,陶秀璈等译,北京大学出版社2010年版,第34—35页。
② 韩秋红、史巍:《西方马克思主义研究的方法论价值与局限》,《马克思主义研究》2014年第8期。
③ [英]吉姆·麦奎根编:《文化研究方法论》,李朝阳译,北京大学出版社2011年版,第72页。

第五章 中国文化价值形态转型的精神自觉与现代形态建构

商业的结盟或后者侵蚀和支配文化生活的乱象,而且其"殖民化"所未涉及的另一层意义,即借用与炒作他人或别国文化知识的现象,在当前广泛存在着,这或许就是难以回到传统的一个根源。因而,文化自信的生成机制应避免意识形态化与工具主义倾向并延伸出三个基本涵义:就意识形态性而言,必须坚持指导思想的一元性,着力于核心价值在社会整合中的话语权建构,规约"文化表现形式即物质文化生产的目的与方法、制度文化的制定与实施以及人文精神发展的方向与途径"[1],警惕以"文化"消解意识形态性,避免"去政治化"倾向,揭露西方宣称的"普世价值"话语逻辑中的意识形态本质;就文化形态而言,应避免"意识形态的泛化",用意识形态性替代文化所应具有的独特作用和地位;就文化建设与物质生产经济生活以及行政权力之间的关系而言,可能不仅要注意划清文化自信与"文化决定论"以及"经济决定论"的界限,而且更需扭转知识界"争名于朝""争利于市"的现状。就此而言,文化自信对于"文化超越"与自主性的强调,其命运不仅仍然掌握在广大知识分子手中,而且也需要培育理性的媒体文化和文化政策的合理性与合法化基础。

其次,回归生活世界的"感性"实践,着力于公共性以及公共领域及其理性批判精神的培育,促进认知逻辑向基于价值认同的实践理性的现实转化。(1)要着力于培育现代公民、公民文化与文化公民身份。现代国家公民的公民意识的最低层次是法律意识,其深一层次是公正意识,而相对最高程度的内容则是公共意识,因为这种公共意识植根于深厚的哲学、文学与社会文化的传统背景之中。依据奥特弗利德·赫费[2]的观点,公共意识涉及三个基本层面:其一,公共意识不仅仅是指一种社会事业的参与,而且为共同利益着想的文化上的公共意识更为根本与深入,它认识到语言

---

[1] 叶启绩:《当代中国社会主义意识形态与文化和谐发展研究》,人民出版社2010年版,第20页。

[2] [德]奥特弗利德·赫费:《经济公民、国家公民和世界公民:全球化时代中的政治伦理学》,沈国琴等译,上海译文出版社2010年版,第82—84页。

和文化资本的存在及其重要性,看重所在共同体的语言和文化,认同并努力承担起保障这一资本得以传承与传播扩散的责任;其二,社会公共意识①,作为内容上而非等级上的第二种公共意识,不仅反对在国家和社会所进行的机构性区分,而且驳斥了现代社会中的个人主义。个性是参与社会事业中的一种体现,并不必然危害到公共意识,而最多是改变了公共意识的形态和组织形式;其三,作为国家公民的公共意识,可以防止随着政治的专业化和正当影响力的增强而可能出现的官僚化国家管理模式,而"外部的国家公民意识"即"启蒙了的爱国主义"有助于提升自身所在共同体的评价,从而形成较为恰当的民族主义国家公民意识;相应地,公民文化具有包容开放性与"理性—积极参与性"的特征,既可以增强不同文化形态之间的交往与融合,也利于维持体制化的权力与责任及其反应性之间的平衡,促进个体与社会文化体系乃至体制性政治文化之间互动关系的平衡机制的建构;②而文化公民身份观念在其关键性层面则不仅涉及民族文化生活内的包容性参与,而且涉及全球化进程与现代公民社会③日增的

---

① 依据奥特弗利德·赫费,社会公共意识被认为体现并能够处理个体的自主性和体制化管理之间张力关系的概念。赫费考察了欧洲大陆的民主发展进程,认为体制化的公共意识"可能排挤了另一种可能的形式,即源于慷慨和无私的自由形态";但毫无疑问,"除了自由的公共意识外,共同体也需要官方的、体制化的公共意识。但有时人们却不得不怀疑,这两者间必要的平衡有没有迷失在偏向体制化的公共意识、而忽视自由的公共意识这一误区之中。"

② [美]加布里埃尔·A. 阿尔蒙德、西德尼·维巴:《公民文化:五个国家的政治态度和民主制度》,张明澍译,商务印书馆2014年版,第158—159页。

③ "公民社会"概念具有反专制的政治冲击力,而且被看作为可以有效应对现代社会中存在着的个性化、个体化和政治不满情绪,并能够保护人们免受跨国的、强大的资本主义经济及其广泛控制权的侵扰;其空间意义在于这样一种范域,即处于国家、经济和私人领域即家庭之间,并被认为是不受国家机构控制与管理的社会自我组织的领域,在自由建立的联合体中公开地、不以利益为导向地决定社会和政治的行为,从而与国家的范围明显地区分开来;在文化意义上,作为"一种社会行为的形式,以公民性和特殊价值为标准,例如放弃暴力,愿意承认不同的存在,和以公共利益为导向。"同时,它建立在"公民文化"的基本假设之上,即一种"包括推崇宽容、自立和成就,以及超出纯私人目的而乐意为个人和集体承担责任",就此而言,公民社会首先指"社会、政治、经济和文化秩序的模式……它包括一个公开的社会、多元主义、人权和公民权利、公开性、民主、批评、内部多样性的学习能力,过分社会不公和不团结部分和这个模式"。值得强调的是,不能机械地把国家实体和公民社会理解为对立体,因为现代化的一些破坏因素及其潜力并非被彻底消除,因而"必须有行动者来争取或保证个体的自主性和社会自我组织的自由空间。"(转引自韩水法、黄燎宇编《从市民社会到公民社会:理解"市民—公民"概念的维度》,北京大学出版社2011年版,第175—202页)。在这里,我们可以想象,通过特定的组织化或体制化方式建构一种公共价值的共享机制的必要性。

第五章 中国文化价值形态转型的精神自觉与现代形态建构

异质性基础上培育相互重叠、相互联系、平衡权责的公共空间,从而成为关系着自我与社会的、反思性和异质性的诸多文化实践的批判性耦合的产物。① 一方面,文化公民身份关涉民族国家与民族文化的认同、文化多元主义与民族文化的关系、技术工具理性支配中的文化意义建构和持久性的民族理念;另一方面,公共领域的观念提供了文化公民身份的运作所必需的象征文化和物质文化。文化公民身份对于文化自信的生成所起的作用在于:一是涉及调和日渐文化多元化的共同体与民族认同的观念。无论现代认同的流动性的后现代主张如何,尽管民族文化日益运转在新的文化环境和文化要素之中并被建构为多样性形态的文化认同域(cultural zones of identification),并非意味着民族和民族文化认同的终结,民族文化的向度依然是现代性范围内认同协商必不可少的中心以及民族国家合法性的重要源泉,世界主义文化只能借助民族文化的创造性转化而发挥作用。二是增进最低限度共享认同的文化意识。民族国家不应该是多元化的后现代主义的极端拥护者。一些西方民主国家中政治阶层成员与一般民众之间的信任关系愈益减退的重要文化根源即是其文化碎片化,而共享的民族文化的重建可以为这种关系注入新的生命和活力。为了确保社会及其秩序再生产,国家需要保证一种最低限度共享的文化。霍米·巴巴认同抵制被同化到普遍主义框架内的文化差异和不可通约性,认为只要民族国家存在,多元的文化与主导性民族文化将不得不订立新社会契约;威廉斯强调最低限度共享认同的意识对于公共空间里彼此交流的重要性;帕雷克则拥护一种以深嵌在制度中的多元文化实践为基础而非以同化或仅仅是以宽容为基础的公民身份。因而,文化公民身份在一定程度上可以回应民族凝聚力和归属感如何能够被承认为文化上更多元的支撑物,以及较为多元文化主义的符号何以可以被一个国家的民族文化进行适当地表达。尼克·史蒂文森就此认为,为差异的承认与同样关键的共性的承认提供公共空间,可能提升新形

---

① [英]尼克·史蒂文森,《全球化、民族文化与文化公民身份》,参见 Roland Robertson and Kathleen E. White (eds.), *Globalization: Critical Concepts in Sociology*, Vol. Ⅲ, Global Membership and Participation. Routledge, 2003。

式的民族凝聚力。三是以其规范和批判向度促进文化权利和义务意识的生成。一方面，文化权利被一种建立在参与'社会生活的现存模式'的权利基础之上的宽泛界定的公民身份所渗透，对这些权利的普遍接受将承认广泛的文化的重要性，而不是狭隘的经济工具理性；另一方面，义务不仅仅是公共政策律法的事情，还是公民社会的基本组成部分。企图将义务制度化的问题在于，这些义务变得越是抽象和客观，就可能会有更多的人试图抵制它们。文化实践应该着力于使公民社会能够担当多元主义领域的重叠共识，同时也与政治国家保持一定程度的意识形态距离。在此意义上，社群主义者埃奇奥尼的理论缺失在于：尽管为公民社会预设了一种"道义共识"，却把这种"道义共识"理解为是压制和权力的结果而非对差异和开放沟通的承认从而受到鲍曼的批判：社群主义与其说是要更新文化道德资源，不如说是意欲把社群关系转变为一种新式的社会规训。然而，现代性的悖论是：赋予自我个体以义务感的努力却造成了私人化地逃避某种公共关怀或公共性的退隐。就此，同样需要置疑的是，鲍曼在批判埃奇奥尼时却放弃了文化、价值与制度分析形式之间的广阔关联，从而放弃了自我与共同体的关系，事实上，即便是对于现代公民社会而言，民族共同体依然是组织一种义务意识的主要载体和开展活动的中心。（2）要建构文化自信生成的文化场域或共享空间，充分整合文化资源并发挥其隐性育人效应，解决文化价值观内化的相对滞后性问题。显性文化与隐性文化都是"完成信息传输而采用的不同信息组织形式"，却有其不同的信息传输方式，分别属于"世界观、人生观和价值观中可以直接传输和需要间接渲染的不同部分"，"前者如政治要求、价值标尺和行为准则等；后者如情感基础、思维方式和行为模式等"。[1] 一方面，隐性文化资源发挥作用需要在社会、政治和文化的关系结构与共享空间中实现，把握文本历史性意识形态的具体呈现方式和在社会文化中的转化功能。[2] 因而，培育文化自信必须

---

[1] 邓建平：《思想政治教育视阈中的隐性教育生成研究》，《马克思主义研究》2013年第2期。

[2] 王晓路：《西方马克思主义文化批评理论》，北京大学出版社2012年版，第129页。

第五章 中国文化价值形态转型的精神自觉与现代形态建构

研究"社会存在的条件"如何以及在何种程度上"形成、转换从而使得"人们作出相应反应,[①]促进文化要素在"不经意"介入日常生活中将文化与精神转化为统一向上的文化心理和精神信仰。另一方面,适应特定的社会历史条件与社会结构变迁以及利益格局的演化,处理精神文化价值观建构中继承性与发展性的关系,不仅注意到意识形态并非是一个抽象观念体系,从而创新运用意识形态发挥作用的物质性行为、实践和仪式。正如史蒂文森指出的,一切民族国家都试图通过有组织的传统典礼和仪式的转化,并越来越多地通过一种共享的民族遗产的建构来表现自身。(3)培育公共性问题的表达机制和文化批判精神。精神生产与精神文化生活在本质上是反思性、批判性和实践性的。公共性的观念不仅开启了一个批判领域,而且它理应免受"殖民化"(金钱和权力)的压力。在全球文化的范围内,特定民族的公共领域的保持有着加强而非减弱的重要性,民族的向度保持着对于在较宏观和较微观的层级上形成的公共领域的结构性支配,成为能够提供责任和人情的场所,因为商业文化越来越成为无地方性的过眼云烟的文化,它们几乎没有留下反思与争论的时间,从而使实质性的思想和文化交流难以获致。阿多尔诺在论述科学与哲学的区别时强调了哲学的批判性与否定性功能,他认为工具性"科学化"思想的意识形态功能在于"使自身屈从于由社会所需要而灌输的常规。"[②] 缺乏文化反思性与理性批判精神,会使人们对于生活世界缺乏真知灼见,不是采取麻木的态度意识对待所见事实,就是随波逐流,对眼前所发生的一切都当成是理所当然的事实而不加区别地接受。杜威实用主义经验价值理论批评了"在处理历史、政治和经济问题时体制性地、几乎是有意地缺乏批评精神的弱点",强调社会主体应具有"面临任何事情都易于作出明智判断的心性",他对于人性的分析在于帮助人们成为新世界富有挑战性环境中现实价值问题的解决者,而在关于

[①] James H. Kavanagh, "Ideology", in *Critical Terms for Literary Study*, Frank Lentricchia and Thomas McLaughlin, eds. Chicago and London: The University of Chicago Press, 1990, p. 312.

[②] Adorno, *Essays on Music*, California: University of California Press, 2002, p. 43.

自我的社会性分析中，强调在引导个性发展与批判意识中赋予"每个人促进普遍利益的志趣"以及公共服务与责任意识的"公心"，在复杂的社会结构中，基于相互理解与协调而形成共同理想。[①] 另外，文化批判意识不仅在社会结构变迁导致的利益和价值多元的背景中，促进人们处理生活价值与道德价值、政治价值的层级秩序，形成核心价值共识，而且可以发挥大众文化的正向功能，消解资本（物质）逻辑与文化逻辑的价值冲突。当前精神生活领域的悖论在于：一是物质生产一定程度上同化精神生产的内在机制、文化生产对市场机制出现可能的偏离，遮蔽乃至消解大众文化的意识形态功能；二是社会的商业属性或消费社会，资本逻辑通过消费主义发挥文化价值观的引领而发挥作用，从而使得消费文化也具有了意识形态特质，即消费文化把消费说成是人的自然本性，并把物化价值的消费当作是价值实现的基本方式，从而使资本逻辑以及由之形成的资本主义秩序获得合法性。约翰·汤普森指出，"这种商品化的世界不提供一个象征空间来使人们能培养他们的想象力和批判性反思，来发展自己的个性和自主性。"[②] 文化批判可以深入资本逻辑的内在矛盾及其在文化上的表现形态，并"克服市场机制与资本逻辑自发调节给文化生产可能带来的价值偏颇与逻辑扭曲"，从而"保证精神文化生产的正确方向、社会价值与有效发展。"[③] 我们看到，尽管文化自信在文化实践中构成价值观和规范性的基础，然而，价值观和规范反过来也在深层影响文化价值形态的衍化与发展。

再次，发挥传统文化及其现代形态转化与自主性力量在文化自信生成过程中的作用，并在文化心理建构与体制化规范体系之间保持适当的张力。文化自信承担着文化传承和文化创新的文化功能以及复兴民族文化的文化责任担当和文化使命意识，而"一种信仰只有求助于智慧的理

---

① [美]詹姆斯·坎贝尔：《理解杜威：自然和协作的智慧》，北京大学出版社2010年版，第202—204页。
② [英]约翰·B.汤普森：《意识形态与现代文化》，高铦等译，译林出版社2005年版，第111页。
③ 胡潇：《论资本逻辑与文化逻辑的价值冲突》，《江海学刊》2014年第4期。

第五章 中国文化价值形态转型的精神自觉与现代形态建构

解",而且"也只有重视时间和变化,使作为主人的人面对世界、历史和人生,才能继续存在下去"。一是基于历史逻辑与时代特征以及国力现状,把握文化创新发展的时效性和机遇,强化文化建构的目标定位,将文化自信深植于优秀传统文化并进行文化创新,致力于建设健康和理性的精神文化,而不能迎合兴趣仅仅关注现实生活中的不良现象,这当是中华民族在新时代发展的需要,这一目标在当前显得尤为重要。文化创新不是"抽象否定(abstract negation)",而是一种黑格尔意义上的"具体否定(concrete negation)",即不仅包含吸收西方文化中的进步与合力要素、发挥中国文化中"道德主体""和谐意识"等历久弥新的成分,更重要的是培育和发掘中国文化中本有的精神资源作为接引与吸收新文化要素的基础性和自主性根基。二是坚持以"直面文化实情的韧性态度"理性地审视并处理因时代与社会变迁所造成的"文化内部冲突",进而使之协调成为一个整体价值体系。[1] 三是坚持民族文化的自主性根基和核心价值精神的文化生命意识基础上的创新性转化,应对与其他民族文化的"相遇"。不仅"只有忠实于自己的起源,在艺术、文学、哲学和精神性方面有创造性的一种有生命力文化,才能承受与其他文化的相遇,不仅能承受这种相遇,而且也能给予这种相遇一种意义",任何"模糊的和不一致的混合远不能解决我们的问题。"[2] 四是在文化心理的建构与体制化规范体系之间保持适当的张力。根据上文,文化自信的生成及其教化和激励功能的发挥需要体制化的路径。这一路径可以通过意识形态与文化形态的相互渗透获得体现。詹姆逊在批判晚期资本主义将原本自律性的文化引入现实生活中的断裂化与碎片化问题时指出,意识形态已经在不知不觉中内化于文化形态之中而呈现出一种"政治无意识"状态。他所看到并予以批判的不仅是文化实践过程中存在着的意识形态操控性,而且也注意到了各种微观文化力量所具有的强大社会变迁

---

[1] 王南湜、侯振武:《文化自觉、文化自信、文化自强何以可能》,《毛泽东邓小平理论研究》2011年第8期。

[2] [法]保罗·利科:《历史与真理》,姜志辉译,上海人民出版社2004年版,第286—287页。

潜能。基于文化自信生成的这一机制，托尼·贝内特提出了他认为可能会引起论争的观点，即"可以积极地看待文化与权力的某些关系，而不是把文化与权力的任何关系都看成是天然的压制性的。"① 托尼·本尼特也指出，把握文化在个体社会化过程中与权力的关系，不应简单地"认为文化是一个由政府的对立面运用来进行抵制的场所"，而应该主张"在作用于社会的特殊的制度体制背景下，行为者在特定知识框架中行动，他们如何组织和使用文化资源的方式在一定程度上建构了人们的生活方式，在这个意义上，文化应该被看作既是政府统治的工具又是统治的对象，文化和政府在同样程度上既在同一方又是对立面。"② 由此也可以看到，一方面，这一过程在很大程度上打破了自由主义政治文化或伦理体系对公域与私域的区分，揭示了体制化的文化实践过程中公共领域对私人领域的渗透作用或主流文化价值、公共法则对私人领域的控制，驳斥了文化价值主观主义与纯粹的人性自由论；另一方面，需要避免对文化领域的过分干预。哈贝马斯在论合法化危机过程中，认为合法化危机与国家行为的膨胀可能造成对合法性需求的超比例增长直接相关，其可能性"不仅在于行政事务的膨胀使得国家行为的新功能需要得到大众的支持，而且还在于这种膨胀导致政治系统与文化系统之间界限发生了变化"。这样，原本作为政治系统限定条件而存在的文化事务便落入行政计划领域。魏格豪斯指出，"文化传统一旦被策略性地运用"将会失去自身的力量，这种力量只能通过对"传统的批判性吸收才能得以保存"，而"社会文化领域内日益增多的国家干预"所导致的"破坏文化传统和使意义逐渐丧失的后果"，"不可能由社会补偿和消耗性价值的补给来抵销"。③ 正是在这个基础上，哈贝马斯对技术工具和文化实践予以

---

① ［英］吉姆·麦奎根编：《文化研究方法论》，李朝阳译，北京大学出版社 2011 年版，第 47 页。
② ［英］托尼·本尼特：《文化、治理与社会》，王杰等译，东方出版中心 2016 年版，第 18 页。
③ ［德］罗尔夫·魏格豪斯：《法兰克福学派：历史、理论及政治影响》，孟登迎等译，上海人民出版社 2010 年版，第 842—843 页。

第五章　中国文化价值形态转型的精神自觉与现代形态建构

区分，并发展出对于体制和生活世界的区别。

最后，强化文化存在的制度属性以及制度价值实现的历史性意识，建立文化的价值承诺与文化价值的理性认同、文化价值目标内化与制度化手段之间的相互转化与历史性统一。一是将先进的或主流文化价值适时地予以制度化。"一个社会关于具备正向价值的东西的观念，关于以合乎道德的行动观念、行动意向、行动条件或行动模式出现的规范范畴的观念，熔铸到制度中之中，必须牢固地整合为个体想当然接受的行动取向……只有建立这样的关联，才能从动机到行动都维系着承担"，并由价值模式"在其中得以制度化的那个社会系统中所有单元共享的"，这些制度化的价值模式是通过"人格系统"得以贯彻。[①] 二是坚持制度对于文化结构的保护和促进有意义的文化价值选择。金里卡对"社会论题"的探讨引出的第一个问题：文化对于社会生活进行意义价值选择的根源性意义，同时批评了自由主义的"中立原则"。金里卡则指出，自由主义的中立不能维系一种能够提供有意义选择的"丰富多样的文化"，若让文化市场自由发展，最终将"瓦解支持多元主义的文化结构"。因而，他支持拉兹所说的自由主义中立的自我驳斥，即"支持有价值的生活方式不是个人的事情而是社会的事情……完善论的理想要求用公共行动来使之可行。反完善论的实践不仅会使政治与有价值的善观念发生分离，它还会瓦解我们文化中许多值得珍视的内容的生存机会"，进而表达了他对罗尔斯的自由正义原则使人们"能够认识到优良生活方式的价值"论点有保留的质疑：即便人们在当前"可以依赖文化市场去辨析有价值的生活方式，却不可能依赖文化市场去确保未来的人们也享有一系列有价值的选择方案"。但正如德沃金所说，对于这些选择方案进行价值评价却并非属于国家的事情而是属于公民社会自己的事情；金里卡最后得出结论说，"保护文化结构的义务并不冲突于国家中立，并指出自由主义对于文化市场而不是国家当作评价生

[①] 转引自［德］乌塔·格哈特《帕森斯学术思想评传》，李康译，北京大学出版社2009年版，第259—261页。

活方式适当场所的根源在于其固守的原子主义信念,"[①] 并把社会与国家的关系问题凸现出来;"社会论题"引出的另一个问题是:文化价值选择对于安定的文化环境的诉求以及这一诉求对于政治环境与公共制度的合法性要求。只有当公共制度具有稳定性进而获得公民的合法性评价与认同,国家实现其保护文化市场的功能才是可能的。泰勒指出,中立国家原则因其瓦解了对于共同利益的价值共识而使政治制度不能维持合法性,因此也不能够维系自我决定所要求的社会背景,然而,这种共识对于公民接受福利国家所要求的牺牲必不可少。[②] 尽管对这一社会论题的社群主义探讨不足以解决自由主义的所有问题,我仍然认同这样的论点:公民认同国家及其要求的合法性的条件是存在着一种"共同的生活形式"并被认为是至关重要的利益本身,"而不在于能够工具般地促进不同个体的利益或作为不同个体利益的总和"。[③] 三是文化公民身份与文化承认的制度化建构。共同的生活形式内在地涉及文化公民身份与文化承认,这是文化自信生成的重要构件。在当前市场化过程中,社会的经济机制和文化价值模式存在某种程度的分离,这表现在两个层面:一是市场独立于文化模式而遵循自身的逻辑,经济发展失去了文化因素的制约;二是基于对经济分配不公正现象而忽视文化身份与文化承认问题,或是以文化不正义而来的对身份政治的强调替代经济正义的问题。而无论是哪一种,都不恰当地颠倒了马克思主义文化理论对于基础/上层建筑的关系理解,这种"身份政治的文化主义支持者简单地颠倒了马克思主义早期的一般经济决定论",而"实际上,一般的文化主义比一般的经

---

① [加]威尔·金里卡:《当代政治哲学》,刘莘译,上海译文出版社2015年版,第318—321页。

② 同上书,第325—326页。

③ 在社群主义者泰勒看来,国家中立的政治文化破坏了对共同利益的共识,人们可以独立于"共同的生活形式"而选择自己的价值目标而对共同利益的追求置之不理。在当前,强调这一点显得极其必要,因为随着权利意识的自觉,相当一部分人对于自身利益的诉求走向另一个倾向:在某种意义上"工具化了国家"并真实地祛魅了国家的价值共同体的文化价值和精神性意义,不仅涉及边缘群体在这种共同的生活形式中如何确证自己的文化身份与族群身份而避免被排斥在共同利益之外的政治文化意识形态,而且一些所谓的优势利益群体也失去了对主流价值的精神信念。

第五章　中国文化价值形态转型的精神自觉与现代形态建构

济决定论更不适合理解当代社会。"① 弗蕾泽对此进行了调和：文化伤害并非仅仅是经济伤害在上层建筑中的反映，在某种意义上，两者都是根本性的因而不可相互还原；制度化的一切都是权利和人格的文化构建；我们需要被承认为一个具体的文化共同体中的成员而非个体。在当前，文化问题应该成为政治所关注的目标，因为某些制度化的文化模式已经在一定程度上剥夺了一些社会参与者平等参与社会生活的机会。而政治对于文化的关注应该着力于那种维持文化身份的经济资源或能够提出经济诉求的文化资源的合理配置。② 四是凸显制度体系及其相关政策的文化属性。任何关于社会发展的政策，都不可避免地深深植根于文化之中并受到文化因素的驱动。文化不应仅被看作是保持社会整合的力量，更应该把文化因素变成发展的动力，而当前我们缺少的是把这一理念付诸实践；同样，文化领域产生的经济效益，可以有助于维持政府对文化发展的预算水平，但是，若过分夸大文化在经济方面的重要性，文化自身的目标就有被商业利益掩盖的危险，"文化的商业化破坏了文化的真实含义，这将会损害文化的精神属性和历史价值，文化的精神价值正是某些弱势群体保持独特文化传统的核心所在。"当前，与商业化相伴随的低俗化的大众文化的生产、消费和娱乐已经成为一种特殊力量，结果把文化引入歧途，损害了个人和国家的自主权。在某种意义上，这是一种僵化的政治和无意识的后果，因而，文化政策不能屈从于经济工具理性而弃置批评和意义的观念。在此意义上，托尼·本尼特把文化理解为一系列通过历史特定的制度而形成的治理关系，从而将文化政策改革和原

---

① ［美］凯文·奥尔森编：《伤害＋侮辱：争论中的再分配、承认和代表权》，高静宇译，上海人民出版社2009年版，第133页。

② 这里似乎涉及一个悖论式的问题，即这一建构文化自信的文化实践逻辑要求"通过改变根本的文化评价结构而矫正蔑视"，挑战"固有的文化身份概念，质疑我们从属于当前利益和身份的文化结构"；值得注意的是：在这个物质不平等的背景领域中，应避免忽略为文化承认概念赋予真正的重要性，同时警惕在强调文化承认问题时，使经济差异作为一种重要的差异形式受到压制乃至替代。安妮·菲利普斯这样表达对弗蕾泽方案的忧虑，"只有当身份斗争的确与围绕经济条件的'真正'斗争相协调一致时，才接纳身份斗争，而且在此过程中，身份斗争削弱了她自己对承认政治的正式支持"（［美］凯文·奥尔森编：《伤害＋侮辱：争论中的再分配、承认和代表权》，高静宇译，上海人民出版社2009年版，第123页）。

则规划转换为一种文化自我管理的技术,尽管托尼·本尼特的论述被认为可能潜藏着这样一种倾向:把对意义的关切转化为对目标的强调从而凸显对特定文化问题的技术性解决,最终可能导致虚无主义和无意义性。① 这种技术规划与意义丧失的关联性,正是哈贝马斯的生活世界与交往实践理论对于变革工具主义的关切与更多沟通的关切之间关系的探索过程中所要表达的合理见解,而文化形态、文化政策与意义的密切相关预示了那种透过与自然、历史以及他人视角的和解而得以形成的更为规范的文化公民身份和广泛参与式民主文化生活的前景。

---

① [英]尼克·史蒂文森:《全球化、民族文化与文化公民身份》,参见:Roland Robertson and Kathleen E. White (eds.), *Globalization: Critical Concepts in Sociology*, Vol. Ⅲ, Global Membership and Participation. Routledge, 2003。

参考文献

马克思：《1844年经济学哲学手稿》，人民出版社2000年版。
《马克思恩格斯全集》第13卷，人民出版社1998年版。
《马克思恩格斯全集》第19卷，人民出版社1963年版。
《马克思恩格斯全集》第1卷，人民出版社1965年版。
《马克思恩格斯全集》第23卷，人民出版社1972年版。
《马克思恩格斯全集》第26卷，人民出版社1972年版。
《马克思恩格斯全集》第32卷，人民出版社1974年版。
《马克思恩格斯全集》第33卷，人民出版社2004年版。
《马克思恩格斯全集》第3卷，人民出版社1979年版。
《马克思恩格斯全集》第40卷，人民出版社1982年版。
《马克思恩格斯全集》第42卷，人民出版社1979年版。
《马克思恩格斯全集》第47卷，人民出版社1979年版。
《马克思恩格斯文集》第10卷，人民出版社2009年版。
《马克思恩格斯文集》第1卷，人民出版社2009年版。
《马克思恩格斯文集》第8卷，人民出版社2009年版。
《马克思恩格斯选集》第1—4卷，人民出版社1995年版。
《列宁全集》第43卷，人民出版社1987年版。
《列宁选集》第4卷，人民出版社1995年版。
毛泽东：《毛泽东选集》第2卷，人民出版社1991年版。
邓小平：《邓小平文选》第1—3卷，人民出版社1995年版。

习近平：《决胜全面建成小康社会　夺取新时代中国特色社会主义伟大胜利——在中国共产党第十九次全国代表大会上的报告》，人民出版社2017年版。

习近平：《在庆祝中国共产党成立95周年大会上的讲话》，人民出版社2016年版。

《习近平谈治国理政》，外文出版社2014年版。

艾思奇：《艾思奇文集》第1卷，人民出版社1981年版。

安启念：《马克思恩格斯伦理思想研究》，武汉大学出版社2010年版。

陈红太：《中国政治精神之演进：从孔夫子到孙中山》，人民出版社2013年版。

陈来：《传统与现代：人文主义的视界》，北京大学出版社2006年版。

陈来：《孔夫子与现代世界》，北京大学出版社2011年版。

陈曙光：《直面生活本身：马克思人学存在论革命》，北京师范大学出版社2012年版。

陈学明：《西方马克思主义论》，辽宁教育出版社1991年版。

陈宴清等：《马克思主义高级教程》，南开大学出版社2001年版。

程光泉主编：《全球化理论谱系》，湖南人民出版社2002年版。

邓晓芒：《儒学伦理新批判》，重庆大学出版社2010年版。

杜维明：《儒家传统的现代转化》，中国广播电视出版社1993年版。

费孝通：《乡土中国——生育制度》，北京大学出版社1998年版。

冯达文：《宋明新儒学略论》，广东人民出版社1997年版。

冯平主编：《现代西方价值哲学经典：经验主义路向》（下册），北京师范大学出版社2009年版。

干春松编：《儒家、儒教与中国制度资源》，江西人民出版社2007年版。

高建为、钱翰等：《20世纪法国马克思主义文艺理论研究》，北京大学出版社2012年版。

高清海：《找回失去的"哲学自我"：哲学创新的生命本性》，北京师范大学出版社2013年版。

参考文献

高宣扬：《当代社会理论》（下），中国人民大学出版社 2005 年版。

高兆明：《伦理学理论与方法》，人民出版社 2005 年版。

龚鹏程：《儒学新思》，北京大学出版社 2009 年版。

郭沂主编：《开新：当代儒学理论创构》，北京大学出版社 2013 年版。

韩水法、黄燎宇主编：《从市民社会到公民社会：理解"市民—公民"概念的维度》，北京大学出版社 2011 年版。

何萍、李维武：《马克思主义哲学的中国化探论》，人民出版社 2000 年版。

贺麟：《文化与人生》，商务印书馆 1988 年版。

姜义华：《理性缺位的启蒙》，生活·读书·新知三联书店 2000 年版。

景海峰：《熊十力哲学研究》，北京大学出版社 2010 年版。

李德顺：《新价值论》，云南人民出版社 2004 年版。

李惠斌、薛晓源主编：《西方马克思主义研究前沿报告》，华东师范大学出版社 2007 年版。

李惠斌、叶汝贤：《马克思主义研究的基本问题》，社会科学文献出版社 2006 年版。

李庆霞：《社会转型中的文化冲突》，黑龙江人民出版社 2004 年版。

李泽厚：《中国古代思想史论》，人民出版社 1985 年版。

李泽厚：《中国古代思想史论》，生活·读书·新知三联书店 2008 年版。

刘建军：《马克思主义信仰论》，中国人民大学出版社 1998 年版。

刘述先：《论儒家哲学的三个大时代》，贵州人民出版社 2009 年版。

刘述先：《全球伦理与宗教对话》，台北立绪文化公司 2001 年版。

刘述先：《儒家思想与现代化》，中国广播电视出版社 1992 年版。

牟宗三：《道德的理想主义》，台湾学生书局 1985 年版。

彭国翔：《重建斯文：儒学与当今世界》，北京大学出版社 2013 年版。

皮家胜：《马克思主义哲学中国化的解释学之维》，人民出版社 2014 年版。

渠敬东：《现代社会中的人性及教育：以涂尔干社会理论为视角》，上海三联书店 2006 年版。

石元康：《从中国文化到现代性：典范转移?》，生活·读书·新知三联书店 2000 年版。

宋希仁：《西方伦理思想史》，中国人民大学出版社 2010 年版。

孙承叔等：《重建历史唯物主义：西方马克思主义基本理论研究》，复旦大学出版社 2015 年版。

孙利天：《让马克思主义哲学说中国话》，武汉大学出版社 2010 年版。

唐文明：《近忧：文化政治与中国的未来》，华东师范大学出版社 2010 年版。

王国维：《观堂集林》，河北教育出版社 2003 年版。

王晓路：《西方马克思主义文化批评理论》，北京大学出版社 2012 年版。

韦定广：《后革命时代的文化主题：列宁文化思想研究》，人民出版社 2011 年版。

吴晓明：《形而上学的没落：马克思与费尔巴哈关系的当代解读》，人民出版社 2006 年版。

吴晓明主编：《当代学者视野中的马克思主义哲学——西方学者卷》，北京师范大学出版社 2008 年版。

郗戈：《从哲学革命到资本批判：马克思历史唯物主义基本范畴的当代阐释》，世界图书出版公司 2012 年版。

夏征农、陈至立主编：《辞海：第六版彩图本》，上海辞书出版社 2009 年版。

谢立中主编：《日常生活的现象学社会学分析》，社会科学文献出版社 2010 年版。

熊十力：《熊十力全集》第 7 卷，湖北教育出版社 2001 年版。

杨明、张伟主编：《唐君毅新儒学论集》，南京大学出版社 2008 年版。

叶启绩：《当代中国社会主义意识形态与文化和谐发展研究》，人民出版社 2010 年版。

衣俊卿：《回归生活世界的文化哲学》，黑龙江人民出版社 2000 年版。

衣俊卿：《现代性的维度》，黑龙江大学出版社 2011 年版。

衣俊卿、胡长栓：《马克思主义文化理论研究》，北京师范大学出版社2012年版。

余英时：《文史传统与文化重建》，生活·读书·新知三联书店2004年版。

余英时：《现代新儒学》，上海人民出版社1998年版。

俞吾金：《重新理解马克思：对马克思哲学的基础理论和当代意义的反思》，北京师范大学出版社2013年版。

袁贵仁、杨耕主编：《当代学者视野中的马克思主义哲学：东欧和苏联学者卷》（下），北京师范大学出版社2008年版。

袁贵仁、杨耕主编：《当代学者视野中的马克思主义哲学：俄罗斯学者卷》，北京师范大学出版社2008年版。

曾亦、郭晓东：《宋明理学》，南京大学出版社2009年版。

张岱年：《张岱年全集》第6卷，河北人民出版社1996年版。

张岱年：《张岱年全集》第7卷，河北人民出版社1996年版。

张岱年、程宜山：《中国文化论争》，中国人民大学出版社2006年版。

张灏：《新儒家与当代中国的思想危机》，生活·读书·新知三联书店1989年版。

张建新：《儒学与马克思主义》，陕西人民出版社2003年版。

张雷声：《资本主义的社会矛盾及其历史走向》，安徽人民出版社2000年版。

张曙光：《现代性论域及其中国话语》，武汉大学出版社2010年版。

张中云：《国际共产主义运动史》，中共中央党校出版社1999年版。

赵林主编：《中西文化的精神差异与现代转型》，华东师范大学出版社2015年版。

郑杭生：《当代中国社会结构和社会关系研究》，首都师范大学出版社1997年版。

中国人民大学科学社会主义系国际共产主义运动史教研室编：《国际共产主义运动史——从十月社会主义革命胜利到社会主义阵营形成》，中国人民大学出版社 1983 年版。

周宪:《文化表征与文化研究》,上海人民出版社 2015 年版。

朱士群、李远行等:《阶级意识、交往行动与社会合理性:西方马克思主义社会政治理论的现代性话语》,中国科学技术大学出版社 2005 年版。

[澳] 安德鲁·文森特:《现代政治意识形态》,袁久红等译,江苏人民出版社 2005 年版。

[德] 阿尔弗雷德·许茨:《社会实在问题》,霍桂桓、索昕译,华夏出版社 2001 年版。

[德] 奥斯瓦尔德·斯宾格勒:《西方的没落》(上卷),张兰平译,商务印书馆 1963 年版。

[德] 奥特弗利德·赫费:《经济公民、国家公民和世界公民:全球化时代中的政治伦理学》,沈国琴等译,上海译文出版社 2010 年版。

[德] 恩斯特·卡西尔:《人论》,甘阳译,上海译文出版社 2013 年版。

[德] 费彻尔:《马克思与马克思主义:从经济学批判到世界观》,赵玉兰译,北京师范大学出版社 2009 年版。

[德] 伽达默尔:《真理与方法》(上卷),洪汉鼎译,上海译文出版社 2004 年版。

[德] 海德格尔:《海德格尔选集》(上下),孙周兴译,生活·读书·新知三联书店 1996 年版。

[德] 亨利希·库诺:《马克思的历史、社会和国家学说》,袁志英译,上海译文出版社 2006 年版。

[德] 胡塞尔、黑尔德:《生活世界现象学》,倪梁康、张廷国译,上海译文出版社 2002 年版。

[德] 霍克海默、阿多诺:《启蒙辩证法》,曹卫东译,上海人民出版社 2006 年版。

[德] 卡尔·雅斯贝尔斯:《历史的起源和目标》,魏楚雄、俞新天译,华夏出版社 1989 年版。

参考文献

[德] 卡尔·曼海姆：《重建时代的人与社会：现代社会结构的研究》，张旅平译，生活·读书·新知三联书店2002年版。

[德] 康德：《历史理性批判文集》，何兆武译，商务印书馆1990年版。

[德] 蓝德曼：《哲学人类学》，彭富春译，工人出版社1988年版。

[德] 鲁道夫·巴罗：《抉择——对现实存在的社会主义的批判》，严涛译，人民出版社1983年版。

[德] 罗尔夫·魏格豪斯：《法兰克福学派：历史、理论及政治影响》，孟登迎等译，上海人民出版社2010年版。

[德] 马克斯·舍勒：《人在宇宙中的地位》，李伯杰译，贵州人民出版社1989年版。

[德] 马克斯·舍勒：《舍勒选集》（下卷），刘小枫等译，生活·读书·新知三联书店1999年版。

[德] 马克斯·韦伯：《儒教与道教》，王容芬译，商务印书馆1995年版。

[德] 莫泽斯·赫斯：《赫斯精粹》，邓习仪编译，南京大学出版社2010年版。

[德] 施密特：《马克思的自然概念》，吴仲昉译，商务印书馆1988年版。

[德] 乌塔·格哈特：《帕森斯学术思想评传》，李康译，北京大学出版社2009年版。

[法] 保罗·利科：《历史与真理》，姜志辉译，上海译文出版社2004年版。

[法] 保罗·利科：《哲学主要趋向》，李幼蒸、徐奕春译，商务印书馆2004年版。

[加] 菲利普·汉森：《历史、政治与公民权》，刘佳林译，江苏人民出版社2004年版。

[加] 琳达·哈琴：《后现代主义诗学：历史·理论·小说》，李杨、李锋译，南京大学出版社2009年版。

[加] 威尔·金里卡：《当代政治哲学》，刘莘译，上海译文出版社2015

年版。

［美］C. 恩伯、M. 恩伯：《文化的变异》，杜杉杉译，辽宁人民出版社1988年版。

［美］E. 拉兹洛：《系统哲学讲演集》，闵家胤等译，中国社会科学出版社1991年版。

［美］爱德华·希尔斯：《论传统》，傅铿、吕乐译，上海人民出版社1991年版。

［美］丹尼尔·贝尔：《资本主义文化矛盾》，严蓓雯译，江苏人民出版社2007年版。

［美］丹尼斯·德沃金：《文化马克思主义在战后英国：历史学、新左派和文化研究的起源》，李丹凤译，人民出版社2008年版。

［美］菲利普·巴格比：《文化：历史的投影》，夏克等译，上海人民出版社1987年版。

［美］弗雷德里克·沃特金斯：《西方政治传统：近代自由主义之发展》，李丰斌译，新星出版社2006年版。

［美］古尔德：《马克思的社会本体论：马克思社会实在理论中的个性和共同体》，王虎学译，北京师范大学出版社2009年版。

［美］汉娜·阿伦特：《马克思与西方政治思想传统》，孙传钊译，江苏人民出版社2007年版。

［美］加布里埃尔·A. 阿尔蒙德、西德尼·维巴：《公民文化：五个国家的政治态度和民主制度》，张明澍译，商务印书馆2014年版。

［美］凯文·奥尔森编：《伤害+侮辱：争论中的再分配、承认和代表权》，高静宇译，上海人民出版社2009年版。

［美］克利福德·格尔茨：《文化的冲突》，韩莉译，译林出版社1999年版。

［美］拉里·希克曼：《阅读杜威：为后现代做的阐释》，徐陶等译，北京大学出版社2010年版。

［美］刘康：《马克思主义与美学：中国马克思主义美学家和他们的西方

同行》，李辉、杨建刚译，北京大学出版社2012年版。

［美］托德·莱肯：《造就道德：伦理学理论的实用主义重构》，陶秀璈等译，北京大学出版社2010年版。

［美］约瑟夫·列文森：《儒教中国及其现代命运》，郑大华、任菁译，广西师范大学出版社2009年版。

［美］詹明信：《后现代主义和文化理论》，北京大学出版社1999年版。

［美］詹姆斯·坎贝尔：《理解杜威：自然与协作的智慧》，杨柳新译，北京大学出版社2010年版。

［南］米哈依洛·马尔科维奇：《当代的马克思：论人道主义共产主义》，曲跃厚译，黑龙江大学出版社2011年版。

［日］望月清司：《马克思历史理论研究》，韩立新译，北京师范大学出版社2009年版。

［斯洛文尼亚］斯拉沃热·齐泽克：《意识形态的崇高客体》，季广茂译，中央编译出版社2002年版。

［新加坡］陈素芬：《儒家民主：杜威式重建》，吴万伟译，中国人民大学出版社2014年版。

［匈］阿格妮丝·赫勒：《日常生活》，衣俊卿译，重庆出版社1990年版。

［匈］卢卡奇：《历史与阶级意识》，杜章智等译，商务印书馆1995年版。

［意］贝奈戴托·克罗齐：《历史学的理论和实际》，傅任敢译，商务印书馆1986年版。

［英］S. H. 里格比：《马克思主义与历史学：一种批判性的研究》，吴英译，译林出版社2012年版。

［英］艾伦·斯温伍德：《现代性与文化》，中国人民大学出版社2006年版。

［英］基思·特斯特（Keith Tester）：《后现代性下的生命与多重时间》，李康译，北京大学出版社2010年版。

［英］基思·特斯特：《后现代性下的生命与多重时间》，李康译，北京

大学出版社 2010 年版。

［英］吉姆·麦奎根编：《文化研究方法论》，李朝阳译，北京大学出版社 2011 年版。

［英］卡尔·波普尔：《开放社会及其敌人》，张文瑞、李英明译，桂冠图书公司 1986 年版。

［英］迈克尔莱斯诺夫：《社会契约论》，刘训练等译，江苏人民出版社 2006 年版。

［英］佩里·安德森：《西方马克思主义探讨》，高铦等译，人民出版社 1981 年版。

［英］齐格蒙特·鲍曼：《作为实践的文化》，郑莉译，北京大学出版社 2009 年版。

［英］乔治·拉雷恩：《马克思主义与意识形态：马克思主义意识形态论研究》，张秀琴译，北京师范大学出版社 2013 年版。

［英］汤因比：《历史研究》（上卷），曹未风等译，上海人民出版社 1997 年版。

［英］汤因比：《历史研究》（下卷），郭小凌等译，上海人民出版社 1997 年版。

［英］特里·伊格尔顿：《理论之后》，商正译，商务印书馆 2009 年版。

［英］特里·伊格尔顿：《马克思为什么是对的》，李杨等译，新星出版社 2011 年版。

［英］特里·伊格尔顿：《文化的观念》，方杰译，南京大学出版社 2006 年版。

［英］托尼·本尼特：《文化、治理与社会》，王杰等译，东方出版中心 2016 年版。

［英］约翰·B. 汤普森：《意识形态与现代文化》，高铦等译，译林出版社 2005 年版。

［英］约翰·密尔：《论自由》，程崇华译，商务印书馆 1982 年版。

曹明：《公共性供给与传统伦理的现代形态：马克思主义的公共性论域

对现代伦理秩序的文化奠基》,《学术论坛》2015年第1期。

曹明、张廷干:《文化实践与核心价值观建构:马克思主义和传统文化融合的话语逻辑与精神形态》,《学术论坛》2013年第10期。

曹天航、黄明理:《意识形态及其文化转向与马克思主义话语权的文化审视》,《学海》2014年第3期。

陈红太:《中国特色社会主义新文化建设任重而道远——防止马克思主义工具化》,《中国特色社会主义研究》2011年第6期。

陈来:《二十世纪中国文化中的儒学困境》,《浙江社会科学》1998年第3期。

陈奇佳:《市场经济条件下的文化生产问题——以马克思的精神生产学说为批判视角》,《江海学刊》2010年第4期。

陈世联:《文化认同、文化和谐与社会和谐》,《西南民族大学学报》(人文社科版)2006年第3期。

陈先达:《论核心价值的社会制度本质》,《中国特色社会主义研究》2012年第5期。

陈先达:《马克思主义和中国传统文化》,《光明日报》2015年7月3日,01版。

成长春、张廷干、汤荣光:《意识形态自觉与价值理性认同》,《中国社会科学》2018年第1期。

邓建平:《思想政治教育视阈中的隐性教育生成研究》,《马克思主义研究》2013年第2期。

丁祥艳:《论社会思潮的多样化是社会转型的必然》,《求实》2012年第8期。

段海超:《文化自觉和文化自信的培育与思想政治教育发展向度》,《国家教育行政学院学报》2015年第1期。

樊浩:《〈论语〉伦理道德思想的精神哲学诠释》,《中国社会科学》2013年第3期。

方珏:《论西方文化理论的困境及出路》,《哲学研究》2011年第3期。

干春松：《"国学"：国家认同与学科反思》，《中国社会科学》2009 年第 3 期。

郭齐勇、陈乔见：《孔孟儒家的公私观与公共事务伦理》，《中国社会科学》2009 年第 1 期。

韩秋红、史巍：《西方马克思主义研究的方法论价值与局限》，《马克思主义研究》2014 年第 8 期。

韩震：《必须区分核心价值观与道德生活价值观：如何凝练社会主义核心价值观之管见》，《中国特色社会主义研究》2012 年第 3 期。

郝立新：《当代中国马克思主义与文化发展的关联》，《北京大学学报》（哲学社会科学版）2010 年第 4 期。

郝立新、路向峰：《文化实践初探》，《哲学研究》2012 年第 6 期。

何萍：《阿多尔诺与马克思的批判的历史哲学传统》，《哲学研究》2015 年第 5 期。

何清涟：《中国社会结构演变的总体性分析》，《书屋》2000 年第 3 期。

贺来：《价值个体主义与道德合理性基础的重构》，《吉林大学社会科学学报》2005 年第 2 期。

贺来：《中国哲学、西方哲学、马克思主义哲学：价值信念层面的对话》，《中国社会科学》2008 年第 5 期。

侯才：《"哲学形态学"视域中的马克思主义哲学发展史》，《哲学研究》2014 年第 3 期。

侯才：《马克思的"个体"和"共同体"概念》，《哲学研究》2012 年第 1 期。

侯惠勤：《试论马克思主义哲学的共产主义内核》，《中国高校社会科学》2013 年第 4 期。

侯惠勤：《我国意识形态建设的第二次战略飞跃》，《马克思主义研究》2008 年第 7 期。

侯惠勤：《意识形态的历史转型及其当代挑战》，《马克思主义研究》2013 年第 12 期。

胡大平：《马克思主义能否通过文化理论走向日常生活？——试析20世纪70年代之后国外马克思主义的"文化转向"》，《南京大学学报》2006年第5期。

胡大平：《象征之镜的生产和生产之镜的象征，或马克思和鲍德里亚》，《现代哲学》2007年第2期。

胡大平：《在商品生产之外寻找革命的落脚点——20世纪西方马克思主义之社会批判的逻辑转向和意义》，《马克思主义与现实》2009年第5期。

胡潇：《论资本逻辑与文化逻辑的价值冲突》，《江海学刊》2014年第4期。

胡潇：《马克思视野中的文化逻辑与资本逻辑》，《教学与研究》2015年第9期。

黄力之：《马克思精神生产理论中的文化价值问题》，《上海师范大学学报》（哲学社会科学版）2009年第3期。

黄力之：《资本主义文化矛盾理论与马克思的文化思想及其延伸》，《中国社会科学》2012年第4期。

黄明理、谈育明：《马克思主义哲学批判性的当代反思》，《南京大学学报》2010年第4期。

李德顺、孙美堂：《马克思主义价值论发展探析》，《中国特色社会主义研究》2013年第6期。

李佃来：《"柯尔斯问题"的政治哲学求解》，《马克思主义与现实》2012年第6期。

李芳云、李安增：《马克思主义的当代解释力》，《当代世界与社会主义》2013年第1期。

李茹娴：《试析西方马克思主义与马克思主义的关系》，《山西师范大学学报》（社会科学版）2015年第5期。

李喜所：《古今中西：近代中国文化的两大轴心》，《社会科学研究》2011年第4期。

联合国教科文组织、世界文化与发展委员会：《文化多样性与人类全面发展：世界文化与发展委员会报告》2006年。

刘长城：《道德教育的超越性思考》，《山东教育科研》2001年第5期。

刘放桐：《当代哲学走向：马克思主义与现代西方哲学的比较研究》，《天津社会科学》1999年第6期。

刘海静：《论马尔科维奇的"人的本质"概念：在科学与意识形态之间》，《马克思主义与现实》2012年第5期。

刘同舫：《马克思人类解放理论的叙事结构及实现方式》，《中国社会科学》2012年第8期。

刘维兰、吴远：《马克思主义大众化之"生活化"问题思考》，《甘肃社会科学》2011年第3期。

刘文旋：《作为哲学的西方马克思主义》，《哲学研究》2015年第7期。

马云志、张江波：《当代儒学复兴何以可能——儒学复兴之困境分析》，《甘肃社会科学》2016年第2期。

梅景辉：《意识形态向生活世界的回归——马克思主义理论发展的现代性之维》，《北方论丛》2012年第1期。

孟鑫：《当前国际共产主义运动发展状况和趋势分析》，《当代世界与社会主义》2010年第6期。

欧阳潇：《文化的辩证法——关于"文化主义的马克思主义"的几点思考》，《马克思主义与现实》2008年第4期。

欧阳谦：《"文化唯物主义"辨析》，《哲学研究》2012年第1期。

欧阳谦：《开掘历史唯物主义的文化维度》，《求是学刊》2010年第1期。

钱疏影：《马克思与斯宾诺莎的综合：奈格里的主体思想探析》，《马克思主义与现实》2014年第2期。

秦宣：《对马克思主义几种诘难的回应》，《江西师范大学学报》（哲学社会科学版）2010年第5期。

邱海平、吴俊：《资本主义多样性：马克思主义的解释》，《当代经济研

参考文献

究》2014 年第 6 期。

任剑涛:《公共与公共性:一个概念辨析》,《马克思主义与现实》2011 年第 6 期。

邵从清:《思想政治教育的文化机理及其实现路径》,《江苏高教》2016 年第 3 期。

沈江平:《关注马克思主义研究中的四个疏离》,《马克思主义研究》2014 年第 10 期。

史小宁:《文化场域中的意识形态:对西方意识形态理论的重新审视》,《内蒙古大学学报》(哲学社会科学版)2012 年第 6 期。

孙正聿:《"现实的历史":〈资本论〉的存在论》,《中国社会科学》2010 年第 2 期。

谭培文:《"四个全面"是唯物辩证法在当代中国实践的具体化》,《当代广西》2015 年第 10 期。

汤荣光:《马克思精神生产理论导源》,《毛泽东邓小平理论研究》2013 年第 5 期。

唐代兴:《孔子哲学的精神历史学和知识形态学构成》,《河北学刊》2009 年第 11 期。

唐正东:《历史唯物主义的方法论视角及学术意义:从对西方学界的几种社会批判理论的批判入手》,《中国社会科学》2013 年第 5 期。

汪行福:《意识形态辩证法的后阿尔都塞重构》,《哲学研究》2015 年第 5 期。

王南湜、侯振武:《文化自觉、文化自信、文化自强何以可能》,《毛泽东邓小平理论研究》2011 年第 8 期。

王仕国:《五大发展理念与马克思主义发展观的新发展》,《求实》2016 年第 11 期。

吴晓明:《当代中国的精神建设及其思想资源》,《中国社会科学》2012 年第 5 期。

吴晓明:《作为历史科学方法论的历史唯物主义》,《中国社会科学》2008

年第 1 期。

项久雨、吴海燕:《培育文化自信与价值观自信:当前大学生思想政治教育的着力点》,《思想理论教育》2016 年第 10 期。

肖群忠:《"礼义之邦"的礼义精神重建》,《江海学刊》2014 年第 1 期。

肖群忠:《儒家传统伦理与现代公共伦理的殊异与融合》,《中国人民大学学报》2013 年第 1 期。

徐奉臻:《生活的生产:〈德意志意识形态〉中被遮蔽的现代性维度》,《马克思主义研究》2011 年第 1 期。

许全兴:《"儒学复兴"之管见》,《社会科学》2010 年第 4 期。

杨国荣:《天人之辨:庄子哲学再诠释》,《学术月刊》2005 年第 11 期。

仰海峰:《从主体、结构到资本逻辑的结构化》,《哲学研究》2011 年第 10 期。

叶克林:《社会结构的基本特征——马克思主义社会结构理论再探》,《学海》1992 年第 2 期。

衣俊卿:《历史唯物主义与当代社会历史现实》,《中国社会科学》2011 年第 3 期。

衣俊卿:《论中国现代化的文化阻滞力》,《学术月刊》2006 年第 1 期。

郁建兴:《马克思主义文化理论与现时代》,《中国社会科学》2001 年第 6 期。

袁银传、杨乐强:《西方马克思主义的批判路径及其启示》,《中国社会科学》2012 年第 5 期。

张盾:《"道德政治"谱系中的卢梭、康德、马克思》,《中国社会科学》2011 年第 3 期。

张盾、王华:《在道德与法律之间:现代性反思的主客观二维之争及其解决》,《江苏社会科学》2011 年第 1 期。

张骥、程新英:《论马克思主义意识形态在我国面临的挑战与回应》,《马克思主义研究》2009 年第 2 期。

张雷声:《论资本逻辑》,《新视野》2015 年第 2 期。

张曙光:《现代中国语境中的"马克思"与"孔夫子"》,《哲学研究》2010年第3期。

张舜清:《当代儒学的重构及其与马克思主义的关系问题》,《马克思主义与现实》2009年第6期。

张廷干:《"德—道"与"自然—自由":庄子心性秩序理论的形上建构》,《南京师范大学学报》(社会科学版)2014年第5期。

张廷干:《马克思主义和传统文化融合的话语逻辑》,《学海》2013年第6期。

张学智:《儒家文化的精神与价值观》,《北京大学学报》(哲学社会科学版)1998年第1期。

张一兵、胡大平:《从本真性到中国特色:马克思哲学研究的"解释学"转向》,《江海学刊》2003年第2期。

张志丹:《历史唯物主义视阈中的消费社会批判:从阿格里塔和鲍德里亚的方法论谈起》,《马克思主义研究》2008年第8期。

赵家祥:《"德国古典哲学的终结"还是"全部哲学的终结"》,《中国高校社会科学》2014年第3期。

赵曜:《当代中国社会思潮透视》,《中国特色社会主义研究》2002年第1期。

郑永廷:《思想政治教育的根源探究》,《中国高校社会科学》2014年第3期。

朱斌:《马克思主义意识形态话语权建构的日常生活向度》,《理论探索》2013年第6期。

庄友刚:《虚拟认同与文化风险》,《湖北大学学报》(哲学社会科学版)2014年第2期。

邹广文:《马克思文化哲学思想的展开逻辑》,《求是学刊》2010年第1期。

邹诗鹏:《马克思主义中国化与中国现代性的建构》,《中国社会科学》2005年第1期。

［法］F. 曼迪耶等辑录：《晚期海德格尔的三天讨论班纪要》，《哲学译丛》2001年第3期。

［匈］G. 马尔库什：《马克思主义与文化理论》，孙建茵译，《世界哲学》2010年第2期。

Adorno, *Essays on Music*, California: University of California Press, 2002.

Alasdair MacIntyre, *Whose Justice? Which Rationality?* London: Duckworth, 1988.

Althusser, "Marxism Today", in *Philosophy and the Spontaneous Philosophy of the Scientists*, ed. by Gregory Elliott, Verso, London & New York, 1990.

Charles Taylor, *Varieties of Religion Today*, Harvard University Press, 2003.

David Hull & Roger Ames, *The Democracy of the Dead: Dewey, Confucuics, and the Hope for Democracy in China*, Open Court, 1999.

G. Lukacs, *History and Class Consciousness*, Cambridge: MIT Press, 1971.

James H. Kavanagh, "Ideology", in *Critical Terms for Literary Study*, Frank Lentricchia and Thomas McLaughlin, eds. Chicago and London: The University of Chicago Press, 1990.

Jon Elster, *Making Sense of Marx*, Cambridge: Cambridge University Press, 1985.

Jon Stratton and Len Ang, "On the Impossibility of a Global Cultural Studies: 'British' Cultural Studies in an 'International' Frame", in David Morley and Kuan-Hsing Chen, ed., *Stuart Hall: Critical Dialogues in Cultural Studies*, London: Rouledge, 1996.

Kai Nielsen, *Marxism and the Moral Point of View: Morality, Ideology and Historical Materialism*, Westview Press, 1989.

Kenneth Baynes, Jemes Bohmen and Thomas Macarthy (eds.), *After Philosophy*, Cambridge, Mass: The MIT Press, 1987.

Louis Althusser, *Lenin and Philosophy and Other Essays*, trans. By Ben Brewster, New York: Monthly Review Press, 1971.

Luis A. Conde-Costas, *The Marxist Theory of Ideology: A Conceptual Analysis*, Doctoral Dissertation at Uppsala University, 1991.

Max Weber, *The Protestant Ethic and the Spirit of Capitalism*, London and New York: Routlegde, 2001.

Pecheux, M., *Language, Meaning and Ideology*, St. Martin's Press, New York, 1982.

Richard Eagleton, "Rediscover a Common Cause or Die", *New Statesman*, Vol. 133, July 26, 2004.

Roland Robertson and Kathleen E. White (eds.), *Globalization: Critical Concepts in Sociology*, Vol. III, Global Membership and Participation. Routledge, 2003.